K-에듀케이션

BTS의 한국 학생들
어떻게 세계 1등이 되었나?

김영천 · 조재성 지음

아카데미프레스

South Korean Education and Learning Excellence as a Hallyu: Ethnographic Understandings of a Nation's Academic Success

by Young Chun Kim, Jae-seong Jo, Jung-Hoon Jung

ISBN: 979-11-91791-23-5

K-에듀케이션

BTS의 한국 학생들 어떻게 세계 1등이 되었나?

발행일 2024년 6월 25일 초판 1쇄 발행
저자 김영천, 조재성
발행인 이한성 **발행처** (주)아카데미프레스
주소 서울특별시 마포구 독막로 320, 데시앙 오피스텔 803호 (도화동)
전화 02-3144-3765 **팩스** 02-6919-2456 **웹사이트** www.academypress.co.kr
등록번호 제2018-000184호

ISBN 979-11-91791-23-5 93370
정가 18,000원

프롤로그

교육 강국의 모델, 미국이나 핀란드일 필요가 없다

많은 사람이 한국의 교육 개혁과 관련하여 항상 미국과 핀란드를 이야기한다. 특히 핀란드 교육은 한국과 비슷하게 국제 학업성취도 검사에서 높은 점수를 받으면서도 우리가 생각하는 선진국 또는 앞서 나가는 나라의 교육적 특징들을 모두 가지고 있다고들 한다. 숙제가 없는 학교, 누구나 자기가 배우고 싶은 과목을 골라 들을 수 있는 학교 수업, 오후에는 항상 수업을 연구하고 준비하는 교사, 평등한 학교 교직문화 등 우리가 꿈꿔오던 많은 모습들을 핀란드 교육에 투영한다. 그래서 우리나라의 교사들, 교육학자들, 그리고 언론에서는 우리가 어떻게 변화해야 할 것인지에 대하여 논의할 때 항상 핀란드를 모범적인 나라의 예로 선정하고 이에 근거하여 한국의 학교 교육, 교육문화, 학교에서 가르치는 방법 등을 비판한다. 이러한 설명의 결과, 우리나라의 교육은 항상 낙후되어 있으며 정상적이지 않고, 심지어는 열등한 것으로 그려지고 있다.

우리나라 교육이 열등하다는 주장은 한편으로는 그럴듯해 보인다. 우리나라의 교육은 교육열에 찌들어 있고, 사교육에 피폐해져 가고 있으며, 치열한 학업 경쟁으로 아이들이 고통받고 있다는 주장은 일견 타당하다. 그들이 이상적인 예시로 제시하는 핀란드처럼 아이들을 굳이 열심히 공부시키지 않아도 세계적으로 높은 점수를 받을 수 있고, 아이들을 공부 지옥으로 내몰아서는 안 된다고 말하는 부분도 흥미롭다. 교육열, 사교육, 입시경쟁으로 점철된 한국 교육의 부정적 이미지를 생각한다면, 핀란드 교육을 통해 이야기하는 교육개혁 담론은 충분히 유혹적이며, 선진국이 되기를 갈망하는 우리를 열광시키는 데 충분하다.

그러나 우리의 교육이 더욱 차분해질 필요가 있고, 교실에서 열기가 사라져야 하며, 핀란드 학교처럼 바뀌어야 한다는 이야기에는 조금 의문을 제기하고 싶다. 과연 핀란드처럼 학생들을 가르치면 우리 아이들도 세계 최상위 성적을 거둘 수 있을까? 그리고 우리는 그렇게 가르칠 수 있을까? 우리의 기대와는 달리 실제로 핀란드 교육을 우리나라에 가져와서 실천해보면 전혀 다른 형태나 결과로 나타날지 모른다.

저자들의 이러한 걱정은 탈-진실Post-truth 담론이 우리에게 시사하는 바로부터 시작한다. 역사적으로 살펴보면 인간의 이성, 감정, 상상, 기대는 실제적이고 객관적인 진실이나 사실과는 크게 다른 경우가 많았다. 인간은 아름다운 것, 멋있는 것, 평등한 것, 정의로운 것, 또는 약한 것들에 더 감정적으로 우호적으로 생각하는 경향이 있다. 즉, 멋있을 것 같고 마치 선진적이고 혁신적이어서 우리에게 이상적일 것이고, 우리 역시 그러한 결과를 가져올 것으로 믿을 수 있지만 현실은 아마 다를 가능성이 크다.

여기서 좀 더 나아가 핀란드식 교육 담론이 불가능한, 또는 바람직한 혁신 모델이 될 수 없는 이유를 다음과 같이 세 가지로 생각을 해본다.

첫째, 핀란드식 교육방법과 학습방법으로 우리나라에서 대학 입시 제도를 제대로 운영할 수 있을지 냉정하게 생각해보아야 한다. 치열한 입시경쟁이 없는 핀란드와 미국을 비롯한 선진국에서는 과목 내용을 잘 이해하고 문제를 잘 푸는지가 대학 입학에 크게 중요하지 않다. 그래서 배우는 내용 자체가 어렵지 않으며 지적 능력 대신 적성을 중요한 판단 증거로 사용한다. 그에 비하여 우리나라의 경우, 대학입학시험(수능)은 적성이 아니라 얼마나 많이 알고 있는지를 검증하는 능력 시험을 통해 대학 입학을 결정한다. 그래야만 많은 지원자들 중에서 합격자를 공정하게 선별할 수 있기 때문이다. 수능시험의 난이도는 세계 최고 수준이다. 즉, 우리나라에서 높은 시험 성적을 얻는 데 핀란드식 탐구 수업이나 토론 중심의 수업이 적합하지 않다.

둘째, 교육모델을 선호하는 것과 이식하는 것은 별개의 문제이다. 한 국가의 성공적인 교육모델을 다른 나라에 그대로 이식하고 자기 것으로 만든다는 것은 우선 매우 어려울 뿐만 아니라 기대와는 전혀 달라지는 경우가 많다. 우리가 선호하는 핀란드 교육은 핀란드의 역사와 전통, 그리고 대다수 국민이 가진 가치관에 잘 부합하여 그 공간 속에서 오랫동안 변화를 거치면서 성장하였고 체계화된 것이다. 핀란드의 역사와 국민적 가치들에 근거하여 많은 제약 조건과 요구 속에서 살아남은 결과물이다. 과연 우리나라에 그러한 핀란드적 문화와 가치가 쉽게 적용될 수 있을까? 우선 아이들의 자율성과 개별성을 강조하는 서양식 교육문화는 우리나라의 공동체적 유교 문화와 매우 상충한다. 우리나라는 역사적으로 공부를 자신을 갈고닦는 수양의 개념 속에서 이해해왔다. 자기 통제와 집중 그리고 집중력을 통하여 지식의 내면화를 통하여 지혜를 얻는다고 믿었던 것이다. 그래서 자연스럽게 암기와 이해를 강조하였고, 신체와 정신의 다르지 않다고 보아 차분하게 공부하는 것을 가장 중요한 방법으로 생각하였다. 그러한 점에서 서구식 학교 공부와 수업 방법은 우리의 교육문화나 방식과 큰 차이가 난다고 할 수 있다.

역사적으로 서구 교육 이론을 우리나라에 이식하려는 노력은 대부분 실패로 끝나는 경우가 많았다. 미 군정기에 미국에서 수입한 신교육, 학생중심교육인 열린교육, 선진국형 7차 교육과정 개혁에서 시도한 수준별 교육과정 등 거의 대부분의 교육이 학교 현장에 뿌리내리지 못하고 사라졌다. 이 책에서 열거할 수 없을 정도로 많은 미국식, 프랑스식, 영국식의 교육 개혁 정책들이 매년 교실의 문을 두드리지만, 이름만 남겨둔 채 소리 없이 사라져버렸다. 또한 혁신을 강조하는 전국의 교육청들이 야심 차게 도입한 서구식 수업방법 역시 현장에서 많은 문제점을 양산하면서 정작 아이들의 성적을 떨어뜨린다는 평가를 받고 있다. 게다가 학생과 학부모조차 이러한 서구식 교육에 반대하는 경우도 있는데, 단순히 그들을 비판하기만 할 것이 아니라 왜 그렇게 반대하는지를 곰곰이 생각해볼 필요가 있다.

셋째, 학교교육과 수업을 개혁한다고 하여 우리 아이들이 배워야 할 내용을 제대로 배운다는 보장을 할 수 없다. 아이들의 학업 성적에 큰 영향을 끼치는 요소에는 학교 수업 말고도 가정과 학교 바깥의 사교육이라는 요소가 있는데, 두 요소를 고려하지 않는 학교 교육의 개혁은 기대와는 달리 아이의 학업적 성공을 가져오지 못할 가능성이 크다. 현재 전 세계의 많은 교육학/사회학/경제학 연구를 살펴보면, 학교 이외에 학부모의 교육적 관여와 더불어 사교육이 아이들의 학교 성적에 중요한 영향을 끼치고 있다는 점을 보고하고 있다. 이에 단순히 핀란드식 학교 교육만 주장할 것이 아니라, 우리 아이들의 삶을 둘러싸고 있는 학부모와 사교육의 영향에 관해 자세히 살펴볼 필요가 있다고 할 수 있다.

그리하여 저자들은 핀란드식 교육문화나 교육 정책을 무조건 가져와서 적용하려는 시도보다, 오히려 우리만의 독창적인 교육모델과 성공의 사례들을 찾아보기 시작했다. 그리고 그 결과를 이야기하기 위하여 이 책을 쓰기로 하였다.

책을 쓰기 위해 자료를 조사하면서 안타깝게도 우리의 교육 현실이 핀란드가 될 수는 없다는 결론에 다다랐고, 이러한 사실은 교육학을 전공한 필자들에게

착잡한 마음에 들게 하였다. 우리 주변에는 아이들에게 더 많은 것을 가르쳐주려고 백방 노력하고 있는 선생님, 새로운 수업 기법과 교육 이론을 공부하며 교실의 분위기를 바꿔보려는 교육 실천가들이 있다. 한편으로는 이미 집이나 학원에서 학교 공부 내용을 모두 완벽히 이해한 채로 교실에 들어오는 아이들, 아파트에 사는 중산층 아이들이 많은 도시 학교에서 근무하기를 원하는 선생님들, 또래들보다 더 공부를 잘하는데도 불구하고 자만하지 않고 더 열심히 공부 잘하는 아이들, 학교가 아니라 학원이나 과외 수업에서 더 많은 내용을 배우기를 희망하는 부모님들이 있다. 이러한 이야기는 동화나 옛날이야기가 아닌, 바로 지금 우리의 이야기이다.

그런데 이러한 장면은 우리나라에서만 나타나는 것이 아니다. 부모의 경제력과 교육적 영향력은 전 세계적으로 나타나는 교육적 현상이다. 마이클 샌델의 『정의란 무엇인가』라는 책은 바로 이러한 문제를 꼬집은 것이다. 그는 '공정이라는 착각'이라는 표현을 이용하여 미국의 자유주의가 모든 시민과 학생에게 평등하게 적용된다고 주장하지만, 실제로는 부모의 사회경제적 영향력으로 인해 이미 결정되어 버린다고 이야기한다. 교육 선진국이자 자본주의 국가의 표본이라고 할 수 있는 미국에서 '능력'이라는 개념이 실은 부모의 경제적 자본과 결탁한 불평등한 지위 재생산 요소라는 점을 인정하고 있는 것이다. 우리나라 교육을 비판하기 위해 만들어진 드라마 '스카이캐슬' 같은 모습이나, 교육열은 이미 세계 곳곳에서 나타나고 있으며 교육 선진국이라고 해도 별로 다르지 않다는 사실을 곰곰이 생각해볼 필요가 있겠다.

사교육도 마찬가지다. 학교 바깥에서 공부하는 학생들이 학교 성적이 높다는 사실은 누구나 다 알 정도이다. 놀랍게도 교육 강국으로 불리고 있는 일본, 중국, 홍콩, 싱가포르, 대만에서는 사교육이 강세이며 아이들은 자신의 공부와 미래를 위하여 학교를 마치고 나서도 공부하고 있다. 국제 학업성취도 검사에서 세계 1위인 싱가포르의 학부모들은 엄청난 사교육비를 지불하고 있다. 최근에는 유럽과 미국의 부모들도 자녀를 교육하기 위해 학원을 찾고 있다. 그리고 우리나라 학습지 기업이나 과외 기업이 미국에 진출하여 큰 인기를 끌고 있다고 한다.

이러한 사교육에 관한 분석의 예시로 영국의 교육학자인 존 제림John Jerrim 교수의 연구 내용을 살펴볼 필요가 있다. 그는 영국 런던에 살고 있는 많은 아이들이 학교 수업보다 더 많은 시간을 사교육 수업에 이용하고 있음을 밝혀냈다. 한국이 아니라 영국의 고등학생들 역시 사교육을 통하여 대학 입학시험을 준비하고 있다는 것이다. 또 다른 새로운 사실로는 미국의 사회학자인 제니퍼 리 교수가 '왜 동북아시아 이민자의 학생들이 미국 명문대학에 더 많이 입학하는가'라는 질문을 연구하여 사교육이 중요한 영향력을 끼치고 있음을 주장하였다. 한국, 베트남, 중국 출신 아이들은 학교가 끝나고 난 후 집에서 쉬는 대신 학원에 가서 다시 공부한다고 한다.

저자들은 다시 한번 이러한 연구들을 꼼꼼히 살펴보고, 전 세계 아이들의 공부하는 모습을 되돌아보면서 점점 핀란드 교육에 집중하기보다는 우리나라의 아이들의 모습을 다르게 볼 필요가 있다는 생각을 가지게 되었다. 우리 아이들은 어떻게 세계적 수준의 학습자가 된 것일까? 도대체 우리의 부모들은 어떻게 하길래 자녀들을 이토록 공부를 잘하도록 만들 수 있었을까? 그리고 학원은 무엇이 그렇게 특별하길래 학교보다 더 효과적일까?

더 나아가 우리 아이들이 세계적 학업적 성공을 이루기까지 학교, 부모, 사교육이 어떻게 상호 영향을 끼쳤는지, 그리고 얼마나 아이들의 교육과 성장에 역할을 담당했는지에 관해 역사적/경제적/문화적 탐구를 할 필요가 있다고 생각했다. 어쩌면 핀란드식 학교 교육 방법이 중요한 영향을 끼치는 것이 아니라 학교 교육 이외의 다른 중요한 요소인 학부모의 교육적 관여 그리고 사교육의 추가 교육이 한국 학생들의 학업적 성공에 영향을 주었을지도 모를 일이다.

이렇게 관점을 바꾸어 생각해보니 우리 아이들이 어떻게 세계 1등이 되었는지를 너무나도 명확하게 알 수 있었다. 아니, 한국 학생들이 세계 1등을 하지 않는 것이 오히려 이상할 정도였다. 잘 가르치는 선생님, 학교에서 열심히 공부하는 아이들, 자녀를 위해 모든 것을 희생하는 부모들, 그리고 누구나 이용할 수 있는 방대하고 수준 높은 사교육까지, 우리나라는 공부하고자 하는 아이들에게는 정말 천국과 같은 곳이라고 할 수 있다.

사람들의 대화 주제가 교육인 나라, 교육이 방법이 아니라 목적인 나라, 교육을 주제로 한 드라마가 시청률 1위를 기록하는 나라, 길거리 맥도날드처럼 어디를 가도 만날 수 있는 수많은 학원이 있는 나라, 그리고 자녀의 성공을 위하여 캐나다, 미국, 호주까지 날아가는 부모가 있는 나라. 이처럼 우리나라는 전 세계 어느 나라보다도 '훌륭한 학습자'를 배출할 수 있는 역사/문화/경제 강국이다.

뉴스를 보니 세계가 한류에 열병을 앓고 있다고 한다. 전 세계 사람들이 K-Pop, 만화, 게임, 영화, 드라마를 보고, 우리를 따라 하려고 하며 우리들의 일거수일투족에 관심을 갖고 있다. 이제 그러한 우리 문화에 대한 관심이 교육으로 옮겨가야 하지 않을까 생각해본다. 교육, 학습, 공부법하고 관련하여 이렇게 수많은 지식, 정보, 그리고 자료들이 넘쳐나는 나라가 없다. 잘 만들어진 교과서, 부모의 교육적 희생의 방식, 훈육과 교육 선택의 방법, 다양한 사교육의 개별화 프로그램들, 세계적으로 인기를 얻는 한국 학생들의 공부법, 언젠가 중국의 호랑이 엄마를 능가하는 한국 엄마들의 교육적 전략들이 세계화될 것으로 믿어 의심치 않는다. 그리고 한국의 교육문화는 전 세계에 우리가 알려줄 수 있는 인류문화유산이 아닌가 생각한다. 서양의 국가들, 교육학자들이 그동안 학교 중심의 교육 담론과 공부 잘하는 방법에 대해 연구해왔다고 한다면, 앞으로는 공부 잘하는 법, 교육 강국이 되기 위한 새로운 모델로서 우리나라를 연구하는 경우가 더 많아질 것이다.

대리석이 많은 이탈리아에서 세계적인 조각가와 예술가 그리고 작품이 배출되었다. 세계적인 자동차들은 철강 자원이 풍부한 독일이 유명하다. 인도는 종교와 철학의 발상지로서 몸과 관련된 요가와 명상 등을 배울 수 있다. 그럼 한국은 무엇으로 유명해질 수 있을까? 아직까지는 음식, 대중가요, 게임 등에 한정되어 있다. 지금부터는 인류문화의 중요한 자산으로서 교육문화 그리고 아이들이 공부를 잘할 수 있도록 해주는 강점과 특징에 대한 학문적 이론화의 성지로서 한국이 중심지의 역할을 할 수 있을 것이다.

한국 교육과 세계적인 학습문화에 관한 필자들의 생각을 이렇게 책으로 출간할 수 있도록 여러 가지 학술적인 도움을 준 부산대학교 정정훈 연구교수, 진주교육대학교 교육대학원 석사과정생 방기홍 군, 윤여선 군에게 감사를 표한다. 아울러 연구를 위하여 익명으로 면담을 해주시고 자료들을 제공해주신 연구 참여자들에게도 깊이 감사드린다.

2024년 5월 9일

김영천 / 조재성

저자소개

김영천

진주교육대학교 교육학과 교수

1998년부터 진주교육대학교에서 교육과정학, 질적연구방법론을 강의하고 있으며 우리나라 최초로 국내 학부에 〈교육한류〉 강좌를 개발하여 가르치고 있다. 한양대학교와 동대학원을 졸업하고 미국 오하이오 주립대학교에서 교육과정학과 질적연구 전공으로 박사학위를 받았다. 한국다문화교육학회 부회장과 한국초등교육학회 부회장을 역임하였다. 문화관광부와 대한민국학술원 등 국가 연구기관으로부터 총 6회에 걸쳐서 우수 저서상을 수상하였다. 구미의 세계적인 질적연구 전문 학술지인 〈International Journal of Qualitative Studies in Education〉 아시아 지역 편집장을 역임하였다. 〈한국질적탐구학회〉를 전영국 교수와 창립하였고 2020년에 아시아 질적탐구 학회(Asian Qualitative Inquiry Association)를 창립하고 제1대 회장을 역임하고 있다.

지난 25년 동안 김영천은 한국교육과정학과 교육학 분야에 교육과정연구방법론 그리고 질적연구방법론의 소개와 확산에 노력하였다. 총 50권 이상의 저서를 출간하였고 80편 이상의 논문을 국내외 학술지에 게재하였다. 2016년부터 한국의 교육문화의 국제적 탐구가 필요하다는 학문적 사명감으로부터 서구가 모르는/알아야 하는 한국 교육에 대한 영어 글쓰기와 저서 출간에 심혈을 기울였다. 그리하여 〈Shadow Education and the Curriculum, the Culture of Schooling in South Korea〉 (McMillan, 2016), 〈Shadow Education as the Worldwide Curriculum Studies〉 (Routledge, 2019), 〈Theorizing Shadow Education and Academic Success in East Asia〉 (Routldcgc, 2021)을 출간하였다. 또한 새로운 교육과정의 개념인 "Shadow Curriculum"을 정정훈 교수와 함께 세계 교육학 대백과 사전(2021)에 등재시켰다. 아울러 조재성, 정정훈과 함께 한국교육의 우수성을 국제적으로 알린 책 〈South Korean Education and Learning Excellence as a Hallyu: Ethnographic Under standing of A Nation's Academic Success〉 (Routledge, 2023)를 출간하였다.

2021년부터 K-Pop에 이은 한류의 세계적 확산 속에서 정정훈 교수 그리고 조재성 교수와 함께 한국의 세계적인 교육문화의 우수성을 〈교육한류〉로 개념화하고 이를 국제화시키는 작업을 하고 있다.

조재성

광주교육대학교 교육학과 교수

진주교육대학교 및 동대학원을 졸업하고 한양대학교에서 교육과정 전공으로 박사학위를 받았으며, 현재 광주교육대학교에서 재직하고 있다. 대표 저서로는 《교육과정학과 수업연구방법론》(2020, 아카데미프레스), 《실행연구: 이론과 방법》(2016, 아카데미프레스)가 있으며, 질적연구방법론과 실행연구에 관련된 다수의 논문을 발표하였다. 미래 연구 주제로 교육과정의 개발과 실행, 교육과정 재구성, 교사 교육과정, 실행연구 등에 관심을 두고 있다.

차례

1

세계가 부러워한다

한국 학생들의 국제학업성취도 검사 점수

공부를 아주 많이 한다고 하는 우리나라의 학생들은 과연 국제적으로 얼마나 잘하고 있을까? 점수로 따지면 몇 등일까? 우리는 종종 매년 뉴스나 신문을 통하여 이러한 내용들에 관한 소식을 듣곤 한다. 수많은 선진국 사이에서 당당히 이름을 올린 한국의 위상을 쉽게 느낄 수 있는 순간이 바로 공부와 학업 성취라고 할 수 있다. 국제학업성취도 평가에서 학생들이 보여주는 점수가 세계 최고 수준이라는 내용은 이제 너무나 당연한 것처럼 느껴져서 세계 1등을 하지 못하면 공부를 못하는 것 같은 착각을 느끼기도 한다. 이처럼 대부분의 사람은 은연중에 당연히 전 세계의 어느 나라보다 더 열심히 공부해야 하고, 열정적이고 강렬한 성취를 보여주어야 한다고 생각한다.

한편으로는 우리나라 학생들의 학업 성취를 부정적으로 바라보는 시각도 존재한다. 많은 언론과 교육학자들은 뛰어난 성취의 이면과 부작용적 측면에 우려를 표시하며 다른 요소들을 집중적으로 분석하고 있다. 우리나라 학생들이 비교적 낮은 점수를 받은 내용에 주목하거나, 학습 의욕이나 국제학업성취도평가 자체가 의미 없다는 내용을 주장하기도 한다. 이러한 주장들은 우리나라 교육이 그다지 효율적이지 않으며, 오히려 지금 이룩한 성취 대신 다른 나라의 교육모델을 본받아 다시 시작해야 한다고 제시하고 있다.

그러나, 지금 이 글을 읽고 있는 우리도, 교사나 학생들도, 심지어는 국제학업성취도평가를 옹호하거나 비판하는 교육 관련 미디어나 교육학자들도 우리나라 학생들이 정확히 학습의 어떠한 측면에서 얼마 정도의 성취를 이뤄냈는지 제대로 이해하지 못하고 있다. 단순히 표에 나타난 국가별 점수가 무엇을 의미하는지, 그 정도의 점수를 받기 위해서는 교과 내용을 얼마나 이해해야 하는지조차도 제대로 아는 사람이 극히 드물다. 더 나아가 시험이 누구를 대상으로 하는지, 시험 문제의 내용과 형식은 어떻게 되는지에 관한 정보는 거의 알려지지 않았다.

이제 이러한 소모적인 논쟁과 갈등 대신에, 우리 아이들의 성공이라는 현상 그 자체에 한번 집중해보자. 이 책의 1장에서는 우리나라 학생들이 어느 정도로 공부와 학업에 관해 뛰어난 성취를 해 왔는지를 다양한 자료와 통계에 근거하여 정확히 제시할 것이다. 우리나라 교육에 관한 부정적인 인식과 고정관념을 잠시 내려놓고 1장의 내용을 자세히 살펴본다면 단순히 우리나라 학생들의 순위를 넘어 얼마나 놀라운 성취를 해냈는지, 그리고 그러한 성취가 무엇을 의미하는지를 쉽게 이해할 수 있을 것이다. 우리 교육의 문제는 그다음에 이야기해도 늦지 않을 것이다.

그럼, 지금부터 우리나라 학생들의 공부와 성공에 관해 살펴보도록 하자.

공부에서의 성공을 평가하는 방법: 국제학업성취도평가

학생들이 얼마나 공부를 잘하는지에 관한 내용은 전 세계의 교육학자들만 관심을 가지는 주제가 아니다. 오히려 정치, 경제, 사회적으로 인기 있는 주제이다. 왜냐하면 보통 학교에서 공부를 잘하는 학생은 사회적으로 성공할 것으로 여겨지고, 사회와 국가의 발전에 이바지할 수 있는 재능을 지닐 것으로 판단되기 때문이다. 그래서 국가별로 공부를 잘하고 대학에 진학하는 사람을 더욱 늘리려고 하며, 학생들이 어떻게 하면 더 높은 성취를 얻도록 할 수 있을지를 고민하는 것은 어쩌면 당연한 일이라고 할 수 있다. 이는 개인에게도 마찬가지이다. 더 좋은 직장을 얻고 사회적으로 성공하기 위해 학교에서 공부를 잘하는 것은 필수적인 조건 중 하나이므로, 많은 사람들은 학교에서 성공하기 위해 공부를 더 잘하고 높은 점수를 얻으려고 한다. 더 나아가 부모들은 자녀들이 학교에서 어떻게 편안하게 생활하는지를 고민하는 것이 아니라, 앞으로의 성공을 위하여 얼마나 더 많은 시간을 공부에 집중했는지, 시험 성적은 떨어지지 않았는지에 관해 깊이 고민한다.

그러나, 학업 성취에 대한 중요성을 인식했는지 여부와는 별도로, 학교에서 학생들이 정확히 얼마나 성취했는지를 알기는 대단히 어렵다. 교실에서 이루어지는 수업은 대부분 정해진 형태나 형식이 없고, 지켜보는 사람도 없기 때문에 학생이 8시간 동안 열심히 책상에 앉아서 수업을 들었다고 해서 그것이 곧바로 학업에서의 성공과 연결되지 않는다. 배워야 할 내용을 제대로 이해했는지, 그리고 지식을 자신의 언어로 표현하거나 문제 상황에 적용할 수 있는지는 가르친 교사나 배우는 학생 모두 잘 모르는 경우가 많다.

이러한 상황에서 보통 학업의 성공 여부를 가장 객관적이고 명확하게 알려줄 수 있는 방법으로 시험이 선호된다. 쉽게 말해 가르친 내용이나 꼭 알아야 할 내용을 그대로 시험 문제로 제시하고, 풀도록 하는 것이다. 그 결과를 분석하기 위해서는 과학적이고 통계적인 기법이 활용된다. 또한, 시험의 결과는 대부분 점수로 표시되어 나타난다. 이러한 점수는 그 자체만으로는 아무런 의미를 가지지 못한다. 다시 말하면, 시험 점수는 다른 학생과 학업 성취를 비교하거나 통과 기준을 설정할 때 비로소 가치를 지니게 된다. 같은 반에서의 비교, 학년 간 비교, 학교 간 비교를 통해 더 높은 점수를 얻은 쪽이 더 큰 성취를 해냈다고 인정하는 것이다. 시험을 통해 학업 성취를 확인하는 방식은 보통 가장 공정하고 논란이 없는 것으로 여겨져 학교 입시, 유급, 진단 검사 등 민감한 교육적 상황에서 지금도 널리 활용되고 있다.

자연스럽게 교육학자들은 국가 간 교육의 차이가 학생들의 성취에 얼마나 큰 영향을 주는지 확인하기 위해 시험이라는 도구를 적용하기 시작했다. 이것은 일종의 거대한 교육 실험이었다. 전 세계 국가들의 지원아래 교육학자들은 전 세계 학생들에게 동일한 시험 문제를 주고, 어떤 나라의 학생들이 더 잘 이해하고 풀어내는지를 살펴보려는 프로젝트를 진행하게 되었다. 이를 국제학업성취도평가로 부르게 되었다.

국제학업성취도평가에는 여러 종류가 있는데, 그중에서 우리나라에서 참여하고 있는 것으로는 PISAProgramme for International Student Assessment, TIMSSthe Trends in International Mathematics and Science Study, 그리고 PISA 테스트 하위 영역으로서 협력적 문제해결력 평가Collaborative Problem Solving Assessment가 있다. 지금부터는 우리나라의 학생들이 얼마나 잘하고 있는지를 이 세 가지 시험을 통하여 알아본다.

가장 유명한 PISA

PISA는 경제협력개발기구Organization for Economic Co-operation and Development; OECD에서 주관하는 4년 주기 국제학업성취도평가이다. 만 15세 학생(우리나라의 경우에는 고등학교 1학년)들을 대상으로 지식을 상황과 목적에 맞게 활용할 수 있는 기본적 소양이라고 할 수 있는 읽기, 수학, 과학을 평가하고, 그 결과를 국가별로 비교하고 분석한다. 우리나라는 PISA가 처음으로 실시된 2000년부터 참여하였다. 초기에는 참가국 대부분이 OECD 국가였지만, 지금은 점점 늘어나 79개국(OECD 회원국은 37개국)에 이르고 있다. 각국에서는 PISA 시험 점수를 바탕으로 인지적 영역(읽기, 수학, 과학, 그 외 영역)의 성취도 변화 추세를 파악하거나 성취도 점수와 비인지적 영역 간의 관계를 분석하여 국가 교육 정책 수립을 위한 기초 자료로 활용한다.

총 126개의 문항(읽기 25개, 수학 40개, 과학 55개, 협력적 문제해결력 6개)으로 구성된 PISA 테스트에서 읽기는 주로 문장의 내용을 정확하게 이해할 수 있는 능력을 다룬다. 따라서 실제 문제들을 살펴보면 읽기 영역은 신문 기사, 이메일, 이솝 우화, 설명서, 영화 평론과 같은 주제가 시험 문제로 출제된다. 학생들은 제시된 지문을 읽고 주제를 찾거나 틀린 내용을 골라내는 방식으로 문제를 풀게 된다. 문제의 목적은 학생들이 정확히 주제를 아는지 확인하는 것이다. 문항을 확인해보면, 앞서 설명한 바와 같이 단순히 텍스트를 읽고 4~5가지 보기 중 정답을 고르는 형태가 아니라, 다양한 조작 활동을 통해 자료의 비교와 정보의 탐색을 한 번에 살펴본다는 점에서 좀 더 고차원적인 평가 방식이라고 할 수 있다.

수학 영역에서는 학생들이 수학적 사고와 적용을 잘할 수 있는지를 주로 평가한다. 구체적인 평가 문제의 주제로는 달리기 속도, 인구 피라미드, 물 채우기, 동전 던지기, 복권 추첨, 자전거의 속도, 약 복용량과 같은 것들이 있다. 학생들은 실생활 속 주제에 숨겨져 있는 수학적 원리를 깨닫고 이를 문제를 해결하는 데 사용한다. 여기서는 문제 형태가 2가지로 나누어진다. 우선 전통적인 지필평가와 크게 다르지 않은 형태의 기본 문제와 컴퓨터를 사용해서 문제를 푸는 최신 형태의 문제가 있다. 기본 문제에는 선택형 문항, 단답형 서술 문항 등의 형식이 있고, 컴퓨터를 사용하여 푸는 문제에는 문제 내에서 직접 실험을 하거나 풀이 과정을 제시하는 문제들도 있다.

과학 영역에서는 학생들이 최근 과학의 변화와 내용을 실험하고, 분석할 수 있는지를 목적으로 한다. 평가의 내용에는 플라스틱, 뇌로 조종하는 로봇, 암모나이트, 도시 열섬 효과, 공룡의 멸종, 백신 접종, 태양 전지판, 기름 유출 등이 주제로 출제된다. 학생들은 이러한 내용들을 보고 과학 실험 과정으로 바꾸고, 그 결과가 어떠한지를 예상하는 등의 문제를 풀게 된다. 특히 학생들은 글을 읽고 단순히 제목을 고르거나 틀린 내용을 찾는 것이 아니라, 문제의 핵심적인 내용을 파악하고, 이를 직접 컴퓨터에 입력하거나 조작하여 실험활동을 진행하는 등의 사고 활동을 통해서 결론을 도출해야 한다. 이러한 문제에서는 단순히 반복하여 암기한 지식보다는 문제를 제대로 이해하는 능력과 더불어 실험 과정을 구상하는 능력이나 정보 기술이 필요하다.

이처럼 PISA 테스트 문제에는 학업 성취의 주요한 조건으로 학교 공부에 필요한 인지적 능력을 제시하고 있다는 점을 확인할 수 있다. 따라서 이 시험에서 높은 점수를 받는다고 한다면 학교에서의 학습과 성공을 잘 할 수 있을 것으로 추정할 수 있다. 또한 문제에 실생활에서 볼 수 있는 상황이 나타나 있으며, 문제도 글과 그림으로 함께 설명되고 있다. 학생들은 정답을 맞히기 위해서는 단순히 외운 것을 기억해내는 것이 아니라, 고도로 지적인 활동을 해야 한다. 예를 들면, 글로 된 문제 내용이 무엇을 묻는지를 정확하게 파악한 뒤에, 문제에 제시된 수식을 보고 필요한 정보를 찾아낸 다음에, 이것을 문제에 대입하여 정답을 도출하는 사고 과정을 거쳐야 하는 것이다. 더 중요한 것은 단순히 정답만 제시한다고 해서 높은 점수를 받을 수 없다. 단순 암기나 운으로 점수를 얻는 것을 방지하기 위해서 많은 문제들은 풀이과정을 제시해야 하고, 이것이 채점의 기준에 포함된다. 따라서 단순히 개념이나 공식만 외운다고 해서 절대 높은 점수를 받을 수가 없다.

결국 우리나라의 학생들이 PISA에서 국제적으로 높은 점수를 받은 결과는 단순히 우리가 생각하고 있는 것처럼 지식 주입식 교육을 받아서 달성한 것이 절대 아니라는 점에 주목해야 한다. 오히려 우리나라 학생들이 PISA 테스트에서 높은 점수를 얻는 이유는 단답형 문제를 잘 풀거나 단순 지식을 묻는 문제에 응답을 잘 한데서 오는 것이 아니라, 고차원적 사고와 더불어 뛰어난 컴퓨터 조작 능력에서 기인한다고 할 수 있을 것이다. 더 나아가, 우리나라 학생들의 뛰어난 성취는 단순히 지식을 외우거나 주입식 교육에 따른 것이 아니라, 오히려 통합적이고 복합적인 사고력을 요구하는 문제를 해결하는 능력과 사고력이 우수한 데서 온다고 평가할 수 있을 것이다.

그럼 우리나라 학생들의 순위는 정확히 몇 등일까? PISA 테스트는 4년마다 실시되며, 그 결과는 국제적으로 공개되는데 테스트가 시작된 2000년부터 가장 최근의 2018년까지의 우리나라 척도 점수와 순위를 살펴보면 다음과 같다.

PISA 테스트 우리나라 역대 순위

	2000년	2003년	2006년	2009년	2012년	2015년	2018년	2022년
읽기	7위	2위	1위	2~4위	3~5위	4~9위	6~11위	2~12위
수학	3위	3위	1~4위	3~6위	3~5위	6~9위	5~9위	3~7위
과학	1위	4위	7~13위	4~7위	5~8위	9~14위	6~10위	2~9위

이 표를 자세히 보면, 우리나라는 PISA 테스트가 시작된 2000년부터 지금에 이르기까지 약 20년 동안 모든 과목에서 대부분 1위에서 10위 사이의 성취를 보여주고 있다는 점을 확인할 수 있다. 우리나라 점수를 기준으로 할 때, 일반적으로 우리나라보다 더 뛰어난 성취를 보여주는 국가에는 싱가포르, 중국, 캐나다, 핀란드, 아일랜드, 대만, 일본, 에스토니아 등이 있으며 미국, 영국, 독일, 프랑스, 러시아 등은 우리나라보다 등수가 낮다.

이러한 우리나라의 성공의 모습을 좀 더 분석해보면, 우리나라의 등위는 2006년에 가장 높은 수준을 기록했다가 현재는 10위권 수준을 기록하고 있는데, 참여국이 2000년의 43개국에서 2018년 79개국으로 거의 두 배 늘어난 것과 비교하면 등수의 변화는 그리 크지 않은 편이다. 중요한 내용은 OECD 참여국의 평균 점수와 비교했을 때, 우리나라의 점수가 매우 높다는 점에서 찾을 수 있다. 가장 최근의 PISA 2018의 결과에서는, OECD 참여국 평균은 읽기 487점, 수학 489점, 과학 489점으로 한국과 비교하여 작게는 27점, 크게는 37점까지 차이가 나는 것으로 확인된다. OECD에는 경제, 사회, 교육 분야에서 크게 영향력을 갖고 있는 국가들이 다수 포진되어 있어 이러한 국가들과 비교해서도 우리나라의 성취가 돋보이는 부분이다.

특히 우리나라의 점수를 유럽, 북미 선진국과 비교해볼 때 그 차이는 더욱 극명하게 나타난다. 수학 과목을 예시로 들면, PISA 2018 테스트에서 미국은 478점, 영국은 502점, 독일 500점, 프랑스 495점, 호주 491점을 획득했는데, 이 점수는 우리나라와는 약 30점 정도 차이 나는 것으로서 우리나라 학생들이 선진국의 학생들보다 수학 교과 내용을 더 빨리, 더 많이, 더 깊이 이해하고 있다고 말할 수 있을 것이다.

PISA 테스트에서 우리나라와 비슷하거나 더 높은 성취를 보여주는 국가에는 일본, 중국, 싱가포르, 핀란드 등이 있는데 각 국가에 대한 설명은 다음과 같다. 우선 일본은 우리나라와 더불어 전통적으로 PISA와 같은 국제학업성취도평가에서 강한 모습을 보여왔다. 일본은 PISA 2018에서 읽기 11~20위를 기록한 것을 제외하면, 수학과 과학에서 우리나라보다 더 높은 성적을 거두었다. 일본은 점수의 분포를 살펴보면 OECD에 가입한 국가들 중에서는 거의 최상위권을 유지하고 있으며, 이는 일본의 수학, 과학 교육에 대한 자부심을 크게 높이는 역할을 하고 있다.

중국은 늦게 참여했지만 가장 점수가 높은 국가인데, 최근 치러진 PISA 2018에서 압도적인 점수로 1위를 차지하였다. 수학과 과학에서 590점이 넘는 점수를 얻어 다른 국가들보다 30점에서 50점 이상 앞서는 결과를 보였다. 물론 여기에는 전국의 학생들을 공평하게 선발하지 않고, 베이징, 상하이, 장수성, 저장성 지역의 학생만 선별하여 시험을 치게 한 것과 같은 숨겨진 원인이 작용한 것으로 알려져 있다.* 그럼에도 중국은 우리나라, 일본과 같이 동북아시아 국가라는 점에서 PISA 시험에서의 성공에 어느 정도 공통된 이유가 있을 것으로 추측되고 있다.

싱가포르 역시 OECD 국가가 아님에도 불구하고 PISA 테스트에서 항상 높은 성취를 보여주고 있다. PISA 2018에서도 읽기 549점, 수학 569점, 과학 551점으로 세 영역 모두 2위를 기록했다. 싱가포르의 성취도에서 주목할 수 있는 점은 정의적 영역에서도 높은 점수를 보였다는 사실에서 찾을 수 있다. 싱가포르는 학업 성취도와 정의적 성취가 모두 높은 국가로 국제적인 인정을 받고 있는데, 테스트에 참여한 모든 국가의 학생들을 대상으로 학교에서 행복하다고 응답한 학생들의 비율을 조사하여 매긴 순위를 보면, 싱가포르는 평균 10~12위를 차지하여 OECD 평균보다 높다는 특징이 있다.

한편, 이러한 성취는 아시아 국가에서만 일어나지는 않는다. 사례가 적기는 하지만, 유럽 선진국에서도 높은 성취를 보여주는 국가들이 있다. 이 중에서 우

* 이러한 이유로 PISA 테스트에서는 중국을 China가 아닌, B-S-J-Z로 표기한다.

리나라와 가장 유사한 성취를 보여주면서 비교 대상으로 언급되는 가장 대표적인 예시로 핀란드를 들 수 있다. 핀란드는 전체 인구가 550만 명 정도 되는 작은 국가이지만, 우리나라와 비슷한 성취도를 보여주면서 유럽 선진국 중에서도 교육 강국 모델로 주목받고 있다. 핀란드 교육은 자유롭고 개방적인 이미지를 가지고 있으면서도 학생들의 공부 실력은 높다는 점 때문에 상대적으로 학습 시간이 많은 우리나라보다 더 효율적이라는 내용으로 전 세계에 알려지기 시작했다. 핀란드 교육의 방식이 우리나라 지상파 방송에도 소개되고 교육청과 일선 교사들을 중심으로 공부하려는 시도도 있었다.

다만, 핀란드 교육은 우리나라와는 달리 현재 뚜렷하게 성취 수준이 낮아지는 현상을 보이고 있다. 핀란드의 성취 수준은 2003년 읽기 1위, 수학 2위, 과학 1위를 차지하여 가장 높았지만 그 점수는 점점 하락하여 PISA 2018에서는 읽기 7위, 수학 16위, 과학 6위 수준이 되었다. 이것은 우리나라를 비롯한 다른 아시아 국가들이 계속 상위권 성적을 유지하고 있다는 점에 비추어 보면 약간 차이점을 보여주는 부분이라고 할 수 있다.

핀란드의 성취도 하락에는 여러 가지 원인이 제기된다. 우선 핀란드 학생들이 과거와 달리 풍족한 사회 속에서 반드시 필사적으로 공부해야 한다고 느끼지 않고 있으며, 20년간 독서량도 꾸준히 낮아지고 있다. 그리고 핀란드 학교 수업에서 강조되고 있는 자기 주도적 수업과 학습자 중심의 수업 기법들이 점점 실제 학생들의 성취에는 부정적인 효과를 보이고 있다는 연구 결과들도 있다. 이유야 어찌 되었든 이러한 핀란드의 하락세는 꾸준히 상위권의 순위를 보여주고 있는 우리나라와는 대비되는 모습으로 비춰진다. 결론적으로 PISA 테스트 결과를 살펴보면 우리나라는 여전히 공부를 잘하는 교육 강국의 지위를 유지하고 있다.

수학과 과학을 주로 평가하는 TIMSS

두 번째로 살펴볼 국제학업성취도평가는 TIMSS이다. TIMSS는 용어the Trends in International Mathematics and Science Study에서도 나타나 있듯이 수학과 과학의 성취도를 국제적으로 비교하려는 목적을 가지고 있다. 국제교육성취도평가협회International Association for the Evaluation of Educational Achievement; IEA에서 주관하여 4년 주기로 운영하는 국제학업성취도평가이다. TIMSS는 1995년 시작되어 PISA보다 더 오랜 역사를 지니고 있고, 우리나라는 1995년 1회부터 평가에 참여하고 있다. TIMSS는 각 나라 학생들의 수학과 과학 능력을 평가하는 시험이며 PISA와 비슷하기는 하지만 수학, 과학 능력을 중점적으로 평가한다는 점에서 큰 차이점이 있다. 시험 대상은 초등학교 4학년과 중학교 2학년이다. 따라서 이 시험에서는 초등학생과 중학생들의 실력을 살펴볼 수 있다. TIMSS 시험에는 58개국이 참여하고 있어 국제학업성취도평가라는 이름에 걸맞은 규모를 자랑하고 있다.

시험 문제는 초등학교 4학년 340문제(수학 171문제, 과학 169문제), 중학교 2학년 415문제(수학 206문제, 과학 209문제)로 이루어져 있는데, TIMSS 시험은 해당 교과에 대한 지식을 평가하고 동시에 수학적, 과학적 사고와 관련한 능력을 평가한다. 지식과 관련해서는 학교 수학과 과학에서 가르치는 핵심적 교과 지식들(수, 도형, 확률 등)을 평가하고 사고능력과 관련해서는 알기, 추론하기, 분류하기 능력 등을 평가한다.

TIMSS 시험에서 국제적으로 상위권을 나타내는 나라에는 싱가포르, 홍콩, 대만, 일본 등 아시아 국가와 더불어 러시아, 핀란드, 라트비아 등 서양 국가들이 있다. 가장 최근에 치러진 TIMSS 2019와 관련한 국가별 등수는 다음의 표를 확인해보자.

TIMSS 2019 국가별 등수 (초등학교 4학년)

수학		과학	
순위	국가	순위	국가
1	싱가포르	1	싱가포르
2	홍콩	2	대한민국
3	대한민국	3	러시아 연방
4	대만	4	일본
5	일본	5	대만
6	러시아 연방	6	핀란드
7	북아일랜드	7	라트비아
8	영국	8	노르웨이
9	아일랜드	9	미국
10	라트비아	10	리투아니아

TIMSS 시험은 점수로 표현이 되며, 이를 바탕으로 참여 국가 간 순위를 도출할 수 있다. 가장 최근에는 TIMSS 2019가 시행되었는데, 전체 결과 중 초등학교 4학년의 수학과 과학 성취도를 살펴보면, 우리나라 학생들이 수학에서는 3위(싱가포르 1위, 홍콩 2위), 과학에서는 2위(싱가포르 1위)를 차지하였다. 이러한 점수는 유럽 선진국보다 훨씬 높은 성공을 보여주는 단적인 사례라고 할 수 있을 것이다. 한편, 우리나라의 등수변화는 다음과 같다.

TIMSS 테스트 우리나라 역대 순위 (초등학교 4학년)

	1995년	1999년	2003년	2007년	2011년	2015년	2019년
수학	3위	2위	2위	2위	2위	3위	3위
과학	4위	5위	3위	4위	1위	2위	2위

이 표에서 우리나라는 몇 등인지를 확인할 수 있다. 놀랍게도 최상위권이다. TIMSS 결과는 PISA에 비하여 더 높은 수준이라는 것을 알 수 있다. 우리나라의 성취 결과를 더 자세히 살펴보면 1999년 과학에서의 5위를 제외하고는 모든 시험에서 4위 이상을 달성하였고, 싱가포르를 제외하고는 우리나라보다 뛰어난 성적을 유지하는 나라가 없을 정도이다. 특히 유럽 국가들보다 압도적으로 큰 격차를 유지하고 있다는 점도 주목할 만하다.

점점 중요해지는 협력적 문제해결력 검사

마지막으로 제시할 국제학업성취도평가는 바로 '협력적 문제해결력 평가'이다. 이것은 별도로 치러지는 시험은 아니고, PISA 테스트에서 최근에 새롭게 추가된 시험의 내용이다. PISA에서 측정하는 주요 핵심 평가영역은 읽기, 수학, 과학이지만, 2015년부터는 별도로 혁신평가영역이라는 것을 만들어 미래사회를 살아갈 학생들의 능력을 살펴보고 있다.

혁신평가영역의 대표적인 평가 주제가 바로 문제해결력이다. 문제해결력의 개념을 도입한 초기에는 학교 수업 내용에 나오지 않는 실생활 문제를 스스로 해결할 수 있는 역량을 평가하는 것이 목적이었다. 이후 현대 사회 시민에게 반드시 필요한 협동성과 협력적 문제해결력을 평가하는 데 이르렀다.

우리나라 학생들의 협력적 문제해결력 점수는 538점으로 OECD 참여국 중 2~5위, 테스트에 참여한 전체 51개 참여국 중 3~7위로 나타났다. 이러한 점수는 PISA 2015의 과학, 수학, 읽기 점수를 바탕으로 예측했던 점수보다 오히려 20점 정도 높은 수치였다. 즉, 우리나라 학생들의 협력적 문제해결력이 전 세계적으로 놀라운 정도로 뛰어났던 것이다.

이러한 협력적 문제해결력에서 우리나라가 기대한 것보다 더 뛰어난 성공을 거둘 수 있었던 원인을 살펴보기 위해 학생 설문을 벌인 결과 우리나라 학생의 95%가 '나는 남의 말을 잘 들어주는 사람'이라고 스스로 응답했다. 이는 전체 참여국 중 가장 높은 수준으로 OECD 국가 평균(87%)보다 8% 높은 수준이다. 또한 '팀워크가 나의 효율성을 높인다'고 생각한 학생들도 OECD 평균보다 14% 높은 84%로 조사됐다. 우리나라 학생들은 단순히 개인적인 공부를 잘하기만 하는 것이 아니라, 협력적 상황에서도 힘을 합치는 방법을 알고, 효과적으로 대처하고 있었다.

보통 우리나라의 교육이 과도한 경쟁과 개인주의 등을 강조함에 따라 협력적 문제해결력과 같은 고차원적 학습 능력을 살펴보는 시험에서는 점수가 낮을 것으로 예상했으나 결과는 매우 높은 것으로 나타났다. 이 사례 역시 우리나라 교육과 학생들에 대한 고정관념을 깨는 중요한 내용이 된다.

이처럼 우리나라 학생들은 전 세계의 학생들과 비교할 때 상당히 높은 사고력과 문제해결력, 그리고 협력적 능력을 지니고 있다고 말할 수 있다. 이 책에서 대표적인 예시로 제시한 PISA 테스트와 더불어 거의 대부분의 국제학업성취도 평가에서 우리나라 학생들은 상위권에 위치해 있으며, 이를 통해 교육만큼은 우리나라가 서구의 선진국들보다 훨씬 뛰어난 성취를 이루어 낸다는 사실은 부정할 수 없는 사실이다.

또 다른 방법: 국제올림피아드

국제학업성취도평가 이외에도 우리나라 학생들의 성공을 확인할 수 있는 또 다른 방법에는 국제올림피아드가 있다. 국제올림피아드 역시 신문과 뉴스에 자주 등장하고 있고, 우리나라 사람들이 가장 잘 알고 있는 국제 시험의 한 종류이기도 하다.

국제올림피아드에는 보통 특별한 학습 능력을 지닌 영재라고 간주되는 학생들이 많이 참여하여 국제적으로 경쟁하는 경우가 많다. 국제올림피아드의 영역은 크게 수학과 과학으로 나누어지고, 세부적으로는 수학올림피아드, 정보올림피아드, 물리올림피아드, 화학올림피아드, 생물올림피아드, 지구과학올림피아드, 천문올림피아드, 지리올림피아드 등 많은 대회가 있다. 올림피아드에는 참가 자격이 있기 때문에 전 세계의 많은 국가에서 영재들이 올림피아드에서 상을 받도록 엄격한 선발 시험을 거치고, 합격한 학생들을 대상으로 개별화 훈련을 제공하여 국제 시험에 대비시킨다.

우리나라는 국제물리올림피아드, 국제수학올림피아드, 정보올림피아드 영역에서 매년 수상하면서 뛰어난 성공을 보여주고 있다. 여기서는 대표적으로 국제물리올림피아드와 국제수학올림피아드에서의 우리나라 학생들의 성공에 관해 소개한다.

국제물리올림피아드IPhO는 세계 각국을 대표하는 고등학교 학생들이 모여 매년 서로의 물리 실력을 겨루는 국제 과학 올림피아드의 한 종류이다. 1967년 폴란드에서 제1회 대회가 시작되었고, 해가 지날 때마다 참가국이 점점 늘어나 2021년 리투아니아에서 열린 51회 대회에는 90개국이 넘는 국가가 참가하는 등 전 세계적인 대회로 발전하였다. IPhO에는 한 국가에서 최대 5명의 고등학생이 참가할 수 있다. 대회에는 대학 일반물리 수준의 이론과 실험 문제가 모두 출제되는데, 60%는 이론 점수, 40%는 실험 점수에 배정하므로 좋은 성적을 거두려면 이론과 실험을 모두 잘해야 한다.

5시간씩 걸리는 이론과 실험 시험이 끝나면 총점을 기준으로 상위 8%에 금, 25%에 은, 50%에 동메달을 수여하며, 점수가 가장 높은 학생에게는 별도의 개인상을 준다. 우리나라는 1992년 핀란드에서 열린 23회 대회부터 현재까지 매년 대표단을 파견하고 있다. 성적 또한 최상위권이다. 한국 대표단은 2003년 34회 대회에서 처음 1위를 했고 2021년까지 8번이나 1위를 차지했다. 특히 2021년 대회에선 대한민국 대표 5명이 모두 금메달을 따내면서 우승을 차지하는 대기록을 세웠다. 이처럼 우리나라는 중국이나 미국과 같은 과학 강국에서 엘리트 교육을 받은 학생과도 비교하여 전혀 밀리지 않는 모습으로 교육적 위상을 높이고 있다.

한편, 국제수학올림피아드IMO는 대학 교육을 받지 않은 만 20세 미만의 학생을 대상으로 열리는 국제 과학 올림피아드의 하나이다. 대한민국 국가대표는 한국수학올림피아드를 통해 선발한다. 국제올림피아드 가운데 가장 큰 규모와 오래된 역사를 자랑하고 있으며, 1959년 7개국이 참가한 루마니아 1회 대회를 시작으로 한다. 1988년 29회 대회에 우리나라가 첫 출전 하였으며 2021년에는 코로나-19로 인해 온라인으로 개최하였다. 각국은 최대 6명의 학생으로 이루어진 선수단을 보낼 수 있다.

대회를 위해서는 우선 문제를 출제한다. 각 나라에서 문제를 제출하는데, 총 150문제에서 200문제에 이른다. 각국에서 제출한 문제를 주최국의 출제위원회에서 검토하고 수정한 후 후보문제 30문제를 선정한다. 최종적으로는 참가국 단장들이 논의하여 6문제를 결정한다. 올림피아드에는 기하, 정수론, 함수, 조합, 부등식 등의 내용이 출제되고 미적분은 제외된다.

시험은 2일 동안 진행되고, 문제 수는 첫날 3문제, 둘째 날 3문제로 총 6문제이며 각 문제는 7점 만점으로 총 42점 만점이다. 채점은 각국의 단장 및 부단장이 자기 나라 학생들의 답을 1차 채점하고 난 후 주최국 수학자들로 이루어진

팀과 만나서 최종 점수를 결정한다. 각 참가자의 점수가 결정되면 금, 은, 동메달 수상자를 결정하게 되어 있다. 수상자 수는 참가자의 약 1/12에게 금메달, 1/6에게 은메달, 1/4에게 동메달을 수여하는 것을 원칙으로 한다. 가장 최근 치러진 62회 대회에서 우리나라는 금메달 5개, 은메달 1개, 총 172점으로 3위를 기록하였다. 이러한 성적은 갑자기 이루어진 것이 아니라, 10년 가까이 좋은 성적이 누적된 결과이다. 우리나라는 국제수학올림피아드에서는 2012년 처음으로 국제 순위 1위를 차지한 이후 지금까지 7위 이상을 꾸준히 유지하고 있다. 이는 국제학업성취도평가의 결과와 유사한 내용으로서, 실제 우리나라 학생들의 수학 실력이 전 세계적으로 뛰어난 수준임을 명확히 알 수 있게 해준다.

지금까지 살펴본 올림피아드는 5~6명이 한 팀이 되어 참가하는 대회의 특성을 가지고 있어 참여하는 학생들이 골고루 좋은 성적을 얻어야만 높은 순위를 달성할 수 있다. 이러한 측면에서 우리나라의 좋은 성적은 단순히 뛰어난 개인의 능력 때문이라고 말하기는 어렵다. 오히려 재능이 있는 학생들을 꾸준한 교육을 통해 계속 좋은 성적을 거둘 수 있도록 도와주는 다양한 외부적인 요인들이 있을 것으로 생각해볼 수 있다.

포스트 오리엔탈리즘과 한국 학생들의 국제적 성취

우리나라의 아이들이 학업성취도 검사에서 우수한 성공을 거두고 있으며, 이러한 현상에 관해 우리보다 서구의 학자들이 더 많은 관심을 갖고 있다는 사실에 주목할 필요가 있다. 이것은 분명 아이러니한 일이다. 서구의 학자들이 칭송하는 한국 교육을 가장 많이 비판하고 깎아내리는 것은 우리나라의 학자들이다. 아무리 생각해봐도 이성적이지 않다.

우리 교육이 이처럼 폄하되고 부정적인 이미지로 묘사되는 것은 에드워드 사이드Edward W. Said가 개념화한 오리엔탈리즘의 일환으로 해석해볼 수 있다. 서구는 동양을 통제하고 지배하기 위하여 끊임없이 진실이든 아니든 상관이 없이 비서구와 동양의 모든 것들을 타자화하고 스스로 열등하다는 생각을 하도록 유도했다는 것이다. 맞는 말일지 모른다.

모든 지식의 출처가 서구이고 모든 지적 자산들이 서구의 것으로 널리 알려지는 이 서구 식민의 시대에서 우리나라의 교육이 당당하게 그들의 권력 밖에서 우월한 입장을 유지하고 있다는 것은 참으로 훌륭하다고 생각한다. 언젠가는 교육으로부터 시작하여 한국을 포함한 동양의 나라와 지식들이 서구를 앞서 가지 않을까 추측한다. 이에 우리나라 학생들의 높은 학업적 성취를 다른 모든 부정적 해석이나 이론들로 헐뜯기만 할 것이 아니라, 오히려 인정하고, 격려하고, 더 앞서갈 수 있는 방법들이 무엇인지를 진지하게 고민해야 할 시점이다.

서양인의 체격과 체력 중심으로 이루어진 국제 스포츠 시합에서 한국인이 절대적으로 불리한 상황을 극복하고 이겨내는 상황과, 우리나라 학생들이 국제학업성취도 평가에서 유수의 교육 선진국 학생들을 물리치는 장면은 크게 다르지 않아 보인다. 우리는 아이들의 성공에 열광하고, 더욱 잘하라고 격려해주고, 칭찬해주며, 그들이 어떻게 해서 공부를 잘하게 되는지에 대한 비법을 탐구해야 할 것이다. 교실의 많은 아이들 속에서, 복잡한 교과들 속에서, 핀란드 교사들 대신 한국 교사들에게서 우리 아이들의 성공은 어떤 이유 때문인지를 밝혀내야 한다. 한국 교육학자라면, 한국 교사라면, 그리고 한국의 사회과학자라면 스스로에게 반드시 물어야 할 질문일 것이다.

2

펀란드 교사만 찾지 마라

명문대 수준의 한국 교사들

이 책의 2장에서는 학업적 성공의 중요한 요소로서 우리나라 교사들의 훌륭함에 대하여 다룰 것이다. 지금까지 훌륭한 교사, 뛰어난 교사를 이야기하는 많은 책과 논문에서는 대부분 선진국의 교사들에 대해 살펴보곤 했다. 반면에 우리나라 교사들에 관해서는 부정적이고 폄하하는 이야기들이 많았다. 하지만 학생들의 성취를 살펴볼 때, 우리나라의 교사들 역시 세계적으로 가장 잘 가르친다는 사실은 분명하다. 따라서 지금부터는 우리나라의 교사들이 학생들을 성공시키는 데 길러내는데 얼마나 영향을 끼치고 있는지를 살펴볼 것이다. 이를 위해 교육 강국으로 불리고 있는 핀란드와의 비교하면서 학생들이 공부에서 성공하는 데 교사들이 얼마나 중요한 역할을 하고 있는지를 살펴볼 것이다. 두 국가의 교사들은 얼마나 지식 수준이 높으며 가르치는 실력이 뛰어난 지, 그리고 학생들의 성공을 위해 교사들이 구체적으로 어떠한 노력을 하고 있는지를 알아본다면 학생들의 성공의 원인을 이해하는 데 큰 도움이 될 것이다. 이를 통해 우리가 얼마나 세계적인 수준의 교사 자원을 가지고 있는지를 이해할 수 있을 것이다.

세계적인 모범이 되는 핀란드 교사

앞서 1장에서 살펴보았듯이, 세계 교육의 이상적인 모델이 되는 국가 중 대표적인 예시로 핀란드를 들 수 있다. 이러한 핀란드 교육 체제에는 여러 가지 요소가 있지만 여기서는 잘 가르치고, 철저히 훈련받는 핀란드 교사에 관해 살펴보고자 한다. 국제적으로 핀란드 교사들은 서구 교육이 추구해야 할 모델로서 간주되면서 전 세계의 나라들이 따라가야 할 교사 모델로 연구되고 있다. 이렇게 핀란드 교사가 우수한 교사로 인정받는 데는 여러가지 이유가 존재한다. 지금까지 밝혀진 내용으로는 고학력(석사 이상의 학력), 우수한 자원, 안정된 직장, 체계적인 훈련 시스템, 그리고 교사들의 뛰어난 수업 전문성 등이 있다. 지금부터는 이러한 내용들을 몇 개의 항목으로 나누어 설명해본다.

첫째, 핀란드 학생 중 우수한 지적 능력을 가진 학생들이 교직을 선택한다. 핀란드에서는 교직 경쟁률이 높은 편이기 때문에 자연스럽게 고등학교에서 높은 성적을 거둬야만 교직에 도전할 자격이 주어진다. 핀란드에서는 교사가 사회적으로 인정을 받고 있고, 직업적으로도 인기가 많다. 월급이 많아서 그런 것은 아니다. 학생들은 학교에서 자연스럽게 선생님들의 모습, 권위, 지위 등을 눈으로 확인하게 된다. 교사들의 사회적인 지위가 높기 때문에, 교사는 인기 있는 직업이 될 수 있다. 따라서 교사가 되기 위해서는 치열한 경쟁을 뚫어야 하고, 많은 고등학생들이 교사의 꿈을 가지고 도전한다. 핀란드에서 교사 양성을 담당하는 대학은 11개가 있는데, 이들 학교에 진학하여 졸업장을 받으면 교사가 될 수 있다. 물론 대학에 진학하는 것부터 쉬운 일이 아니다. 입학하기 위해서는 대학입학자격 시험 성적과 더불어 고등학교 내신성적, 그리고 각 대학마다 따로 실시하는 적성 검사에서 높은 점수를 받아야 한다. 대학 경쟁률이 10:1에 이를 정도로 교사가 되는 길은 어렵다고 할 수 있다. 핀란드에서도 경쟁을 통해 상위 10%에 드는 뛰어난 학생들이 교사가 될 자격을 받는다고 할 수 있다.

둘째, 철저한 교사 교육 과정을 거친다. 핀란드에서 선생님이 되기 위해 필요한 내용을 조금 더 자세히 살펴보자. 핀란드에서 교사가 되려고 하는 모든 사람들은 총 5년에 걸쳐 준비해야 한다. 세부적으로는 대학 3년, 석사 2년으로 이루어져 있다. 이를 학점으로 바꾸면 총 160학점에 이른다. 즉, 대학교에 입학했더라도 곧바로 교사가 되는 길이 열리지는 않는다. 학사만 얻으면 교사가 되는 것이 아니라 석사 학위를 취득해야 한다. 핀란드에서 교사에게 석사 학위를 요구하는 이유는 교사들이 결국에는 스스로 교육 연구자가 될 수 있어야 한다고 생각하기 때문이다. 그래서 오랜 시간 동안 공부하고 6개월 이상 교육 실습을 하도록 규정하고 있다. 그리고 핀란드에서 교사양성교육을 담당하고 있는 모든 대학은 교육실습을 전문적으로 담당하는 교사훈련학교를 설치하여 운영하고 있다. 이는 우리나라의 부속학교와 비슷하지만, 더 많이, 더 오래 실습하도록 돕는다는 점에서 차이가 있다.

여기서 더 중요한 특징은 핀란드의 교사양성 방식은 획일화되어 있지 않고, 교육과정 구성이나 교육 내용 등에서 자율권이 있으며, 현재는 각 대학 나름의 철학과 교육여건을 바탕으로 교사양성 프로그램을 운영하고 있다는 점이다. 교사양성제도 중 우리나라와 다른 점에는 초등 교사와 중등 교사를 함께 양성한다는 점, 교사들에게 연구 능력을 요구한다는 점, 마지막으로 이론과 현장 실천의 조화를 강조한다는 점 등이 있다.

셋째, 엄격하고 체계적인 교사 선발을 통해 실력 있는 교사들을 교육 현장에 배치한다. 핀란드의 교사 채용 방식은 다음과 같이 이루어진다. 핀란드에서 초 · 중등 교사의 채용은 각 지방자치단체에서 관장한다. 해당 지자체 내의 학교에 교사 결원이 생기거나 채용 요구가 있으면, 각 지자체의 교육위원회에서 선발 과목과 채용 예정 교사 수를 결정하고 채용 공고를 내는 것으로 시작하여 1차 서류전형과 2차 면접을 거쳐 최종 선발한다. 교사 채용 공고의 경우, 지역 신문이나 미디어를 통해 기본적인 자격 기준과 조건을 공지한다. 지원자는 교사 채용 공고문에 명시된 지원서, 대학 학위 증명서, 이력서, 자신의 교육활동이나 경험을 보여줄 수 있는 포트폴리오 등을 제출한다. 1차 서류전형의 경우, 각 지자체 교육위원회가 주체가 되어 설정한 약 5~7가지 정도의 기준을 가지고 제출된 서류 및 자료들을 평가하고, 채용 인원의 순위를 정하여 선발한다. 2차 면접은 1차 서류전형을 통해 선발된 인원을 대상으로 하여 지원 동기, 경험, 역할 수행 계획 등을 다각도로 질문한다. 이 때, 무엇보다도 중요한 사항은 교육 철학, 교육 경험, 그리고 다양한 상황에서 표출되는 교육관 등이다.

핀란드는 신규교사 채용과정에서 특히 면접에 역점을 둔다. 이때 교사로서 자신의 특징과 장점을 드러내는 포트폴리오가 상당히 중요한 역할을 한다. 예를 들어, 포트폴리오에는 그동안 자신이 어떻게 성장해 왔는지, 교사가 되기 위해 어떤 준비를 했는지, 어떤 교육철학을 가지고 있는지, 어떤 교수방법을 개발시켜 왔는지 등을 확인시켜주는 자료들이 포함되어 있다. 이러한 채용 방식은 역동적으로 변화하는 학교의 필요에 부응하는 교사를 선발할 수 있도록 해준다.

넷째, 교사를 선발하고 나면, 그들을 수업의 성격이나 학생의 학습 수준 차이에 따라 적재적소에 배치한다. 교사를 능력과 적성에 맞게 배치하는 것은 학생들을 위한 최적의 학습이 가능하도록 하는 중요한 방법이다. 핀란드에서는 2~3명의 교사가 하나의 수업에 배치되는 팀 티칭 방식도 낯설지 않다. 또한 교사를 선발하면 가능한 연고지에 배치하도록 하는데, 이러한 교사 선발 방식도 교사의 전문성과 책임감을 높이는 하나의 요인이다.

다섯째, 핀란드 교사들은 매년 수업을 개선하고 자신의 교육적 능력을 키우기 위해 부단히 노력한다. 이러한 과정이 필요한 이유는 핀란드 교육은 상당히 자율권과 지방자치의 성격을 띠고 있기 때문이다. 모두에게 동등한 기회를 주되, 능력에 따른 개별학습을 지향하는 방향을 추구한다. 즉, 핀란드의 교육 제도는 하나로 규정할 수 없을 만큼 다양하고 유연하기 때문에, 교사들에게 높은 수준의 교과 이해 능력과 수업 수준을 요구하게 된다. 핀란드에는 우리나라의 초등학교와 중학교 과정을 합한 형태로 운영되는 통합학교제도도 있고, 각 지역에서 학교를 관리하는 지방 자치적 교육 개념이 익숙하다. 규모와 운영방식에 관해 정부의 규제가 거의 없기 때문에 학교는 지역마다 다양한 형태를 띨 수 있는 것이다. 이러한 상황에서 교사들 역시 교육과정을 직접 다룰 수 있어야 하고, 교육과 수업 전문가일 필요가 생기게 되며, 교사들에게 수업을 계속 연구하고 개선해야 하는 책무가 주어진다.

핀란드 교사들은 꾸준한 수업 연구를 통해 놀이와 활동 중심의 수업, 개별화 학습, 학습자 중심 수업과 같은 개방적이고 유연한 수업을 잘 하는 것으로 알려져 있다. 좀 더 구체적으로 살펴보면, 핀란드 교사들은 우선 교과서 중심의 수업을 기본으로 하고, 특히 수학과 외국어 수업은 우리가 익히 알고 있는 교사의 강의 중심 수업을 한다. 여기에 학생들이 자기주도적으로 학습할 수 있도록 개별화 학습 기법을 강조하여 제시하고 있다. 이러한 개별화 학습 기법에는 학생 개인이 직접 작성하는 학습 다이어리와 포트폴리오가 있다. 또한, 개인별 학습 결과를 바탕으로 협동학습과 통합교육 역시 강조하고 있고, 이것은 다양한 수준과 배경의 학습자들이 함께 어울려 공부하는 핀란드 교실 문화를 만들어내고 있다. 추가로 학습부진아에 대한 국가적인 지원이 강력하여 부진아들은 별도의 수업을 받을 수도 있다. 이러한 특징은 핀란드 교사를 세계적으로 우수하도록 만드는 원동력으로 작동하고 있다.

핀란드 못지 않은 한국 교사

핀란드에 이어 우리나라의 교사를 살펴보자. 잘 알려지지 않았지만, 우리나라 역시 핀란드 못지않은, 어쩌면 더 우수하고 열정적인 교사들이 존재한다. 우리나라 교사들의 실력과 우수성은 우리나라보다 서구에 더 잘 알려져 있다. 많은 서구 학자들이 우리나라 교사들을 연구하고 있는데, 정작 우리나라에서는 교사에 관한 인식이 그리 좋지 못하다. 그러나 이러한 인식은 잘못된 것이다. 실제로 우리나라는 교사를 우리 사회에서 가장 안정된 전문직으로 대우하고 있고, 세계 최고의 인재들이 교사가 되기를 열망하고 있다. 이에 우리나라 교사들이 어떠한 측면에서 우수한 지를 몇 가지 측면에서 살펴본다.

첫째, 고등학교 최고 성적의 학생들이 교직을 선택한다. 수능 시험에서 300점 만점 중 250점 이상을 획득한 뛰어난 학생들이 사범대학교에 입학할 수 있다. 특히 인지 교과인 국어교육과, 수학교육과, 영어교육과 입학 점수는 270점 이상으로 매우 높다. 이는 수능 시험에서 각 과목 당 2~3개 이하로 틀려야 한다는 것을 의미한다. 또한 수시 모집에서도 사범대학에 입학하기를 원하는 학생들은 고등학생 때부터 매우 철저히 준비해야 하며 내신 등급을 최저 2등급 정도는 유지해야 원하는 사범대학에 입학할 수 있다. 이처럼 중학교, 고등학교 교사가 될 수 있는 사범대학은 3:1에서 4:1 정도의 경쟁률을 보이는데, 최근 대학 입시에서 미달되는 학과가 많다는 사실과 비교해보면 사범대학은 우리나라에서 상당히 인기 있는 학과라는 점을 쉽게 알 수 있다.

이와 비슷하게 초등학교 교사를 양성하는 교육대학교의 경우에도 경쟁은 더욱 치열하다. 대부분의 교육대학교의 경쟁률은 6:1부터 10:1에 이르기까지 매우 높은 편이다. 교육대학교 역시 우리나라 사립 명문대학교와 비슷한 성적을 거둬야만 들어갈 수 있고, 이것은 교사를 하기 위해서는 학교에서 엘리트 생활을 해야 한다는 것을 의미한다.

이처럼 입시에서 학생들이 사범대학과 교육대학교에 지원하는 현상을 토대로 생각해볼 때, 우리나라에서는 교사가 되고 싶어하고 노력하는 뛰어난 학생들이 아주 많다고 할 수 있을 것이다. 우리나라의 엘리트 학생들이 교사를 꿈꾸고 지원한다는 점은 분명히 고무적인 사실이다.

둘째, 우리나라에서 교사가 되기 위해서는 임용 시험이라는 까다로운 공채의 과정을 거쳐야 한다. 이것은 서구 국가에서 직업을 구하지 못한 사람들이 차선으로 교사를 선택하는 현상과 대비되는 모습이다. 반대로 우리나라에서는 교사가 되려고 하는 사람들이 모든 훈련 과정에 열심히 참여하며, 임용 시험이라는 치열한 경쟁을 뚫고 교사의 자리를 쟁취한다. 특히 중등 임용은 각 학문의 고도의 지식을 가지고 있어야만 통과할 수 있어서 중등학교, 고등학교의 어려운 교과내용을 잘 가르칠 수 있는 능력을 가져야만 통과할 수 있다.

좀 더 자세히 살펴보면, 우리나라에서 정식 교사가 되려면 공무원 시험과 같은 공식 채용 절차를 거쳐야 하는데, 이것을 교원 임용 시험이라고 한다. 교원 임용 시험을 치는 이유는 교사 정원에 제한이 있기 때문이다. 한 해 필요한 교사의 수는 한정되어 있는데 교사가 되고자 하는 학생들은 더 많기 때문에, 공정하게 시험을 통해 교사가 될 사람을 선정한다. 교원 임용 시험은 임용 고시라고 불릴 정도로 매우 어려운 난이도를 자랑하며, 여기에 통과하는 것은 매우 열심히 공부를 했다는 것을 의미하고 있다.

교원 임용 시험 역시 교육대학교(초등)와 사범대학(중등)의 차이가 있다. 우선 사범대학부터 알아보면, 사범대 학생들이 지원하는 중등 임용 시험의 경우 각 과목별로 엄청난 경쟁률을 지니고 있다. 국어 17:1, 수학 13:1, 생물 10:1, 역사 14:1, 영어 16:1 등 거의 모든 과목에서 전체 시험 성적 중 상위 5% 정도는 되어야 합격할 수 있는 경우가 많다. 이처럼 중등 임용 시험이 합격하기 어려운 이유는 처음부터 교사를 매우 적게 뽑기 때문이다. 필요한 교사는 많지 않은데 비해 사범대학 학생들과 아직 시험에 합격하지 못한 재수생을 모두 합치면 시험에 응시하는 사람들은 아주 많다. 심지어는 중국어나 기술 과목과 같이 학교에서 중요하게 다뤄지지 않는 과목은 그 해 교사를 한 명도 뽑지 않는 경우가 있다. 그러면 1년 동안 시험을 준비한 학생들은 다음 해를 기약하거나 임용 시험을 포기하기도 한다. 이처럼 중등 임용 시험은 치열한 경쟁을 통해 최고의 실력을 가진 학생들만 교사가 된다.

임용 시험을 통해서 학생들은 다음과 같은 내용을 배운다. 우선 교사라면 반드시 알아야 할 국가 교육과정의 내용과 가르쳐야 할 교과별 내용에 관해 완전히 암기하는 수준으로 배운다. 임용 시험의 내용은 매우 어렵기 때문에 수십 권에 이르는 교과교육론과 교과별 내용, 교수 지식, 교육학 이론, 학자들의 모형, 교육과정의 내용 요소들을 모두 알아야만 풀 수 있다. 따라서 학생들은 2년에서 3년 동안 꾸준히 시험을 준비하면서 이러한 내용들을 모두 암기한다.

또한, 임용 시험의 2차 내용인 수업 실연에 대비하기 위하여 다양한 수업의 상황을 가상으로 연출하고 대처 방법을 실습한다. 일종의 가상 무대를 준비하여 끊임없이 수업을 반복 연습하며, 몇몇 학생들은 교육 실습에서 배운 내용을 연습하기도 한다. 이외에도 임용 시험은 교사들이 앞으로 학교 현장에서 익혀야 할 바람직한 자세나 마음가짐을 이해하고 배우는 데도 영향을 끼친다.

셋째, 우리나라 교사들의 직업적 안정성은 세계 최고 수준이다. 이것은 우리나라의 교육 제도와 체계를 튼튼히 하는 데 상당히 중요한 역할을 하고 있다. 미국과 같은 선진국에서도 교사들은 9개월 단위로 계약을 갱신해야 하고, 새내기 교사의 40% 정도가 교직을 떠나는 등 상당히 열악한 경우가 많다. 이와 비교하여 우리나라의 교사들은 한 번 교사가 되면 해고의 걱정 없이 곧바로 학교에서 다양한 전문성을 쌓는 데 오롯이 집중할 수 있다. 또한 급여 역시 임용부터 근무 경력에 따라 매년 조금씩 연봉이 올라가는 호봉제를 채택하고 있어 교사들은 가시적인 성과를 만들어야 한다는 압박감이 없이 안정적으로 학생들을 가르치는 데만 전념할 수 있다. 연봉도 높은 편이다. 초임 교사의 연봉은 3,000만원 수준으로 낮지만, 교직 경력이 15년만 되더라도 5,600만원이 되어 OECD 평균 연봉(4,600만원)보다 훨씬 높아지게 된다. 퇴직 직전의 교사들은 한 해 연봉이 8,000만원에서 9,000만원을 상회한다. 따라서 교사가 되는 순간 최소한의 생계는 걱정하지 않아도 되고, 우리나라에서 중산층의 지위를 유지하는 것도 어렵지 않다. 이처럼 교사에게 공무원의 지위를 부여하고 안정적인 고용과 급여를 제공하는 국가는 전 세계에 몇 개 되지 않는다. 그만큼 우리나라에서는 교사를 사회의 유지와 안정에 꼭 필요한 것으로 생각하고 많은 지원을 제공한다고 할 수 있다.

넷째, 우리나라의 교사들은 자신의 사회적 지위에 걸맞게 노력하고 희생한다. 교사들은 앞서 설명한 높은 사회적 지위와 안정적인 고용이라는 혜택을 받기만 하지는 않는다. 사회적인 지위를 유지하기 위해서 많은 희생과 인내를 감수하기도 한다. 전통적으로 우리나라는 교사에 대한 사회적 인식이 대단히 높았다. 조선 시대에는 스승을 왕이나 아버지와 동일하게 생각했던 전통이 있었으며, 교사는 꾸준히 사회의 리더와 모범의 역할을 수행해왔다. 심지어는 왕조차도 매일 경연을 통해 왕의 스승들과 토론하고 공부했을 정도로 우리나라에서 교사의 이미지는 중요하고 꼭 필요하다는 인식이 있다. 이러한 사회적 인식에 걸맞게 교사들은 항상 주어진 일에 순종하려고 하고 교사이자 공무원으로서 책임을 다하고 있다. 가령, 다른 일반인이나 직장인과는 달리 교사는 경제적인 이익을 취하는 것이 금시되어 있으므로, 그들은 학교에서 열심히 일하는 것 이외에 다른 일을 하지 않는다.

다섯째, 우리나라의 교사들은 교육이 국가 발전의 중요한 수단이라고 생각하고 있으며, 우리나라에서 학생들을 인적 자원으로서 잠재력을 키워주는 것이 매우 중요한 일이라고 인식하고 있다. 그래서 교사들은 매년 국가에서 강조하는 새로운 교육개혁과 변화를 적극적으로 수용하고 이를 바탕으로 더 나은 수업을 시도한다. 우리나라는 다른 국가들보다 교육과정의 변화가 빠르고 심한 편이다.

정부가 바뀌거나 새로운 교육과정 이론이 수입되면 전국 교육청과 학교에 일괄적으로 적용되는 경우가 많기 때문이다. 그래서 매년 교사들은 새로운 수업 기법과 교육 매체를 배우고 익힌다. 예를 들면 최근에는 코로나19로 인하여 전국의 모든 교사에게 스마트 기기를 활용하여 온라인 원격 수업을 진행하라는 지시가 내려왔고, 교사들은 단 1~2개월 만에 프로그램 사용법과 온라인 수업 기법을 익혀 교육과정과 수업을 운영하기도 하였다. 이처럼 교사들은 매 순간 새로운 수업 기법을 연습하고 적응하면서 자신의 교실을 운영한다.

학교 현장에서의 훌륭한 교사들

지금까지는 교사가 되기 전 우리나라의 사범대학생, 교육대학생들이 얼마나 열심히 공부하는 뛰어난 학생인지에 대하여 살펴보았다. 그들은 교사라는 목표를 달성하기 위하여 엄청난 교과 지식을 습득하고 있고, 나아가 임용 시험에서 성공하기 위하여 아주 오랜 기간 동안 연습하고 훈련한다. 이러한 과정을 거쳐 어렵게 교사가 된 사람들은 학교 현장에서 어떻게 학생들을 가르치면서 살아가고 있을까? 실제 우리 주변의 교실에서는 많은 교사들이 매일 열심히 살아가고 있는 모습을 관찰할 수 있다. 교사들의 모습을 통하여 우리나라 학생들의 성공에 교사들이 끼치는 중요한 영향력을 이해해볼 수 있다.

우선 우리나라의 교사들은 대부분 확고한 교직관을 가지고 있다. 그것은 책임과 희생이다. 앞서 설명했듯이, 우리 사회에서 교사는 공직자로서 사회의 모범이 되고 있으며, 교사들은 그 사실을 잘 알고 있다. 따라서 그러한 기대에 부응하기 위해 책임 있는 모습을 보인다. 우리나라의 교사들은 정해진 근무 시간에 30분 일찍 출근해서 30분 늦게 퇴근하는 것을 당연하게 생각한다. 단순히 근무 시간에 늦지 않는다는 뜻이 아니라, 수업하기 전부터 분주하게 학생들을 지도하고 관리하기 위해 일찍 학교에 나오는 것이다. 주로 아침 시간에 학생들이 학교에 와서 교실에서 시간을 낭비하지 않도록 아침 활동을 제공한다. 이러한 아침 활동은 누구도 하라고 시킨 것이 아니지만, 교사들은 자발적으로 학생들의 수업 분위기를 조성하기 위해 아침부터 움직인다. 수업이 끝난 다음에도 공부가 부족한 학생들을 집에 보내지 않고 남겨서 가르친다.

특히 우리나라 교사들은 정규 수업 이외에도 학생들을 위해 나서는 일이 많다. 교육과정에 나온 수업 시수만 잘 지키면 문제가 없지만, 교사들은 그것만으로는 아이들을 제대로 지도하는 것이 부족하다고 생각하기 때문에, 오후 시간에 더 많은 활동을 한다. 특히 고등학교 교사의 경우 정규 수업이 끝나고 나면 저녁까지 이어지는 보충수업을 직접 진행하고, 밤에는 당번을 정해 돌아가면서 저녁을 먹고 계속되는 야간자율학습도 담당한다. 야간자율학습 시간에는 학생들이 안전하게 교실에서 공부를 할 수 있도록 순찰을 돌고, 모르는 문제나 수업 시간 중 이해가 되지 않는 개념들을 설명해주기도 한다. 심지어는 방학 기간에도 보충수업 프로그램을 개설하여 집에서 공부하기 어려워하는 학생들이 방학 중에도 학교에 와서 공부할 수 있도록 도와준다. 이것이 끝이 아니다. 우리나라 교사들은 다른 나라의 교사들이 잘 하지 않는 공문서 처리나 행정적인 잡무도 맡아서 처리한다. 그들은 학교의 연중행사인 체험학습, 수학여행, 학예회, 운동회 등을 기획하고 운영하며 학부모의 민원을 직접 납낭한다. 그리고 방학 중에는 법적으로 반드시 해야 하는 연수에 참여하고, 남는 시간에 교재 연구를 하는 등 매우 바쁘게 살아간다. 교사들은 대부분 자신에게 주어진 일에 매우 충실하게 임한다. 이것은 사명감이 없다면 불가능한 일이다.

서울의 A 고등학교에서 근무하는 김세영(가명) 교사의 생활은 아침 7시부터 시작된다. 그녀는 자신이 담당하고 있는 고3 아이들이 학교에서 하루도 빠지지 않고 공부에 전념할 수 있도록 수업 자료를 준비하고 건강 상태나 컨디션을 챙기기도 한다. 한편으로는 정규 수업이 끝나고 난 뒤에도 퇴근하지 않고 보충수업을 진행하며 저녁까지 남아서 아이들을 챙긴다. 매주 월요일과 수요일에는 야간자율학습 당번을 맡아서 하고 있는데, 이때는 밤 10시가 넘어서야 퇴근할 수 있다. 이 정도로 몸이 고되고 힘들지만, 고등학교 3학년 담임을 맡은 선생님들은 어느 누구도 불평을 하지 않는다. 자신들보다 아이들이 훨씬 더 힘들게 공부하고 있다는 사실을 잘 알고 있기 때문이다.

또한, 우리나라의 교사들은 국가 교육과정에 대한 이해도가 매우 높다. 이를 바탕으로 직접 교육과정을 다룰 줄 알며 1년 수업 계획과 필요한 수업 자료 등을 모두 미리 설계할 정도로 치밀하게 수업을 준비할 수도 있다. 교사들은 매년 2월이 되면 국가 교육과정 시스템 나이스NEIS에 수백 페이지에 달하는 모든 교과 내용을 순서대로 입력하고, 필요하다면 교과 재구성을 통해 순서를 바꾸고 축소하거나 시수를 늘려서 수업을 원활하게 진행할 수 있도록 사전에 조율한다. 이것은 1주에서 2주에 걸쳐 이루어질 정도로 어렵고 복잡한 작업이지만 우리나라의 모든 교사는 이러한 과정을 성공적으로 수행하기 위해서 매년 바뀌는 교육과정 문서를 공부하고 변화되는 내용들을 파악하여 학년 교육과정이나 교사 교육과정에 반영시킨다. 때로는 교육과정 공부 모임 등을 마련하여 함께 교육과정 내용을 공부하고 새로운 교육과정을 직접 제작할 준비를 한다. 최근에는 교육과정 혁신, 행복 교육과정, 만들어가는 교육과정 등의 새로운 방법을 시도하고 있기도 하다. 이러한 교사들을 노력을 통해 우리나라의 교육과정이 모든 학교에 잘 적용되고 실천될 수 있다.

경남 진주의 사랑행복학교(가명)에 근무하고 있는 교사들은 매년 새 학기를 맞이할 때마다 특별한 행사를 연다. 그것은 바로 모두가 만들어가는 교육과정이다. 지금까지는 교육과정을 학교에서 연구부장을 담당하고 있는 교사 한 명이 작성하고, 다른 교사들은 그것을 받아서 일괄적으로 적용했지만 행복학교에서는 각 학년별로 학년 아이들의 현재 상태와 교사들의 교육 목표, 새로 바뀐 교육과정 내용 등을 종합하여 학년별로 기획한다. 이것을 하려면 각 학년의 모든 선생님이 한 달에 걸쳐 교육과정을 공부하고, 재구성하는 연습을 해야 한다. 선생님들은 방학 기간에도 기꺼이 학교에 나와 이러한 활동을 하고, 이를 통해 새로운 교육과정과 수업 기법들을 시도할 수 있게 된다.

그리고 앞서 설명한 바와 같이, 우리나라 교사들은 새롭게 강조되는 최신 교육학 이론, 교육과정 이론, 수업 방법들을 자신들의 수업에 적극적으로 적용하려고 노력한다. 우리나라 교사들은 사회와 국가의 교육적 요구에 매우 빠르게 대응한다. 그리고 새로운 이론에도 민감하게 반응하며 새로운 이론을 교실 현장에 적용하는 데 익숙하다. 그들은 백워드 교육과정 설계, 다중지능이론, PCK 등 교육과정 이론과 세부적인 교과 모형, 지도 기법 등 최신의 교육 이론까지 이해하려고 노력하고 있다. 이것이 가능한 이유는 그들이 대학에서 이미 대학원 수준의 지식을 공부하기 때문이다. 우리나라 사범대학과 교육대학교의 교육과정은 '사범고등학교', '교대고등학교'라고 불릴 정도로 방대한 양과 어려운 내용을 자랑한다. 교사들은 이미 교사가 되기 전부터 일주일에 20시간 가까이 수업을 듣는다. 이러한 공부 경력을 바탕으로 교사가 되어서도 다양한 교육 이론들을 이해하고 적용하는 데 어려움을 겪지 않으며, 더 나아가 이러한 새로운 이론들을 접목한 실험적인 수업을 진행할 수도 있다.

우리 주변에는 누가 시키지도 않았지만 이러한 실험적인 교육 이론들을 적극적으로 자신의 교실에 적용하는 교사들을 쉽게 찾을 수 있다. 영화를 주제로 프로젝트 학습을 진행하는 교사, 교실을 작은 경제 공동체로 만들어 생활 속에서 자연스럽게 경제 개념을 가르쳐주는 교사, 한 권의 책을 여러 교과와 연계하여 한 학기 동안 심도 있는 토의를 진행하는 교사, 학생들과 함께 수업 포트폴리오를 제작하는 교사 등 교사들의 도전 주제는 일일이 열거하기 어려울 정도이다. 이것은 현재에 안주하지 않고 더 나은 수업을 만들어가려는 교사들의 의지와 노력이 반영된 결과이다. 특히 요즘에는 유튜브나 SNS에 이러한 교사들의 실천 과정을 영상과 사진으로 확인할 수 있어 다른 교사들도 열심히 노력하는 교사들의 활동을 보고 배우면서 더 성장하기도 한다.

부산의 옥효진 선생님은 초등학교 교실에서 작은 경제 공동체를 운영하면서 아이들에게 경제와 관련된 여러 개념을 스스로 이해할 수 있도록 지도하고 있다. 여기 학급의 아이들은 교실에서 정해진 자기의 직업에 따라 가상 화폐를 월급으로 받고, 세금과 벌금을 내며, 주식과 부동산에 투자하기도 한다. 선생님은 이러한 아이들을 지도하기 위해 아주 세심하게 학급의 시스템을 설계하고 조절하면서 1년 동안의 교육과정과 수업을 운영한다. 이 학급에서 일어나는 다양한 활동들은 유튜브, 책, 미디어 등을 통해 전국에 알려지고 있다. 아이들과 부모님들은 대단히 만족하고 있으며, 옥효진 선생님과 함께 학교에 등교하고 공부하는 것에 대단한 자부심을 느낀다.

핀란드 교사들이 학생들의 개별화 학습에 뛰어난 능력을 발휘하는 것과 비교하여, 우리나라 교사들은 학생들이 학교 시험이나 수능 시험에서 좋은 점수를 받을 수 있도록 훈련시키는 데 특별한 능력을 발휘한다. 우리나라 교사들은 학생들을 모두 시험에서 성공할 수 있도록 도와줄 수 있는 지식과 기술을 가지고 있다. 학교 시험이나 시험은 많은 지식을 짧은 기간 동안 기억하고 이해해서 그 것을 문제를 푸는 데 적용시킬 수 있어야 좋은 점수를 받을 수 있다는 특징이 있다. 그래서 우리나라의 교사들은 학생들이 시험을 효과적으로 잘 칠 수 있도록 다음과 같은 방법을 사용한다.

우선 시험에서 가장 기본적인 내용이 되는 교과서를 여러 번에 걸쳐서 설명해준다. 구체적으로는 첫 번째에는 교과서 내용을 함께 읽어보고 수업 내용이 무엇인지를 확인하고 학생들이 처음 듣는 내용은 다시 설명해주거나 개념을 이해할 수 있는 예시를 제시하면서 이해를 돕는다. 다음으로는 교과서의 핵심 개념을 칠판이나 PPT로 제시하면서 교과서의 많은 내용 중에서 무엇이 더 중요한 내용인지를 직접 알려주거나 학생들이 찾아낼 수 있도록 도와준다. 마지막으로는 교과서 내용을 간단한 퀴즈나 수업 활동과 연계해서 한 가지 개념을 세 번에서 네 번 정도 반복해서 배우고 익히는 기회를 제공한다. 이렇게 교과서를 자세히 설명해주면 학생들은 수업 목표를 달성하기 위해서 무엇이 더 중요한지, 핵심 개념은 무엇인지를 알 수 있게 된다.

그리고 교과서 이외에도 풍부한 교재와 학습 자료를 사용하는 것도 우리나라 교사들의 비법이다. 우선 대표적인 자료로 문제집이 있다. 교과서로 공부한 다음, 학습지나 문제집을 활용하여 배운 개념을 떠올려보고 까먹었거나 이해가 잘 되지 않았던 부분을 찾아내 다시 공부하도록 도와준다. 문제집은 수업 시간에 활용되기도 하고, 부족한 부분을 집에서 보충할 수 있도록 숙제로 내주기도 한다. 교사들은 직접 학습지나 수업 교구를 제작하기도 하는데, 이러한 자료들은 교실 상황에 딱 맞고 학생들이 공부하기 편하게 되어 있어 시험을 준비하는 데 도움이 된다.

또한, 시험 직전에 학교 시험 범위를 다시 알려주거나 쪽지 시험 등을 치도록 하여 공부 자세를 다듬고 마지막까지 기억한 것을 까먹지 않도록 해준다. 이를 통해 많은 학생들은 교사로부터 교과 지식을 집중적으로 이해하는 방법을 터득하고, 시험에서 좋은 점수를 받을 수 있다. 이외에도 오답노트를 작성하는 방법, 강의를 필기하고 필요한 개념만 정리하는 방법, 시험에서 시간 배분하는 방법 등 교사들은 학생들이 시험에서 조금이라도 더 좋은 점수를 받을 수 있도록 자신이 알고 있는 노하우를 아낌없이 전수해준다.

> 광주의 B 중학교에서 과학을 담당하고 있는 주혜진(가명) 선생님은 아이들 사이에서 1타라는 별명으로 불린다. 본래 1타는 아주 유명한 인터넷 학원 강사를 뜻하는 말이다. 주혜진 선생님은 인터넷 학원 일타강사처럼 아주 잘 가르치고 아이들의 시험 성적을 올리는 것을 잘하기 때문에 아이들의 인정을 받고 있는 것이다. 주 선생님은 매 수업마다 교과서 내용을 쉽게 이해할 수 있는 학습지를 제작해서 나눠주고, 수업의 마지막 10분 동안 학습지를 스스로 정리하도록 지도한다. 그리고 좀 더 공부하고 싶은 아이들을 위해 미리 강의를 듣고 올 수 있도록 5분에서 10분짜리 짧은 영상을 제공하기도 한다. 공부를 열심히 하는 아이들은 선생님의 영상을 잠깐 보고 수업에 임하기 때문에 수업의 집중도가 훨씬 높아지는 장점이 있다. 시험 기간에는 더욱 특별한 방법을 사용한다. 핵심 개념이 빈칸으로 나온 학습지, 시험 문제를 직접 만들어보는 활동, 교과서 다시 살펴보기 활동 등 다양한 수업 기법을 사용해서 아이들이 지루하지 않으면서도 시험공부에 집중할 수 있도록 지도한다.

한편, 교사들은 학생들이 미래에 좋은 대학에 들어가고 커서 성공할 수 있을 것이라는 희망을 품고 열심히 공부할 수 있도록 하는 강력한 롤 모델이다. 우리나라에서 교사는 공부로 성공한 사람들이다. 그들이 들려주는 공부에 대한 이야기나 공부를 잘하게 된 비결 등은 학생들이 가장 좋아하고 듣고 싶어 하는 이야기다. 교사들은 학교에서 어떻게 하면 인정받을 수 있는지, 그리고 공부 시간을 어떻게 활용하면 되는지, 공책 정리와 문제 풀이는 어떻게 해야 더 좋은 점수를 받을 수 있는지를 끊임없이 알려준다. 그리고 공부를 잘했을 때 어른이 되어 꿈꾸는 것을 모두 달성할 수 있다는 사실을 언급하며 비전을 제시해준다. 학생들은 학교에서 교사들과 함께 생활하면서 공부를 잘하는 것이 삶에서 정말 중요하다는 사실을 깨닫고 자연스럽게 어떻게 하면 더 공부를 잘할 수 있는지를 고민하고 추구하게 된다.

다음으로, 교사들은 매일 힘들고 어려움을 호소하는 학생들에게 진심으로 정서적이고 따뜻한 지원을 한다. 우리나라에서 학생들은 매일 10시간에서 12시간의 학습을 한다. 몇몇 학생들은 아침 7시에 학교에 와서 밤 11시가 넘어서 집에 가기도 한다. 자연스럽게 학생들은 공부에 압박감을 느끼며 학교에서 많은 심리적인 문제를 호소한다. 그때 교사들은 학생들에게 공부할 마음을 잡아주고 계속 학교에 남아 있도록 권유하는 역할을 담당한다. 일단 그들은 학교에 학생들과 함께 밤늦게까지 남아 있으면서 학생들이 모르는 문제를 들고 오면 해설을 해주거나 수업 시간에 가르쳐주었던 개념을 다시 풀어서 이해시켜 준다. 그리고 공부나 교우 관계로 인해 힘들어하는 학생들에게는 상담실에서 장기간 상담을 직접 해주기도 한다. 이처럼 좋은 교사를 만난 학생들은 교사를 평생의 스승으로 기억하게 되며, 학교를 졸업하고 대학에 가서도 예전 담임 교사와 계속 연락하고, 친구처럼 지내기도 한다.

학교 교사들의 희생과 아이들의 성공

정리하면, 우리나라 아이들의 훌륭하고 뛰어난 성취 뒤에는 우수하고 뛰어난 교사들이 자리 잡고 있다. 우리나라 교사들은 이미 어린 시절부터 준비가 되어 있다. 교육대학교와 사범대학교에 높은 성적으로 입학하는 것은 물론이고, 치열한 경쟁을 통해 국가고시에 합격하여 교사의 길을 걷는다. 교사들은 교육과정을 자유자재로 다루고 수업을 운영하며 아이들과 교감하는 교육 전문가라고 할 수 있다. 이들의 희생과 노력으로 인해 우리나라 아이들은 성장하고 있고, 전 세계적으로 뛰어난 성공을 거둘 수도 있었다.

그러한 측면에서, 우리나라 교사들이 아이들의 공부를 위해 이전보다 얼마나 더 노력하고 있는지, 그동안 잘 알려져 있지 않았던 교사들의 우수함, 새로운 도전, 그리고 희생에는 무엇이 있는지를 밝혀낼 필요가 있을 것이다. 이를 통해 우리나라 교사는 새로운 국제 교육학 연구의 중요한 주제로 자리 잡게 될 것이다.

3

공부 DNA

인생에서 공부가 가장 중요한 아이들

우리나라 아이들의 우수한 학업적 성취, 학부모의 유별난 교육적 관심과 지원, 그리고 어느 나라에서도 찾아볼 수 없는 우리 사회의 폭넓고 다양한 교육에 대한 관심은 어디서부터 시작되었을까? 아이들이 지속적으로 보여주는 세계 최고 수준의 학업적 성취와 공부를 위한 노력의 원천은 무엇일까? 왜 많은 부모들이 돈이 부족하면 빚을 내서라도 자녀들의 교육에 엄청난 투자를 하고 있을까? 이 장에서는 이러한 질문들에 대한 하나의 답으로써 우리나라 역사와 문화적 전통 속에서 지속적으로 강조되고 실천되어온 공부 문화를 살펴보고자 한다. 오늘날 우리나라 아이들이 열심히 공부하고 있는 현상은 아마도 한국의 전통적 문화 속에서 공부를 삶의 가장 중요한 가치로 강조했던 것과 깊게 관련이 있을 것으로 추측할 수 있다. 우리의 전통과 역사 속에서 공부를 어떻게 생각했는지를 살펴보면서 우리나라 아이들이 공부를 정말로 잘하게 된 이유를 찾아보고자 한다.

공부工夫의 의미

우리나라는 흔히 '공부 공화국'으로 불릴 만큼 공부를 매우 중요한 가치이자 실천으로 간주한다. 그런데 한국인의 공부와 교육에 대한 열정과 실천에 관해 많은 사람들이 비판을 넘어 비난을 한다. 특히 서구 학자들은 한국 교육을 굉장히 혐오한다고 할 정도로 나쁜 것으로 묘사한다. 예를 들어 한국의 교육을 연구한 미국의 학자 마이클 세스Michael Seth는 우리의 교육과 학습문화를 역사적 문화적으로 추적 연구하였는데, 결론적으로는 '교육열education fever'이라는 아주 부정적인 개념으로 매도하였다. 그뿐만 아니라 「뉴욕타임스」와 같은 서구의 매체와 우리나라의 언론들도 한국의 교육과 학습을 묘사함에 있어 '입시지옥', '학생들에 대한 고문', '기형적 교육 시스템' 등의 표현들을 사용하고 있다.

하지만 모든 국민이 깊은 관심을 가지고 열정적으로 실천하고 있는 공부 문화는 부정적인 면만큼 긍정적인 측면 또한 존재한다. 우리나라 학생들은 유치원에 입학하기 이전부터 고등학교까지 대학 입학을 위해서 열심히 공부한다. 대학에 들어가면 취업을 위해서 그리고 직장인들 또한 자기계발과 승진을 위해서 공부한다. 버스, 지하철, 심지어 걸어 다니면서도 강의를 듣고 공부한다. 학교의 교실, 학원의 강의실, 카페, 도서관, 스터디 카페 등 장소를 가리지 않고 공부한다. 이렇듯 우리나라 사람들은 태어나면서부터 '공부하는 것에 대단히 익숙하고, 공부를 위한 문화와 환경'에서 살아가고 있다. 이러한 공부 문화 혹은 '문화적 공부 유전자'를 이해하기 위해 모든 한국 사람들이 삶의 중요한 부분으로 간주하는 공부는 과연 무엇이며 그러한 공부 유전자는 어디에서 오는지, 그리고 어떻게 만들어진 것인지 살펴볼 필요가 있다.

우리가 이야기하는 공부는 서구의 교육education, 교수teaching 혹은 학습

learning과 유사하지만 다른 문화적 개념으로 이해해야 한다. 공부工夫의 사전적 의미는 '학문이나 기술을 닦는 일'이다. 이 한자 단어를 찬찬히 살펴보자. 먼저 공工은 일을 하여 무언가를 만드는 것을 의미한다. 우리가 흔히 사용하는 공업工業, 공사工事, 공장工場, 공예工藝 공작工作 등의 단어에 잘 나타나 있다. 또한 공工은 무언가를 만드는 연장을 의미하기도 하지만 사람이 연장을 들고 있는 모습을 나타내기도 한다. 즉, 공의 기본적인 의미 중 하나는 공구工具가 의미하는 것처럼 사람이 손으로 뭔가를 만드는 것이다. 또한 공부에서 부夫는 '큰 대大'자 위에 '한 일一'자가 더해진 것이다. 대大는 사람이 손을 들고 있는 형상을 나타내며 일一은 그 사람의 머리에 얹혀 있는 장식품을 지칭한다. 이에 부夫는 관, 모자, 두건을 쓰고 있는 사람(남자)을 가리키는 말이다. 그 예로 대부大夫는 관직을 가지거나 지체 높은 남성을 의미하는 것이다. 이러한 공工과 부夫의 의미를 살펴볼 때, 공부는 머리를 도구로 사용하여 무엇인가를 따지고 캐내어 좋은 생각을 만들어내는 것을 의미한다. 즉, 공부는 '머리를 사용하여 일하는 우수하고 위대한 사람이 되고자 노력하는 것'으로 풀이될 수 있을 것이다.

굳이 우리가 이야기하는 공부와 유사한 서구의 개념을 이야기하자면 스터디study와 '공부하는 인간'을 의미하는 '호모 스투디오수스homo studiosus'를 들 수 있을 것이다. 스터디study는 '지식 습득을 위해 시간과 노력을 기울이는 일', '주제, 상황, 현상에 대해 심층적인 조사를 하는 일', '무언가를 배우고 깨우치기 위한 공간', '실험이나 실습을 통해 이루어 낸 결과물' 등을 의미한다. 이러한 점에서 스터디는 공부와 연구를 모두 의미한다고 볼 수 있다. 호모 스투디오수스는 공부에 몰입하고 공부를 일생의 과업으로 간주하고 실천하는 인간을 의미한다. 이에 호모 스투디오수스의 대표적인 예가 우리나라 학생들과 한국 사람들이 아닐까 생각한다.

정리하면 우리가 이야기하는 공부는 머리를 도구로 사용하여 무언가 새로운 것을 연마하여 자신의 것으로 만들고, 이를 통해 우수하고 뛰어나며 위대한 사람이 되고자 노력하는 일생에 걸친 실천으로 이해할 수 있다. 이렇게 설명하고 보니 공부는 단순히 시험을 위한 준비, 벼슬을 얻기 위한 도구, 단순한 정보의 습득으로 환원될 수 없는 고귀하며 가치 있는 삶의 중요한 영역이자 삶의 방식의 하나임을 알 수 있다.

선비의 나라 조선의 공부 문화 살펴보기

공부의 개념이 유교로부터 나타났다는 점에서 유교의 국가였던 조선시대에 공부의 문화가 어떻게 시작되었고 발달하였는지를 살펴보는 것이 매우 중요하다. 그리고 그러한 역사적 이해를 통하여 우리 선조들은 공부와 관련하여 공부는 어떻게 하는 것이며 무엇을 하는 것으로 생각하였는지 더욱 세밀하게 이해할 수 있을 것이다.

우선, 선비의 나라로 불릴 정도로 조선은 '공부하는 선비'의 삶을 최고로 여기고 학식이 깊은 선비를 칭송하는 나라였다. 선비가 공부를 하는 궁극적인 목적은 군자君子 혹은 성인聖人이 되기 위한 것이었다. 여기서 군자는 '모든 상황에서 적절한 감정을 유지하고 그 적절한 감정대로 실천하며 살아가는 사람'을 이르는 말이다. 우리나라의 역사와 전통에서 선비는 용비어천가에 처음 등장하는데 이때는 '유학을 공부하는 자'를 지칭하였다. 이후 최세진의 『훈몽자회訓蒙字會』에서는 '도덕을 지키고 학문에 힘쓰는 사람'을 지칭하였다. 이러한 선비는 '예禮'와 '의義', '인仁'을 근본으로 삼는데 이는 공정하고, 투명하고 곧으며, 모든 일에 '의'를 생각하며, 천리를 따지고 이에 순응하는 형이상학적 인간으로서 지조가 있는 학문하는 사람을 의미한다. 전통적으로 선비는 『소학小學』 등의 기초 교과서를 비롯하여 세상의 이치와 의를 깨닫고 실천하려고 애썼다. 나아가 선비는 인륜의 본질을 논하며 도리를 다하는 인간의 완성형인 군자가 되고자 노력하는 사람들을 의미한다.

이렇게 군자가 되고자 노력하는 사람을 의미하는 선비들은, '선비정신'을 중요하게 간주하고 실천하는 사람들이었다. 그렇다면 선비정신의 본질적 특징이 무엇인지 알아보는 것은, 선비가 진정으로 무엇을 추구했는지를 이해하는 데 도움을 줄 수 있을 것이다. 선비의 특징이나 자질을 가장 간략히 설명하는 말은 수기치인修己治人이다. 수기치인은 유학의 가르침을 함축하고 있는 말로서 인간 수양교육과 민본사상을 기초로 올바른 정치를 행하여 이 세상을 평화롭고 조화로운 세상으로의 변화를 지향하는 것을 의미한다. 즉, 선비는 수기치인을 실천하는 사람들인 것이다. 이때 인仁은 공자가 이야기하였듯 인간 삶의 철학을 기본을 의미한다. 인간人間이란 '사람과 사람 사이'를 뜻한다. 이에 공자의 인이란 두 사람(人 + 人) 사이의 바람직하고 올바른 관계를 유지하는 방법이나 내용을 말한다. 정리하자면 사람들 사이의 관계를 평화롭고 올바르게 하는 것이 무엇인지 깨닫고 실천하는 사람들을 선비라 할 수 있다.

이렇듯 군자가 되고자 노력하는 선비들은 선비정신을 강조했는데 그 핵심적 내용은 다음과 같다. 첫째는 애국효행성愛國孝行性이다. 조선의 선비들은 나라를 아끼고 사랑하고 부모를 공경하고 봉양하는 마음을 실천하는 사람들이었다. 조선의 선비들은 국난을 당하면 애국의 의인이 되고, 국난 극복을 위한 지도자가 되었으며, 그 실천에 앞장선 사람들이었다. 예를 들어 1886년 병인양요기 일이 나자 이항로, 기정진 등은 항쟁을 요구하였고, 을사보호조약과 한일합병을 당하자 송병선, 박세화, 황현 등의 선비들이 자결하였고, 특히 최익현, 김복한, 허위 등이 의병을 일으켰으며 이승희, 박은식 등이 만주나 중국 등지로 망명한 것은 유교적 가르침에 따른 투철한 애국인의 모습을 보여주는 예라고 하겠다.

둘째는 사회정의성社會正義性이다. 이 정신은 정의로운 사회로의 변화를 위해 노력하는 태도이며 직접 참여하는 정신을 말한다. 그렇다고 하여 선비가 자신의 이익과 권력을 전혀 취하지 않는다는 것을 의미하는 것은 아니다. 취하더라도 선비는 도덕과 의로움을 잃지 않으려 노력하는 사람들이었고, 자신의 이익만을 취하기보다 사회와 백성의 안위 또한 함께 보살피는 사람들이었다.

셋째는 선공숭문성先公崇文性이다. 이는 자신의 이익보다 나라와 민족을 우선시해야 한다는 의미다. 예를 들어 거듭된 거란의 침략으로 관학의 공백이 커지자 십이공도를 만들어 교육에 힘쓴 최충 선생, 글과 책을 통해 국가, 정치의 공정성을 밝히려고 평생 노력한 허균, 유형원, 박지원 등은 모두 자신의 영달보다 나라를 위하는 마음을 실천해낸 선비의 전형이라 할 수 있다. 이렇듯 조선의 선비정신은 자신보다 민족과 나라를 먼저 생각하고 소중히 여기는 정신을 강조하였다.

넷째는 거경숭례성居敬崇禮性이다. 이는 선비는 삶에 있어서 학문에 있어서 마음을 경건하게 하고 한 가지 방법과 생각만을 숭배하는 것을 경계하는 것을 의미한다. 유학은 합리성과 이치성을 중시하는 사상으로 비합리적인 종교나 미신을 경계하였다. 이에 조선의 선비들은 미신 숭배를 하지 않으며 사당에서 행해지는 의례를 철폐하고 백성을 교화하기 위해 노력하였다. 그 예로 이황의 거경궁리居敬窮理는 이치를 깨우침에 있어서 선비가 가져야 할 자세를 말한다. 이치를 깨우치게 하는 실마리는 한 가지만 있는 것이 아니므로 한 가지에 혹은 하나의 신에 얽매이지 말고 여러 길을 살피면 자연히 마음도 밝아지며 실상이 전체적으로 보인다고 이야기하였다.

다섯째는 청렴근검성淸廉勤儉性이다. 조선의 선비라 하면 무엇보다 청렴하고 고박한 차림과 삶을 떠올릴 수 있을 것이다. 이는 청렴과 근검을 매우 중요한 선비의 자세이자 자질로 보았기 때문이다. 다산 정약용은 목민심서에서 관리가 청렴해야 함을 강조하였는데 그는 유배 시절 몸소 청렴과 근검을 실천하여 제자들과 백성들에게 선비의 청렴근검성의 모범을 보인 인물로 잘 알려져 있다. 다산이 유배 시절 아들에게 쓴 편지에서 유산으로 두 글자를 남겼는데 그 글자는 근

勤과 검儉이었다. 근勤은 오늘 할 일을 내일로 미루지 않는 것이요, 검儉은 입는 것, 먹는 것에 탐내지 말고 검소하게 살아야 한다는 가르침이었다.

여섯째는 지조신의성志操信義性이다. 이 말은 지조와 신의를 저버리지 않는 대나무와 같은 선비의 절개를 의미한다. 이를테면 고려의 충신 정몽주 그리고 조선의 송시열과 같이 조정을 왕과 조정에 대한 신의를 굽히지 않은 선비들을 예로 들 수 있다. 특히 송시열은 그 방대한 조선왕조신록에서 유일하게 삼천 번 이상 거론되는 유일한 사람이다. 이를 보면 선비로서 그의 역사적 위치가 어떠한지를 잘 알 수 있다. 또한 단종 복위 운동을 하다 끝끝내 목숨을 던진 '사육신'이 선비의 지조신의성을 잘 보여준다고 하겠다.

조선의 선비들은 이러한 자질과 실천을 갈고 닦기 위해 끊임없이 공부하는 사람들이었다. 선비라는 말에 독서하는 사람이라는 의미가 더해져 있는 것은 이 때문이다. 연암 박지원은 "오직 그 양반은 이름이 다단多段해서 독서를 하는 사람을 '사'라 하고, 정치에 종사하는 사람을 '대부'라 하며, 덕德이 있는 사람을 군자君子라 한다"고 하며, 공부를 하는 사람, 관료로서 일하는 사람, 벼슬에 뜻을 두지 않으면서 재야 학자로 있는 사람들 모두 선비라 칭하였다. 특히 조선 후기 문신 권양은 "나는 어린 시절에 궁색했고 사람들이 나를 쉽게 생각하고 가볍게 여겼다. 행동도 느리고 두뇌도 뛰어나지 못했기 때문에 자주 놀림감이 되었다. 그래서 나는 분노하고 죽음을 각오한 결심을 통해 공부에 힘썼다"고 하였다.

구한말에 서구사상이 들어오고 1894년 과거제도가 폐지되자 관료가 되기 위해 서양 학문을 해야만 하는 상황이 되었다. 이 시기부터 선비와 관료가 분리되었다. 이에 관료로 나아가는 사람은 서양 학문을 추구한 반면 선비들은 오히려 재야학자로서 서구학문에 저항하며 구학문을 고수하며 의병을 일으키거나 독립운동에 투신하였다. 이러한 이유로 1971년 발간된 이희승의 『국어대사전』에서는 선비를 "학식이 있되 벼슬하지 않는 사람"으로 풀이하였다.

이러한 역사적 전통을 고려해보면 우리나라 부모들이 왜 그렇게 자녀의 교육에 몰두하는지 전혀 이해하지 못할 바는 아니다. 정치를 하는 부모, 공무원이나 교육자, 사업을 하는 부모, 예술을 하는 부모 등 자신의 직업과 성공이 반드시 '공부'를 통해서 이루어진 것이 아님을 경험적으로 알고 있음에도 불구하고 왜 한국의 모든 부모들은 자녀의 교육과 그들의 공부에 그렇게 열정적일 수밖에 없을까? 여기에는 직업의 종류 그리고 관직의 유무와 상관없이 군자가 되고자 공부를 하는 선비를 가치로운 삶의 방향과 태도로 보는, 우리나라의 전통적 교육문화가 자리 잡고 있을 것이다.

선비들의 공부의 방법으로서 읽기와 암기

유학 경전을 읽고, 암송하고, 의미를 풀이하는 것은 가장 기본적인 공부의 방법이었다. 우리나라 영화나 사극에 선비가 공부하는 나오는 장면에서 빠짐없이 등장하는 부분이 문지방 너머로 들려오는 책 읽는 소리다. 어느 누구든 책을 소리 내어 읽고, 그 의미를 소리 내어 이야기함으로써 책의 내용을 엄밀하게 습득하고 그 뜻을 깊이 새기고자 노력하였다. 지금 우리나라 학부모들이 비슷하게 사용하고 있는 공부법 중 '하브루타 공부법'이 있다. 소리 내어 읽고 그 의미를 이해하며 토론하는 공부법으로 많은 교육자와 부모의 관심을 끌고 있다. 소리 내어 읽고 그 뜻을 새기는 독서의 방법이 효과적인 공부법이라고 한다면 굳이 외국의 것을 찾을 것이 아니라 조선의 선비들이 어떻게 공부했는지를 살펴보면 하나의 답을 찾을 수 있다.

우리의 선조들은 지속적이고 엄밀한 독서를 통해 지식을 익히고 깨달음을 얻고자 하였다. 우리 선조들이 이야기한 독서의 중요성, 독서의 다양한 유형과 독서의 방식에 대한 가르침을 보면 우리의 문화적 전통에서 독서가 얼마나 중요하게 간주되었는지 알 수 있다. 독서에 대한 우리 선조들의 통찰과 가르침은 다양한 독서 방법에도 잘 나타나 있다. 그 대표적인 방법으로는 통독通讀(처음부터 끝까지 내리읽으면서 줄거리나 요지를 파악하는 방법), 묵독默讀(소리를 내지 않고 눈으로 읽으며 글의 뜻을 파악해 가는 방법), 정독精讀(처음부터 끝까지 세심한 주의를 기울이며 자세히 읽는 방법), 송독誦讀(소리 내어 읽는 방법), 숙독熟讀(뜻을 생각하며 충분히 음미하면서 읽는 방법), 다독多讀(책을 많이 읽음), 성독誠篤(성실하고 진실하게 읽기) 등이 있다.

사실 독서는 동서고금을 막론하고 가장 기본적이면서도 중요한 공부와 교육의 실천으로 여겨졌다. 우리의 선조들에게 독서는 매일의 과업이었으며 죽을 때까지 중단하지 말아야 할 선비의 기본적 일과였다. 너무나 많은 우리의 선조들이 독서의 중요성을 강조하였지만 우리는 여기서 우리의 조상 몇 분의 말씀을 통해 독서의 중요성을 살펴보자.

먼저 연암 박지원 선생의 공부와 독서에 대한 통찰을 살펴보자. 실학의 거장 이익의 영향을 받은 박지원은 청년 시절에 3년간 문을 걸어 잠그고 오로지 공부에만 매달려 '경제실용 학문'의 최고의 경지에 도달하였다. 선생은 『연암집燕巖集』에서 공부, 특히 독서에 대해 다음과 같이 말하였다.

> 士(사)가 一日而不讀書(일일이부독서)면 面目不雅(면목불아)하고 語言不雅(어언불아)라. 幼者(유자)가 讀書(독서)면 而不爲妖(이불위요)요 老者(노자)가 讀書(독서)면 而不爲老(이불위로)라. 使天下之人(사천하지인)으로 安坐而讀書(안좌이독서)면 天下無事矣(천하무사의)리라.
>
> 선비가 하루라도 책을 읽지 않으면 얼굴이 곱지 못하고 말이 곱지 못하다. 어린아이가 책을 읽으면 요망스러워지지 않고, 노인이 책을 읽으면 정신적으로 쇠약해지지 않는다. 천하의 사람으로 하여금 편안히 앉아 책을 읽게 하면 천하에 일이 없으리라.

박지원 선생은 책을 읽는 방법을 "불을 켜고 정숙하고 공경스럽게 책상을 대하고, 처음 대하는 책을 볼 때는 묵묵하고 깊이 있게 완미玩味하라. 몇 행 안 되는 짧은 구절은 한꺼번에 묶어서 보고, 깊이 자구字句의 뜻을 연구하고 풀이한 것을 자세히 살필 것이며, 같고 다른 점을 판별하여 음과 뜻을 밝히고, 마음을 평안히 하고 생각을 부드럽게 해서 천착하거나 비약하지 말아야 한다. 또한 잘 모르는 것이 있거든 반복해서 볼 것이지 내버려 두지는 말아야 한다. 자고로 선비가 하루라도 독서하지 않으면 면목이 곱지 못하고 언어가 곱지 못하고, 갈팡질팡하여 몸을 의지할 데가 없어지고 두려워져 마음을 둘 데가 없어진다."라고 했다. 또한 이이李珥 선생은 어린이용 학습서인 『격몽요결擊蒙要訣』에서 "단정히 손을 맞잡고 자리에 똑바로 앉는다. 경건한 마음으로 책을 펼친다. 온 마음을 기울이고 주의를 집중하여 읽는다. 조용히 생각하며 의미를 깊이 이해한다. 속뜻을 속속들이 이해한다. 구절마다 반드시 실행할 방도를 찾아본다."고 독서의 방법을 자세히 안내하였다.

실학을 집대성하고 평생 500권이 넘는 책을 집필한 다산 정약용 선생은 "독서라는 것은 도중에 모르는 글자를 만나면 넓게 생각하고 세밀하게 연구하여 그 근본 뿌리를 파헤쳐 글 전체를 설명할 수 있어야 한다."며 단순히 읽기만 하는 것은 옳은 독서가 아니라고 하였다. 정약용 선생은 500여 권의 책을 남겼음에도 단 한 권도 대수롭게 쓴 것이 없을 정도로 그 학문의 깊이와 논리가 정연하다고 평가받는다. 공부와 독서에 대한 정약용 선생은 다음과 같이 이야기하였다.

학문은 천하의 공평한 것이다.
참으로 그 말에 도에 어긋난다면
비록 대인군자에게서 나온 말일지라도 믿지 못하겠거늘,
하물며 대인군자보다 못한 사람이라면 어떨까.

참으로 그 말이 이치에 맞는다면
비록 미천하고 졸렬한 사람에게서 나온 말일지라도
의당 드러내주어야 하거늘,
하물며 그보다 더 나은 사람임에랴.

오직 독서,
이 한 가지 일이
위로는 옛 성현을 좇아 함께할 수 있게 하고
아래로는 백성을 길이 깨우치게 하며
신명에 통달하게 하고
임금의 정사를 도울 수 있게 할 뿐만 아니라
인간으로 하여금 짐승과 벌레의 부류를 벗어나
저 광대한 우주를 지탱하게 하니,
독서야말로 우리들의 본분이라 하겠다.

우리 선조들에게 독서는 선현의 지혜를 배우는 길이었고, 자신을 가다듬고, 세상을 이롭게 하는 평생의 과업이자 책무로 여겨졌다. 예나 지금이나 우리나라의 부모들이 자녀가 글을 읽을 수 있게 하고, 공부하게 하고, 독서하게 하는 실천은 우리의 문화와 전통 속에서는 너무나 당연한 내용이었던 것이다.

우리 선조들이 실천했던 읽기의 방법 중 성독誠篤은 선비들이 독서의 방법으로 가장 중요하게 여겼던 방법이다. 성독은 '성실하고 진실하게 읽는 것'을 의미하는데 이는 독서를 하되 그 글자의 모양만을 읽고 암기하는 것에 머무르지 말고, 한 번 읽었다고 공부한 것으로 간주하지 말며, 그 뜻과 의미를 성실하고 진실되게 새기며 읽어야 한다는 것을 의미한다. 성독에 대해 퇴계 이황 선생은 "단정하게 앉아 마음을 고요하게 하고 소리 내어 읽고 외우니 읽는 횟수가 많이 쌓이고 익숙하게 된 다음에는 의리義理가 저절로 환하게 깨끗하게 풀리게 됨에 이르게 되니 이것이 바로 학습하는 일이 되는 것이다."라고 하였다.

『세종실록』에도 나와 있듯이 조선시대 선비와 리더의 가장 중요한 덕목은 독서였다. 세종대왕의 독서 방법은 백번 읽고 백번 썼다는 백독백습이었다. 세종대왕은 어린 시절 바를 정正자를 써가며 반복하여 책을 읽었다고 한다. 이에 태종이 물을 때 언제든지 대답하여 모두를 놀라게 하였다. 이러한 독서법은 서구에서도 찾아볼 수 있는데 미적분학을 발견한 라이프니츠의 공부 비결 또한 반복해서 읽는 것이었다. 그는 각 분야의 대표적 서적을 '구멍이 뚫릴 정도로' 열심히 읽고 또 읽었다고 한다. 세종대왕처럼 라이프니츠 또한 반복해서 책을 읽고 그 내용을 완전하게 이해하고 습득하였다.

스승으로부터 지식 습득하기

우리나라 문화에서 제자는 스승을 절대적으로 존중하고 따랐다. '스승의 그림자도 밟지 않는다'라는 말이 이를 단적으로 보여준다. 스승은 제자들이 무엇을 학습해야 하는지, 어떻게 학습해야 하는지, 제자가 학습한 내용이 올바른가를 판단하고 바로잡아주는 존재다. 제자들이 스승을 무조건적으로 따르고 그의 가르침을 수용했던 것은 스승 또한 제자들의 공부와 학문에 무한의 책임을 지고 혼신의 힘을 다했기 때문이다. 이러한 점에서 우리나라 문화에서 "스승"은 교사 혹은 서양의 teacher와 다른 의미를 가진다. 군사부일체, 세종대왕의 양력 탄생일을 스승의 날로 정한 것, '부모의 은덕은 낳아서 기른 은덕이요 스승의 은덕은 가르쳐 사람 만든 은덕이라'는 말, '스승의 은혜' 노래에 나오는 "스승의 은혜는 하늘 같아서. 우러러볼수록 높아만 지네. 참되거라 바르거라 가르쳐주신 스승의 마음은 어버이시다"라는 구절은 우리 문화에서 가르침을 주시는 스승을 얼마나 중요한 존재로 간주했는지를 잘 보여준다.

스승은 순수 우리말이며 이와 동일한 의미로 선생先生이 있다. 어원적으로 선생은 원래 최고의 격조를 가진 호칭이었다. 오늘날 '선생'이란 단어는 너무나 일상적으로 쓰여 그 말의 격과 값이 떨어진 것이 사실이다. 하지만 옛날에는 학문과 덕을 모두 갖춘 사람에게만 이 호칭을 사용하였다. 우리의 조상들은 지식이나 기능만을 전달하는 사람을 모두 스승으로 지칭하진 않았다. 학식과 인품을 두루 갖추고 제자를 진정으로 아끼며 바른길로 인도하는 사람들만이 스승이라는 호칭에 합당한 사람들이었다. 『예기禮記』에도 나와 있듯이 우리 조상들은 스승을 선택하는 데에 매우 신중을 기하였으며, 한 번 스승으로 모시면 평생 동안 학문과 삶에 대한 가르침을 받았다. 조선시대 우리 조상들은 스승으로 모시고 싶은 분을 찾아가 제자로 받아줄 것을 청할 때 속수례束脩禮를 행하였다. 속수束脩는 '한 묶음의 포'를 말하는데 이는 선물 꾸러미로서 술 한 병과 간단한 포를 담고 있었다. 속수례는 우리의 조상들이 스승에 대한 예를 표하며 진정으로 배움을 구하고자 하는 제자의 첫 마음가짐을 다짐하는 의례였다. 훗날 왕이 될 세자 또한 스승에게 가르침을 청할 때 속수례를 치렀다고 한다.

속수례를 치르고 스승이 제자를 받아들이면 사제관계가 성립되었다. 이때부터 조선시대 제자들은 배우는 과정에서 스승의 가르침을 절대적으로 존중하고 따랐다. 서당교육을 예로서 살펴보자. 서당은 국가의 통제를 받지 않아 교수법이 훈장에 따라 달랐다. 그럼에도 불구하고 공통적으로 활용된 교수-학습 방법은 강독講讀, 제술製述, 그리고 습자製述 이 세 가지로 나눌 수 있다. 모든 공부의 과정에서 학습자는 스승의 안내, 가르침, 그리고 평가에 따라 공부의 속도와 내용을 개별지도 받았다. 그 예로 서당 교육에서 가장 중심이 되는 강독講讀은 배운 내용을 소리 내어 읽고 그 뜻을 스승과 제자가 질의응답 하는 것으로서 서당

교육의 가장 중심이 되는 교수-학습 방법이었다. 스승은 각 학동의 실력에 맞게 매일의 공부 범위와 학습량을 결정한다. 학동은 매일의 학습의 정도를 스승과의 질의응답을 통해 평가받았으며, 다음 단계나 내용 학습으로 나아갈 수 있다는 스승의 판단이 있어야만 학습의 진도를 나갈 수 있었다. 만일 학동이 스승의 기대에 미치지 못하면 합격할 때까지 그 내용을 반복하도록 하였다. 이에 동일한 날에 공부를 시작했다고 하더라도 시간이 지남에 따라 학습자마다 공부의 진도가 달라졌다.

조선시대 서당의 교수법에 대해 이상수李象秀는『발몽정궤發蒙正軌』에서 갱신고更辛苦와 순승척循繩尺을 제시하였다. 이 교수법의 핵심은 개별 학습자의 능력, 노력, 성숙도에 따라 가르쳐야 한다는 것을 강조한다. 더욱 중요한 것은 그것과 관련한 스승의 판단을 전적으로 수용하고 따랐다는 것이다. 또한 갱신고와 순승척은 학습자가 공부하는 습관을 몸에 배게 하는 것을 강조하며, 적절한 내용을 가르치고, 스승의 눈으로 부족하면 충분할 때까지 끈기 있게 공부하도록 하는 것에 있다. 조선시대 갱신고의 특징은 첫째, 학습자의 능력에 맞는 교재를 선택한다. 둘째, 학습목표를 정한다. 셋째, 자기 주도적 학습과 반복학습을 통하여 스스로 해석하는 방법을 터득하게 한다. 넷째, 적당한 학습량을 주어 자신감을 갖도록 한다. 다섯째, 예습을 철저히 하도록 한다. 여섯째, 자만하지 않도록 하며 노력하지 않는 자에게는 벌을 준다.

토론을 통한 지식의 연마

오늘날 교육과 학습과 관련하여 토론의 효과성과 중요성은 지속적으로 강조되고 있다. 십수 년 전부터 유대인의 교육법 '하브루타' 방법이 우리나라에서 인기를 끌고 있으며, 토론학습은 공교육 사교육 모든 영역에서 강조되고 있는 교수-학습 방법이다. 흥미롭게도 토론은 우리의 선조들이 교육 그리고 정치 분야에서 매우 중요하게 간주하던 과정이었고 교육적 목적으로 지속적으로 활용하던 교수-학습 방법이다.

사실 우리의 역사에서 토론 문화는 그 뿌리가 깊으며 삶의 많은 부분에서 활용되던 의사교환 및 문제해결의 방식이었다. 특히 우리의 선조들은 나라를 다스리기 위한 중대한 결정을 위해 토론을 활용하였다. 고구려의 제가회의諸家會議, 백제의 정사암회의政事巖會議, 신라의 화백회의和白會議의, 고려시대 도평의사사, 사헌부, 사간원에서도 토론을 통해 중요한 의사결정을 하였다. 특히 조선시대는 사대부를 중심으로 한 토론 문화가 꽃을 피운 시기였다. 의정부, 비변사 등에서의 정책 결정을 위해서 토론은 상시적으로 이루어졌다. 사대부들 또한 국가의 정책이나 특정한 위정자들의 행위나 결정에 대한 토론 활동이 빈번하게 일어나곤 했다. 이러한 사실은 '토론討論'이라는 단어가 조선왕조실록에는 330번, 승정원일기에는 1,729번 언급되었다는 것을 보아도 조선이 얼마나 토론을 활발하게 그리고 중요하게 간주하였는지를 알 수 있다.

교육과 공부를 위해서도 조선시대 토론활동은 매우 강조되었다. 조선이 선비의 나라였던 만큼 토론은 왕과 신하가 함께 하는 경연 그리고 스승과 제자 혹은 선비들 사이의 토론 모두에서 그 중요성이 강조되었으며 일상적으로 실천되었다. 먼저 경연은 군주가 당대의 가장 뛰어난 원로 학자와 함께 철학과 역사 중심의 고전을 읽고 토론하는 장이었다. 경연은 왕을 교육하는 자리이면서, '정책을 검토하는 자리'로서의 의미를 가진다. 조선시대 경연은 2명에서 10명 정도로 구성된 경연관이 사전 계획에 따라 집단적으로 지도하는 방식으로 진행되었다.

경연 방법은 미리 선정된 책에 대한 강독이 기본이었다. 겉으로 보기에는 경연이 경연관들이 임금을 대상으로 하여 강의하는 것처럼 보이지만 자세히 들여다보면 임금과 경연관들이 정해진 책과 주제에 대해 제한 없는 토론 형식으로 진행되었다. 경연은 경연관이 강독하지만 이에 대해 임금이 의심나고 어려운 부분이 있으면 질문하고 서로의 해석을 개진하는 활동 또한 매우 중요하였다. 이 과정에서 경영관들의 해석이나 견해가 다를 수 있다. 이때 왕은 더 많은 경연관이 의견을 낼 수 있도록 하며 때로는 결론을 내리기도 하고 때로는 결정을 유보하기도 하였다. 이러한 경연은 임금과 신하 모두가 서로의 의견과 주장을 존중하는 분위기 속에서 진행되었다. 경연에서의 토론은 상대방을 이기고 자신의 의견만을 관철시키는 것에 목적을 두는 것이 아니라 서로를 배려하고 격려하며 다른 해석과 주장에 귀를 기울이는 예절을 중요시했다는 점에서 현대 교육과 공부에서 계승 발전시켜야 할 토론의 자세일 것이다.

경연이 왕과 세자를 위한 토론이었다면 일반 선비와 제자들을 위한 토론의 대표적인 형태로 강회講會를 들 수 있다. 강회는 조선시대 서원 교육의 한 형태로 학식과 덕망을 갖춘 스승과 그를 중심으로 모인 학문의 벗朋이 함께하는 토론의 장이었다. 이러한 벗의 모임을 문도門徒라 했는데 이 문도는 주로 서원을 중심으로 형성되었다. 이러한 문도교육의 핵심은 스승과 제자들 그리고 문도들 사이에서 토론으로 이루어지는 사우강론師友講論이었다. 강회는 이 사우강론의 대표적이고 보편적인 토론 교육과 학습의 방식이었다. 강회는 집단적 강학활동으로 동일한 서원에 적을 둔 유생들이 정기적으로 일정한 시간에 모여 진행하였다. 경연은 유학을 공부하는 유생 개개인이 자신의 독서와 공부의 성과를 스승 그리고 문도와 공유하고 수렴하는 기회로 활용되었다.

퇴계 이황李滉이 서원을 보급하면서 구상한 서원 교육의 핵심은 강회였다. 이는 규칙에 의해 강제적으로 모이는 것 혹은 의무적인 시험의 형태가 아니라 스승과 제자가 혹은 문도들이 자발적으로 모여 토론하고 이 과정을 통해 경전에 대한 심층적 이해를 추구하는 것을 목적으로 하였다. 퇴계는 평소 회강에서 겸손한 자세로 제자들과 토론하는 것으로 유명했는데 특히 토론의 중요성, 방법 그리고 토론에 임하는 자세에 대해 자주 이야기하였다고 한다. 그는 학자와 강의하고 토론하다가 의심스럽고 어려운 부분에 이르면 자신의 견해를 주장하지 않고 여러 사람의 의견을 두루 받아들였다. 구절이나 따지는 보잘것없는 유학자라도 반드시 관심을 가지고 들었다. 텅 빈 마음으로 이해하고, 반복해서 참고하고 증명하여 끝내 바른 방향으로 이끌었다. 논변할 때는 기운이 온화하고 말이 시원하며 의리가 밝고 분명하다. 여러 사람이 한꺼번에 주장을 펼치더라도 뒤섞여 자신의 의견을 말하지 않고, 그들의 말이 안정된 뒤에야 천천히 조리를 따져 분석하였다. 그러나 스스로 자신이 옳다고 하지는 않고 나 자신의 견해는 이렇다고 말할 뿐이었다.

이처럼 퇴계 선생은 토론을 할 때 아무리 간단한 말이라도 신중하고 생각하고 논하였으며, 자신의 판단에 옳지 않다고 할지라도 성급하게 지적하거나 옳지 않다고 주장하지 않았다. 하지만 합당하지 않은 것을 그냥 내버려 두는 일도 없었다고 한다. 차근차근 따지고 뜻을 밝히되 다른 토론자의 의견을 존중하는 태도로 자신의 의견을 피력했던 것이다.

율곡 이이李珥는 또한 그의 공부론에서 토론의 중요성을 빼놓지 않았다. 기본적으로 그는 공부하는 자가 혼자 스스로 책을 읽고 가르침을 깨우치는 일을 중요하게 생각하였다. 하지만 그 과정만으로는 부족하기 때문에 진중하게 공부하는 스승이나 문도의 도움을 받아야 함을 강조하였다. 그와 그의 제자들 또한 매월 초하루쯤에 정기적으로 모여 공부한 내용을 강론하고 토론하는 기회를 가졌다고 한다. 율곡은 성인이 되기 위한 공부는 한없이 멀고 고난한 길이기 때문에 자칫 개인적 생각에 빠지기 쉽고, 개인적 욕망에 사로잡힐 수 있음을 지적하였다. 이에 율곡은 이러한 개인만의 공부의 한계와 편협함을 경계하기 위해 매월 하루는 반드시 제자들과 모여 책을 선정해 토론을 하고 서로의 배움의 넓이와 깊이를 더하기 위해 노력하였다.

신분 상승과 유지 방법으로서 공부

우리나라의 공부 문화에 중요한 부분으로 과거제도를 빼놓을 수 없다. 특히 조선의 선비와 양반집 자제들은 태어나면서부터 과거를 목표에 두고 공부에 매진하였다. 과거시험 문과는 소과와 대과로 나뉘는데 소과는 초시와 복시의 두 단계, 대과는 초시, 복시, 전시로 나뉜다. 이렇게 총 다섯 단계를 통과해야 급제를 하는 것이다. 우리가 사극에서 볼 수 있는 윤초시, 박초시와 같은 고을의 선비들은 초시를 통과한 사람으로서 그들의 학문의 정도를 존중하여 부르던 호칭이었다. 조선시대 문과 평균 응시자 수는 약 6만 3천 명에 달했다고 한다. 응시자들은 주로 양반집 자제들로 5세 혹은 그 이전부터 시작하여 약 30년을 공부에 매진하였다. 이는 조선시대 최종 급제자 평균연령이 35세였다는 점을 감안하면 과거에 급제하는 것은 실로 놀라운 열정과 끈기의 결과라 할 수 있다. 과거시험은 주로 3년 주기로 시행되었는데 최종 급제자 수는 33명이었다. 마지막 시험인 전시는 최종 33명이 그 순위를 가리는 시험으로, 지금으로 치면 사법연수원 시험과 비슷했다.

이렇듯 조선의 그 많은 선비들이 과거에 매진한 것은 관직으로 진출하기 위한 길은 오로지 과거만 있었기 때문이다. 우리나라의 역사에서 천거의 방법이 있었지만 주로 과거가 가장 주된 등용문이었다. 과거제도는 958년 고려 광종 때 쌍기雙冀의 건의에 의해 왕권 강화를 위한 의도로 처음 실시되었다. 이후 국가체계가 갖추어 짐에 따라 과거제도 또한 정비되었는데 조선시대에는 그 과정이 매우 체계적이고 복잡하게 자리 잡게 되었다. 과거시험의 최소 급제자는 이건창(1866)으로 15세에 급제하였으며, 최연소 장원급제자는 17세 박호(1584)였다. 최고령 급제자는 1887년에 급제한 박문규로 당시 나이가 83세였다. 하지만 과거시험의 으뜸 천재는 단연 이율곡이다. 그는 22세부터 9번 과거에 응시하여 모두 장원급제를 하였는데 이를 구도장원공九度壯元公이라는 칭호가 붙여졌다. 이는 오늘날 고시에 아홉 번 응시하여 모두 1등을 차지하는 것과 같은 의미다. 과거 시험은 지극히 어려운 논술형 시험이었는데 장원급제자의 답안지 평균 길이는 10미터로서 앞면과 뒷면까지 빼곡히 작성되었다고 한다.

조선시대 과거는 유학의 지식의 내용과 그 의미를 습득하고 정치적, 경제적, 사회적 문제해결을 위한 방안을 논의하는 논술의 형태로 이루어졌다. 조선시대 과거를 준비하는 사람들이 공부하고 참고했던 책들을 정리하면 다음 표와 같다.

구분	교재	핵심내용
기본서	천자문, 소학, 효경	한자의 음, 뜻, 인문학적 기본 소양
유학 경전	사략, 고문진보, 사서삼경	유학의 핵심 내용
역사서, 도가경전	제자백가서, 한서, 사기, 노자, 장자, 열자	인문학적 소양
공부법과 독서법	• **필독서:** 시경, 서경, 자치통감강목, 송감 • **선택서:** 주역, 춘추, 예기, 의례, 주례	공부와 독서의 방법
주요 글귀 모음집	원류지론, 책학제강, 단지독대, 송파방, 원파방 등	업무 수행과 관련된 전문화된 글짓기 방법
참고서	사문유취, 사문처, 고금사실유취	필수 도서 내용을 주제별로 정리한 책
핵심노트 정리	동책, 동부, 동표, 정책정수, 동책정수	개인, 가문에서 정리한 핵심 내용 정리집
모범답안집	삼장문선, 대책, 전책정수, 동책정수, 진영수어	과거 모범 답안

과거를 준비하는 사람들은 가장 먼저 문과적 지식을 습득하는 것에 중점을 두었다. 과거 준비는 5세에서 7세부터 시작되었는데 먼저 『천자문』을 익히고 『소학』, 『효경』 등을 공부한 후 『사략』, 『고문진보』, 『사서삼경』 등을 익혔다. 이 과정은 내용을 음미하고 숙독하기보다는 기본적 경서를 암송할 수 있을 정도로 섭렵하는 데 중점을 두었다. 보통 기본적인 소양이 갖추어지는 10대 중반이 되면 본격적으로 과거 준비에 들어간다. 그들은 집을 떠나 동년배들과 절에 올라가 경서와 문장을 집중적으로 익히고 연마하였다. 우리나라 역사에서 과거시험 준비를 위한 수험서가 고려시대부터 간행하였다. 조선 초기에는 중국에서 들여온 『원류지론源流至論』, 『책학제강策學提綱』, 『단지독대丹墀獨對』, 『송파방宋播芳』, 『원파방元播芳』 등이 주로 활용되었는데 『송파방』과 『원파방』은 각각 송나라와 원나라에서 저술된 산문 중 모범적인 글귀를 모아놓은 것이었다. 조선 초기에도 고려시대에 간행된 책들이 재간행 되었는데, 이후 우리나라 과거시험의 모범 답안을 모은 책들도 발행되었는데 대표적으로는 『전책정수殿策精粹』, 『동책정수東策精粹』, 『진영수어震英粹語』 등이 있었다. 이러한 과거시험 수험서가 발행된 것을 보면 문과를 겨냥한 전문적인 과거시험 준비를 위한 수험서에 대한 요구가 매우 커지고 있었음을 알 수 있다.

오늘날 좋은 대학에 들어가기 위해 학생들과 학부모들이 더욱 효과적인 공부법을 찾기 위해 노력한다. 조선시대에도 크게 다르지 않았는데 정해진 목표를 보다 빨리, 쉽게, 효과적으로 달성하기 위해 유생과 부모들 또한 효율적인 공부방법을 모색하였다. 과거시험 준비를 위한 전문 서적은 이러한 요구를 반영한 것이었다. 특히, 17세기 문장가로 유명한 택당 이식은 자신의 자손들의 과거시험 준비를 위한 공부법을 정리하였다. 그의 공부법은 기본적 유가경전, 역사서뿐만 아니라 조선시대에 금기시한 도가경전도 활용하는 것이었다. 이식의 공부법의 핵심은 다양한 책에서 좋은 모범적 글귀를 모아 자신만의 노트를 만들고 반복적으로 익히는 것이었다. 독일의 하브루타 교육에서 학생 개인이 자신만의 노트를 만드는 것 보다 훨씬 앞선 공부법이었던 것이다. 이렇게 글귀를 발췌하여 모은 노트를 초집抄集이라 하는데 조선 초기부터 과거를 준비하는 사람들 사이에서는 매우 유행한 방법이었다. 요즘 서점에 가면 각 과목별 '핵심 정리 노트'를 흔히 볼 수 있다. 출판사에서 발행하기도 하고 인터넷 스타강사가 발행하기도 한다. 조선 후기에 이르러서는 개인들이 자신의 취향에 맞게 나름의 초집을 만드는 것이 더욱 활성화되었고, 일부 가문에서는 자신들의 후손을 위해 초집을 만들어 대대로 전하기도 하였다.

또한 오늘날 시험 참고서와 같은 형식으로 과거시험을 준비할 수 있는 책도 만들어졌다. 이는 유서로 불리는 책으로 여러 책의 내용 중에서 주제별로 분류하고 한꺼번에 찾아볼 수 있도록 만든 책이었다. 이 때문에 수험생들뿐만 아니라 출제자들에게도 종종 활용되었다고 한다. 특히, 유서 초집은 민간 업자들이 간행하였는데 이는 그만큼 수요가 많았다는 것을 보여준다. 유서 초집이 등장하면서 수험생들 사이에서는 '보다 수월하게 과거 준비'하려는 경향이 뚜렷하게 나타났으며, 독서, 토론, 강회를 통해 진중하게 공부하기보다 지름길을 찾아 시험에 합격하려는 사람들이 많아졌다고 한다. 이에 과거에서 유서의 문장을 그대로 사용할 경우 표절로 판정하여 낙방시켰다고 한다.

조선시대 양반의 자손에게 과거시험은 거부할 수 없는 숙명과도 같은 것이었다. 과거에 급제한다는 것은 자신의 영광만을 의미하는 것이 아니라 문인으로서의 한 집안의 전통과 시회적 정치적 지위를 이어가는 것을 의미하는데 양반집 자제는 가문을 위해 과거에 급제해야 한다는 이무가 있었던 것이다. 또한 집안의 부형들은 가문의 자제들이 과거에 급제할 수 있도록 교육하는 의무가 있었다. 이에 철저한 준비, 지원, 교육을 마련하였다. 즉, 조선 사회를 이끌어가는 양반 사회에서도 부모들은 자녀에게 공부를 시켜 성공하도록 만들겠다는 의지를 가지고 자녀를 위해 강력히 지원하고 자신의 삶을 기꺼이 희생하였다. 조선시대 자녀 교육에 매진하는 부모의 삶을 가장 잘 나타내는 예시로 신사임당을 제시한다.

신사임당은 어려서부터 경문을 익히고 글도 잘 지었으며, 그림, 글씨, 자수 등 여러 방면에 뛰어난 재능을 보였다. 그녀는 시時, 서書, 화畵를 수단으로 자아실현을 해 나갔는데, 이러한 그녀의 재능은 자식들에게도 대물림되었고, 4남 3녀의 자녀를 모두 위대한 인물로 키워냈다. 그중 율곡 이이는 장원급제를 9번이나 한 우리나라 최고의 성리학자가 되었고, 첫째 딸 '매창'은 '작은 사임당'으로 불리며 조선시대 최고의 여류 화가로 인정받았으며, 막내아들 '이우' 역시 그림으로 천재 예술가의 반열에 올랐다.

신사임당이 가장 중요시했던 교육철학은 '아이의 미래를 먼저 결정하지 않는 것'이었다. 일곱 아이가 각자의 성향에 맞게 저마다 하고자 하는 것을 더 잘할 수 있도록 지지하는 역할에 중점을 두었다고 한다. 이는 율곡 이이의 『격몽요결』에서도 잘 나타나 있다. '입지' 즉 스스로 뜻을 세우고 이를 향해 나아가는 것이다. 또 하나의 교육철학은 실제 생활에서 학문을 닦는 모습을 자연스럽게 보여주는 것이었다. 자녀들에게 솔선수범함으로써 정신적인 멘토가 되고자 했고, 실제로 자녀들은 이를 본받아 훌륭하게 성장하였다.

우리나라의 문화유산으로서 공부

우리나라 역사를 돌이켜 볼 때 우리나라는 과연 '공부와 교육의 나라'로 칭할 수 있을 정도로 매우 이른 시기부터 교육제도를 정비하고 교육에 힘써왔다. 이에 다양한 공교육 기관과 사교육 기관이 역사적으로 존재하였다. 우리는 여기서 국가 교육기관의 시초로서 태학, 조선의 교육기관으로 서원과 성균관에 대해 간략히 알아보고자 한다.

고구려의 태학은 372년에 그리고 신라의 국학은 682년에 설립되었다. 이후로 고려의 국자감과 향교, 학당과 공도가 만들어졌으며, 조선시대 성균관, 서당, 향교, 학당 등의 교육기관들이 있었다. 서양에서 최초의 대학은 논란의 여지가 있으나 1088년에 설립된 이탈리아의 볼로냐 대학교가 거론된다. 이 대학은 서유럽 최초인 것은 확실하나 서구 유럽의 최초 대학인지는 이견이 있다. 왜냐하면 425년에 동로마제국에 세워진 콘스탄티노폴리스 대학이 있었기 때문이다. 이외에도 5~6세기에 세워진 것으로 간주되는 인도의 날란다 대학교, 9세기에 세워진 이드리시 왕조의 알 카라윈 대학 등이 있었다. 이러한 서구의 대학들과 비교했을 때 우리나라 고구려 태학은 최소 1~2세기 앞서 설립된 국가 교육기관이었다는 점에서 의미를 찾을 수 있다.

조선시대 교육기관이었던 서원Seowon, Korean Neo-Confucian Academies은 지난 2019년 유네스코 세계유산으로 등재되었다. 19세기 후반에 우리나라에는 1,000개가 넘는 서원이 있었으며, 안동에만 40여 개가 있었다. 서원은 조선시대 핵심 사상인 성리학을 구현하고 보급한 역사적 인류 문화유산이다. 이번에 등재된 우리나라의 서원은 영주 소수서원, 안동 도산서원, 병산서원, 경주 옥산서원, 달성 도동서원, 함양 남계서원, 정읍 무성서원, 장성 필암서원, 논산 돈암서원 등 9곳이다. 서원은 유교의 성현에 대한 제사를 지내고 인재를 키우기 위한 목적으로 전국 곳곳에 설립된 사설 교육기관으로 지금의 지방사립대학으로 볼 수 있다. 서원은 정치적 혼란으로 인해 낙향한 선비들이 후학을 양성하기 위한 목적으로 만들어졌다. 이에 서원은 국가에 의해 각 도시에 만들어진 향교와 대비되는 사립 교육기관으로 지역문화를 대표하며 교육과 교화의 기능을 동시에 담당하였다. 서원은 교화를 위해 제사를 지내는 한편, 교육을 위해 도서관 그리고 책을 출판하는 기능 또한 담당하였다. 서원은 각 지역의 문화와 여론을 이끌었음은 물론 지방의 향약에 기초해 효자, 효부, 열녀 등을 표창하였으며 윤리와 도리에 어긋나는 행위를 한 사람을 질책하고 성토하는 교화의 기능 또한 담당하였다.

서원은 우리나라 학문과 철학의 중심지 기능을 수행하였다. 토론을 중심으로 강학 활동을 펼쳤고, 다양한 철학적 논쟁을 거쳐 학파의 통일된 의견을 이끌어 냈다. 이러한 활동들이 기록으로 남아 있다. 또한 각 지역의 여론을 모으는 기능도 했는데, 지역별 유생들의 의견을 모아 만인소를 작성, 중앙에 알리기도 했다. 서원과 관련 있는 인물에는 주세붕(소수서원), 이황(도산서원), 이이(자운서원), 류성룡(병산서원), 이언적(옥산서원), 송시열(화양동서원), 김굉필(도동서원) 등이 있는데, 이들은 모두 조선시대를 이끌었던 최고의 인재들이었다.

다음으로, 성균관은 고려 최초의 교육기관으로 개경에 설립된 국자감이 충렬왕 24년(1298)에 성균감으로 바뀌었다가 충선왕(1308)이 즉위하면서 성균관으로 바뀌었다. 우리나라의 성균관은 1894년 갑오개혁에 이르기까지 조선 일대를 걸친 최고의 고등 교육기관이었다. 조선시대 성균관은 한양과 개성에 각 하나씩 두 개가 있었다. 최고의 교육기관이었기 때문에 성균관 입학 자격은 진사시와 생원시에 합격한 사람에게 우선적으로 주어졌고, 그 외에는 선발시험이나 음서를 통해서 입학이 가능하였다. 정원은 유동적이었으나 대략 200명이었다. 학생들은 모두 기숙사에 머물며 교칙을 엄수하며 생활하였다. 성균관 유생들은 집단적으로 국정을 비판하며 왕에게 상소운동을 펼치기도 하였다. 성균관의 유생들이 공부한 교과는 경전류經典類, 자집류子集類, 사기류史記類, 고문류古文類, 편찬서류編纂書類 등과 시부詩賦 등의 제술이 포함되어 있었다. 하지만 노老, 장莊, 불경佛經, 잡류雜流 등은 조선시대에 이단으로 간주되었기 때문에 공부하지 못하게 하였다.

성균관은 사서오경을 학습해야 할 순서와 등급에 따라 나눈 구재법九齋法이라는 교육과정 체계에 따라 운영되었다. 이는 예조에서 파견된 관원과 사헌부나 사간원에서 파견된 관원이 관리하였다. 9재는 대학재大學齋 ➡ 논어재論語齋 ➡ 맹자재孟子齋 ➡ 중용재中庸齋 ➡ 예기재禮記齋 ➡ 춘추재春秋齋 ➡ 시재詩齋 ➡ 서재書齋 ➡ 역재易齋의 순서로 이루어져 있는데 각 재(지금의 단계 혹은 학년)를 통과하지 못하면 승급할 수 없었다. 파견된 관리들은 매월 초순 당상관堂上官 입회하에 시험을 치르고 그 성적을 통通, 약略, 조粗, 불不의 4단계로 평가하여 성적 우수자를 과거에 응시할 수 있도록 허락했고, 과거제도와 연동하여 운영하였다.

이러한 성균관은 당시 설립된 서구의 대학과도 비교하였을 때 제도적으로나 내용적으로 전혀 부족함이 없는 독자적인 고등 교육기관이었다. 특히 조선시대 국가를 운영하는 데 필요한 인재를 얼마나 체계적으로, 그리고 과학적으로 교육하고 선발했는지를 잘 보여주는 예시가 되고 있다.

추가로, 우리에게는 일반 서민들을 위한 교육기관도 있었다. 그것은 바로 서당이다. 서당은 고려시대부터 조선시대까지 각 마을에 설립된 초 · 중등 단계의 사설 교육기관을 말한다. 서당 설립의 주목적은 향촌 사회에 상하의 분별을 포함한 예법과 글을 가르치기 위한 것이었다. 학생은 8~15세의 양반과 평민층의 자제들로 주로 강독(읽기), 제술(글짓기), 습자(쓰기) 등을 배웠다. 천자문을 시작으로 동몽선습, 사자소학, 명심보감, 채근담, 삼강오륜 등을 배웠다.

서당은 비형식적인 사설 교육기관으로 누구나 자유로이 운영할 수 있었다. 훈장은 특별한 자격이 필요하지 않았고, 학식의 정도도 일정하지 않았다. 간혹 조정에서 관리로 종사하다가 낙향 또는 귀양 온 선비들이 훈장이 되면, 학문이 높은 인물이라는 점 때문에 인근의 양반 자제들이 몰려오기도 했다. 일례로 조광조의 스승 김굉필도 귀양 와서 조광조를 가르쳤고, 정약용도 유배지인 전라남도 강진의 다산초당에서 많은 제자를 배출했다. 후에 정약용의 제자들과 그 후손들은 20세기까지 정약용의 집안을 도왔다는 기록도 있다.

훈장들의 보수는 주로 쌀이나 땔감, 옷감 등이었다. 이외에도 서당에 처음 입학하는 날 훈장에게 술, 닭, 옷감 등의 예물을 드리기도 했고, 책을 한 권 다 배우고 나면 '책걸이'라는 간소한 잔치를 베풀기도 했다. 훈장은 마을의 지식인으로 학부모들에게 존경의 대상이 되기도 했다. 문맹이 많았던 시대여서 편지가 오면 대신 읽어주고, 제사 때 쓰는 지방이나 축문 등을 대신 적어주는 마을의 대서代書 역할을 했다. 이처럼 서당에는 신분이나 지역과 관계없이 누구나 공부하고자 하는 사람, 그리고 자녀를 공부시키려는 부모들이 끊임없이 드나들었다.

이후 서당의 정신은 조선시대 후기와 일제강점기가 되면서 야학으로 이어진다. 주로 밤에 진행되는지라 '밤 야夜' 자를 써서 '야학'이라고 주로 불렸다. 정규교육과는 다르게 야학은 농민, 노동자 등 학교 교육을 아예 받지 못하거나 부족한 사람들을 돕고자 하는 측면을 가지고 있다. 또 제도권과는 분리된 교육기관이었기에 오랜 시간 동안 다양한 방식의 비제도권 교육이 시행되었다. 이 때문에 야학은 정규교육의 손길이 미치지 못하는 곳에서 큰 영향을 미쳤다.

우리의 전통 속에서 성공의 이유 찾기

지금까지 우리가 간략히 살펴본 바와 같이 공부는 우리나라의 역사와 전통에서 너무나 중요한 요소로 여겨져 왔음을 알 수 있다. 조선시대 이전부터 부모는 아이들을 공부시켜야 한다는 생각을 가지고 있었다. 그리고 대부분의 사람이 자신의 신분 상승, 그리고 자기 발전을 위해 공부를 선택하였다는 점을 역사적인 기록을 통해 확인할 수 있다. 특히 온 마을이 공부에 관심을 가지고 항상 어떻게 교육할 것인가, 무엇을 배울 것인가를 놓고 이야기하였고 교육을 위한 문화 유산들도 전국에 걸쳐 많이 남아 있다.

이처럼 우리나라의 전통에서 공부는 단순히 책에 있는 내용만을 습득하는 것이 아니라 우리의 역사 그리고 문화 속에서 발전하고 지속되어오고 있다. 특히, 사회적으로 성공하고자 하는 사람에게 공부는 가장 중요한 목표였다. 이러한 점을 고려해보면 '왜 모든 한국인들이 공부에 열광하고 몰두할까?'라는 질문을 다시금 생각해볼 필요가 있다. '교육열', '입시지옥', '기이한 문화'로 폄하되고 있는 우리나라의 교육과 공부 문화는 우리의 장구한 역사를 관통하는 하나의 '문화적 유전자'로 보는 것이 적절할 것이다. 무언가를 열심히 완벽히 배우고 깨달으며 몸으로 이해하고 실천하는 모든 과정을 관통하는 것이 공부이기 때문에 단순히 '입시'만을 고려한 '시험 준비'를 우리의 전통적인 공부 문화로 간주하기보다는, 우리 선조의 공부에 대한 가르침을 다시 한번 새기고 진정한 공부가 무엇인지 사색하는 기회를 가지는 것이 좋을 것이다.

4

가장 먼저 배우는 한국 어린이

세계 최고 수준의 유아 사교육

전 세계 학생들의 학업 경쟁이 심화하는 가운데 동북아시아 유아들은 다른 서구의 아이들에 비하여 더 많은 공부를 하고 있다. 이러한 사회적 현상에 관해 많은 논쟁이 벌어지고 있다. 그럼에도 한 가지 확실한 사실은 한국의 유아들이 전 세계적으로 가장 공부하는 능력이 뛰어나고 실제로도 공부를 잘하는 편이라는 점이다.

따라서 이 장에서는 우리나라 아이들이 학교에 입학하기 이전부터 얼마나 공부를 많이 하고 있고, 구체적으로 어떤 공부를 하고 있는지를 알아보고자 한다. 이를 통하여 유아기의 사교육을 통한 공부가 학부모와 학생들에게 어떻게 긍정적으로 작용하고 있는지, 그리고 어떻게 미래 학교 공부와 학업적 성공에 기여하고 있는지를 이해하려고 한다.

너무나도 일상적인 유아 사교육

다양한 종류의 유아 사교육을 받고 있는 재희(가명)의 일상을 보자.

올해로 7살인 재희는 매일 아침 8시 반쯤 영어 유치원에 가기 위한 셔틀버스를 타고 9시부터 첫 수업을 듣는다. 영어 유치원이라서, 반에 들어갈 때 원어민인 담임 선생님이 재희를 반겨주었다. 다양한 특별 활동을 하며 다양한 놀이를 통해서 영어를 많이 말해보기도 하였고, 수학 시간에는 장난감을 만져보며 숫자 놀이를 통해 다양한 수에 대해서 배워보기도 하였다. 5시에 집에 돌아온 재희는 엄마의 약속을 잊지 않고 한글, 수학 학습지를 풀었다. 오늘 학습지 선생님이 집에 오기로 했기 때문에 그전에 오늘 풀어야 할 학습지를 풀어야 하기 때문에 조금 급했다. 이내 6시에 학습지 선생님이 왔고, 오늘은 받아쓰기와 구구단 외우기를 해보았다. 국어랑 수학을 각각 30분씩 배운 재희는 저녁을 먹었다. 그사이 어머니는 유치원 친구 빈이 어머니와 연락을 하고 있었다. 친구 빈이가 영어 원어민 과외를 통해서 영어 유치원만을 다니는 것보다 영어를 더 잘 말하는 것 같다는 빈이 어머님의 말을 듣고, 재희 어머니는 재희도 영어 원어민 과외를 해야 하나 고민하게 되었다. 저녁을 다 먹은 재희는 내일 갈 독서 논술 학원에서 어떤 그림책을 읽을지 기대하며 잠자리에 들었다.

이처럼 우리나라의 유아들은 많은 사교육을 받고 있다. 2세 유아의 35.5%, 5세 유아의 83.6%가 사교육을 이용하고 있다. 보통 유아들은 9시에 유치원에 갔다가 5~6시쯤 집에 와서도 쉬지 않고 매일 한 시간 정도는 학습지, 학원, 과외 등에 참여한다.

이렇게 많은 시간 동안 유아들은 주로 아주 기초적인 셈하기부터 시작해서 한글, 심지어는 알파벳과 간단한 영어 단어들을 배운다. 그리고 부모님과 대화하면서 자연스럽게 공부를 해야 하는 이유를 배우게 된다. 예를 들면 좋은 직업을 갖고 꿈을 이루기 위해서는 공부를 잘해야 한다는 말을 듣게 되는 것이다. 결국 아이들은 유아 시기부터 학업적으로 성공하기 위해 엄청나게 많은 사교육의 도움을 받고 있다. 유아들이 참여하는 사교육은 종류도 굉장히 많고 복잡하다. 지금부터는 유아들이 주로 이용하는 사교육의 구체적인 내용들을 자세히 살펴보도록 한다.

태어나서 가장 먼저 만나는 학습지

우리나라의 유아들은 학교에 가기 전부터 학습지를 중심으로 공부하는 삶 속에 빠져 있다고 해도 과언이 아니다. 특히 만 3세의 37%, 만 5세의 60%가 학습지에 참여하고 있다는 사실을 통해, 아주 많은 유아들이 일상적으로 학습지를 이용한다는 것을 확인할 수 있었다. 학습지의 종류나 산업 규모도 꽤 큰 것을 알 수 있는데, 이는 TV만 틀어봐도 알 수 있을 정도이다. 다양한 CF들이 아이들이 좋아할 연예인을 모델로 하기도 하며, 멋진 광고로 아이들을 현혹하기도 한다.

다양한 학습지가 있는 만큼 우리나라의 유아들도 다양한 학습지를 경험한다. 이는 학습지 월평균 지출 비용으로도 확인할 수 있는데, 유아들은 학습지에 무려 월평균 38만 원을 지출하고 있다. 한 종류의 학습지를 푸는 아이도 있지만, 대부분의 아이들은 평균적으로 2~3개의 학습지를 공부하고 있다는 말이 된다. 유아들은 한 가지 학습지를 길게 공부하기보다는 수십 가지의 학습지를 여러 번

바꿔가면서 공부한다. 무료 체험 기간과 같은 여러 가지 행사를 통해 유아들은 공부가 잘되는 학습지를 찾아다닌다.

유아들이 학습지를 통해 가장 많이 배우는 교과는 한글이다. 아이들은 학습지를 통해 한글을 읽고 쓰는 연습을 한다. 그 외 수학이나 영어를 배우기도 한다. 유아들의 집중 시간이 초등학생이나 중학생보다 훨씬 짧다는 것을 반영해서, 학습지로 공부하는 시간은 절대 20분을 넘지 않는다. 결론적으로, 유아들은 매일 학습지를 10~20분 정도 풀고 일주일마다 적어도 60분 이상을 공부한다고 할 수 있다.

한편 초등학교에 들어가지도 않은 유아들이 한글, 수학, 영어를 학습지를 통해서 배우는 가장 주된 이유는 초등학교에서 쉽게 적응하기 위해서이다. 얼핏 생각하기에 학교 적응을 위해 아이들에게 한글이나 수학을 가르치는데 굳이 학습지가 필요한가에 대한 의문이 들 수 있다. 돈을 들이지 않아도 부모가 한글과 수학을 충분히 가르칠 수 있기 때문이다. 그러나 실상은 학부모보다 학습지가 유아들의 눈높이에 딱 맞게 재미있고 효과적으로 설명하기 때문에, 학습지로 공부하는 유아들은 부모님이 가르치는 것보다 훨씬 더 빨리 한글을 깨치고 학교 적응을 준비할 수 있다.

부모보다 학습지가 훨씬 더 효과적인 이유는 바로 정교한 수업 기법과 관련이 있다. 흔히 가정에서 아이를 직접 기르는 부모들은 맘카페에 가입하거나 유치원의 학부모 친목회 등에서 좋은 교육 자료들을 얻는다. 하지만 여기에는 자료를 '어떻게' 가르쳐야 할지는 나와 있지 않기 때문에 효과적으로 공부를 가르치는 데 실패한다. 부모들은 얻은 자료를 가지고 보이는 그대로 아이에게 읽어주는 것 외에는 별다른 수업 방법을 알지 못한다.

교구나 문제집을 가지고 부모님이 직접 가르쳐주는 방법은 ㄱ, ㄴ, ㄷ과 같이 이해보다는 암기가 필요한 내용에서 부모님과 함께 배우면 같이 시간을 보낸다는 점에서 행복함을 가지고 잘 외워질 때나 효과적이지만, 그러한 부분은 사실상 많지 않습니다. ㄱ 하나를 가르치더라도 기역이라는 설명이 필요할 정도로 암기를 요하는 부분도 설명이 필요한데, ㄱ과 ㅏ를 합한 가와 같은 자음자, 모음자를 이해시키거나 1 + 1 = 2와 같은 성인에게는 쉬워 보여도 엄밀한 이해를 필요로 하는 부분을 단순히 문제집에 나와 있는 것을 그대로 따라 써본다고 이해시키는 것이 어디 쉽겠습니까? 사실 초등학교 1, 2학년 내용은 교육대학생이라고 할지라도 교육과정 체계를 엄밀히 이해하지 않으면 제대로 가르치지 못하는 경우가 많습니다. 그렇기 때문에 학부모가 직접 가르치는 것보다는 학습지나 과외 등 체계적인 설명을 해주는 사교육을 받을 때 아이들은 배워야 할 내용들을 잘 이해하는 경우가 많습니다.

— 달빛보습학원 김승기(가명) 학원장

결국 학습지를 이용하는 이유는, 부모가 직접 설명하거나 가르치는 것보다 훨씬 더 과학적이고 체계적으로 한글, 수학, 영어 내용을 설명하고 연습하도록 안내할 수 있기 때문이라고 할 수 있다. 학습지에는 유아들이 좋아하는 만화나 캐릭터가 등장해서 내용을 아주 쉽게 이해할 수 있도록 설명해주고, 가장 오래 기억에 남는 방법으로 한글이나 영어 단어를 가르쳐주며, 유아들의 수준에 딱 알맞은 수업 방법을 사용해서 짧은 집중 시간 동안 최대로 많은 수업 내용을 가르쳐준다.

이 밖에도 학습지를 이용할 때 유아의 공부에 대한 태도에도 긍정적인 영향을 주는 경우가 있다. 부모님이 직접 공부를 가르쳐주게 되면 자녀를 다그치거나 과도하게 학습을 강요함으로써 대개 유아들이 공부를 싫어하게 만든다. 하지만 학습지를 통해 이해할 수 있는 수준에 따라 단계별로 학습 내용을 제공했을 때, 유아는 자신이 무언가를 해냈다는 성취감으로 인해 배우는 것에 대해 좋은 경험을 하여 처음 공부에 관해 긍정적인 태도를 가질 수 있게 되는 것이다.

학습지는 종류도 다양하지만 동시에 수업 방법도 다양하다. 처음에 부모들이 매번 학습지를 바꿔서 수업을 받아보는 이유가 학습지마다 수업 방법이 다르고, 또 장점이 다르기 때문이다. 학습지의 수업 방법은 아이가 학습지를 통해 얼마나 잘 배우고 있는지에 관한 학습 효과에 아주 중요한 영향을 미친다. 그렇기 때문에 학습지의 학습 효과를 자세히 알아보기 위해서는 각각의 학습지의 수업 방법에 어떤 특징이 있는지 알아보아야 할 필요가 있다. 여기서는 독자의 이해를 돕기 위해 수십 가지의 학습지 수업 기법들을 정리하여 가장 많이 사용하는 방문형 학습지, AI 학습지, 화상형 학습지의 세 가지 수업 방법에 관해 소개한다.

방문형 학습지는 부모가 원하는 횟수에 맞추어 강사가 가정에 방문하는 방식으로, 다양한 학습지 수업 방법 중 가장 기본적인 수업 방법이다. 또한 국어, 수학 교과에서 흔하게 사용되는 수업 방법이다. 특히 구몬, 빨간펜과 같은 학습지가 이 수업 방법을 사용하고 있다.

요사이 대대적으로 광고하고 있는 AI 학습지는 학생이 문제를 풀면 정오답에 따라 학생이 어떤 개념이 부족한지 AI가 판단하고 추가로 학습할 내용을 제공하는 수업 방법인데, 유아들을 위한 학습지에서도 이러한 방법을 사용하고 있다. 최근 AI가 발달하며 유아들이 개념을 잘 이해했는지, 아니면 부족한지를 더욱 정확하게 찾아내면서 인기를 끌고 있다. 특히 윙크, 밀크T와 같은 학습지가 이 수업 방법을 사용하고 있다.

화상형 학습지는 학생과 강사가 인터넷 공간에서 화상통화 하듯이 얼굴을 마주 보는 수업 방법이다. 주로 영어 교과에서 흔하게 사용되는 수업방법으로, 개념 전달보다는 강사와 아이의 대화가 많이 이루어져야 하는 교과에서 사용되고 있다. 특히 웅진씽크빅과 같은 학습지가 이 수업 방법을 사용하고 있다.

위의 세 가지 수업 방법에서 공통적으로 가지고 있는 학습지의 효과를 크게 다섯 가지로 정리하면 다음과 같다.

첫째, 기초지식을 암기하는 데 효과적이다. 유아들이 받는 수업인 유치원 내용이나 초등학교 내용은, 수업이 끝나면 따로 복습을 해주지 않기 때문에 유아들은 한 번 들은 수업 내용을 대부분 까먹어버린다. 하지만 학습지는 학생들이 동일한 유형의 문제를 반복적으로 풀어보게 하는 '반복적 경험'을 중요시하기 때문에, 유아들은 자연스럽게 같은 유형의 문제를 여러 번 풀어보게 된다. 이 과정에서 유아들은 문제를 잘 푸는 방법을 우선 암기하며 익히게 되고, 계속적, 반복적으로 문제를 푸는 과정에서 자연스럽게 배워야 할 개념과 문제 풀이 방식을 서로 연결하여 이해하게 된다. 이를 통해 학생들에게 가르치고자 하는 내용을 더욱 확실하게 가르칠 수 있게 된다.

> 학생들에게 설명을 해주고, 한번 따라 해보게 하는 것은 학생의 학습 흥미를 잃지 않을 수 있는 수준에서 가장 기본적인 교수 방법이긴 합니다. 하지만 반복적으로 학생이 직접 해보는 것은 학생이 설명을 이해하지 못하더라도 필요한 내용을 학습하는 가장 좋은 방법이기도 합니다. 예컨대 자를 사용하여 길이를 재는 것은 말로 설명하고 한번 따라 해보는 것은 학생이 전혀 이해하지 못할 수 있고 그 수업 시간이 끝나면 바로 까먹을 가능성이 크지만, 여러 번 자를 사용하여 길이를 재보면 길이를 재는 방법을 확실히 알고 기억할 수 있다는 것이지요. 그러한 이유에서 초등학교에서는 반복 학습을 자주 사용하고는 합니다.
>
> ― 웅진씽크빅 강연희(가명) 교사

반복해서 학습하는 것은 비록 조금 지루할 수는 있으나 지식이나 기능을 전달하는 데 가장 좋은 방법이다. 혹자는 이렇게 단순히 반복해서 학습하는 것은 개념을 온전히 이해하는 것이 아니기 때문에 학생이 잘 까먹을 수 있다고 하기도 하지만, 오히려 학생들이 반복하는 과정에서 스스로 개념을 이해하는 경우가 더 많다. 이를 '아하'하고 통찰한다고 하는데, 유아들을 가르치다 보면 아이가 계속 전혀 모르고 있다가 어느 순간에 벽을 넘으면 봇물 터지듯 쏟아지며 이해한다고 한다. 이러한 장면을 유도하기 위해서 학습지에서는 반복 학습을 주로 사용하는 것이다.

> 초등학교에서 2+3을 배우는 방법은 우선 연필 두 자루와 다른 연필 세 자루를 놓아두고 한 자루씩 집어보며, 한 자루... 두 자루... 세 자루... 하면서 집어보고 그러고 나서 결국 2+3이 5임을 체험해보며 배웁니다. 선생님이 매우 프로페셔널하지 않거나 학생이 잠시 한눈판 사이에, 그 수업 시간에 배우는 것은 수 + 수의 계산 방법이 아닌 2 + 3 = 5가 되는 것이지요. 그러면 그 학생은 3+4의 계산도 연필을 책상에 놓고 하나하나 세야 계산이 되는 상황이 되는 것입니다. 그에 반해 학습지는 하루에 20~30문제처럼 매우 많은 문제를 풀어보며 그 과정에서 학생은 자신이 자각하지 못한 상황에서도 계산을 하고 있다는 것입니다.
>
> — 웅진씽크빅 강연희(가명) 교사

둘째, 초등학교 교과서 내용을 쉽게 이해시켜 준다. 초등학교에서 학생들이 부진이 생기는 이유 중 하나는 충분한 수업 시간이 확보되지 못했기 때문이다. 수십 명의 아이들에게 한정된 시간 안에 정해진 진도에 있는 모든 내용을 알려주는 것은 현실적으로 매우 어렵다. 학교 선생님이 아무리 열정적이라고 해도 한 명의 아이에게 매달려서 계속 가르쳐줄 수는 없기 때문에, 결국 몇 명의 아이들은 그날 수업 내용을 이해하지 못한 채 다음 장으로 넘어간다. 이러한 상황을 조금이나마 보완해줄 수 있는 것이 선행 학습 경험이다. 초등학교 이전에 수업 내용과 관련해서 어느 정도 배운 경험이 있는 아이들은 초등학교 수업 시간에 쉽게 적응하고 진도를 따라갈 수 있다.

> 유아 시기에 학습지를 통해서 초등학교 내용을 선행해 온 학생들은 수업 시간에 잘 집중하지 않을 것이라는 오해를 하고 있는 경우가 있습니다. 물론 그러한 경우가 아예 없는 것은 아니지만, 오히려 미리 학습지를 통해서 배워 오는 학생들은 수업 중의 활동에서 자신이 무엇을 배우기 위해 그 활동을 하고 있는지 알게 되는 경우가 많습니다. 즉 수업 시간에 단순히 활동을 하고 차시가 끝나는 것이 아니라, '수업에서 배워야 할 내용'을 잘 알게 된다는 것이지요. 그래서 저는 학교 수업에서 아이들이 배운 내용이라고 말하더라도 크게 기분이 나쁘지는 않습니다. 그만큼 수업을 잘 진행할 수 있는 준비가 되었다고 생각합니다.
>
> — ○○초등학교 교사 정다정(가명)

이러한 점에서 학습지는 유아들에게 초등학교 수업을 잘 준비할 수 있는 기회를 제공한다고 말할 수 있다. 아무런 준비 없이 학교에서 수업을 들었다면 온전히 개념을 이해하지 못했을 아이가, 학습지를 통해 미리 학교 내용을 준비하고, 실제 수업에서도 쉽게 문제를 풀고 발표를 하면서 자신감을 기를 수 있게 되는 것이다.

셋째, 학습의 흥미를 유발한다. 학습지 내에는 다양한 자료가 있다. 예시로, 유아들의 한글 학습에 가장 잘 활용되는 학습지인 '눈높이 한글똑똑'은 학생들이 잘 기억하기 쉽도록 '버스'나 '기차' 등의 사진과 각각의 낱말을 함께 보여주어 낱말이 무엇을 의미하는지 쉽게 알아보도록 한다. 또한 유아들이 손의 힘이 약해서 글자를 잘 쓰지 못하는 경우를 해소하기 위해 아이들이 놀이를 하는 느낌으로 일직선으로 줄을 그어보게 하며 손의 힘을 길러주며 한글을 쓸 수 있도록 한다.

추가로 유아들이 문제를 잘 이해하고 문제에 접근하는 방법을 알 수 있도록 다양한 상황을 동화나 영상으로 제시한다. 유아들은 이를 읽어보는 과정에서 학습의 동기를 가지고 적극적으로 학습에 참여하게 된다. 특히 유아들의 눈높이에 맞게 다양한 동화를 차용하여, 동화의 주인공을 돕기 위해 어떻게 하면 될지 질문을 던지는데, 아이들은 자연스럽게 주인공의 문제를 해결해주기 위해 문제를 열심히 풀고 단어를 외우는 등의 수업 활동을 한다. 즉, 유아들은 동화나 영상 속 주인공의 상황을 보고 자신과 주인공을 동일시하여 마치 게임을 하듯이 학습에 집중적으로 참여하는 것이다. 이 밖에도 수업 후에 잘 참여한 데 대한 보상으로 재밌는 동화나 영상을 볼 수 있도록 제시하는 경우도 있고, 실제 게임과 별반 디르지 않은 재미있는 학습 게임을 제시하기도 한다.

넷째, 유아들이 지금 무엇을 알고 있고, 또 무엇을 배워야 하는지 체계적으로 알려준다. 학습지의 장점은 아이들이 무엇을 이해하는지를 아주 세밀하게 살펴볼 수 있는 좋은 시험 사료들이 있다는 데 있다. 학습지를 하는 모든 유아를 표본으로 하여, 아주 정밀한 학습 데이터를 만들 수 있다.

아이가 다른 아이들과 비교했을 때 어느 정도의 수준인지 아는 것은 큰 회사의 학습지를 풀어보는 이유 중 하나입니다. 성적이 잘 나오면 아이에게도 자신감이 생기고, 이대로 공부하면 된다는 좋은 지표가 되기도 하니까요. 성적이 잘 나오지 않으면 물론 기분은 좋지 않겠지만, 성적이 잘 나올 수 있도록 어떻게 지도할지 계획을 가지고 있는 것 또한 학습지의 매력이 아닐까 싶습니다.

— 7세 유아 학부모 김현정(가명)

부모들은 자녀에게 이러한 시험을 풀어보게 하면서 어느 정도의 수준에 있는지 객관적으로 확인할 수 있다. 부모들이 아이들을 사교육에 보낼 때 자녀가 다른 아이들과 비교해서 어느 수준인지를 가장 궁금해한다. 그러한 점에서 학습지는 정확한 실력을 알 수 있는 좋은 방법이 된다. 특히 유아들은 급속히 지적 발달을 이루는 시기인데, 또래에 비해 얼마나 발달이 빠른지, 그리고 느린지를 쉽게 알 수 있다는 점도 학습지의 장점이 된다.

정확한 실력을 아는 것은 또 다른 교육 효과를 가져오는데, 그것은 바로 지금 유아에게 무엇을 가르쳐야 하는지를 쉽게 알 수 있다는 점이다. 막연하게 또래 아이들이 하는 것을 그냥 따라서 가르치지 않고, 정확히 우리 아이의 발달에 맞는 내용을 가르칠 수 있다. 학습지에서는 구체적으로 유아가 문제를 틀리면, 해당 유형을 틀리는 또래 유아들이 공통적으로 가지고 있는 오개념이나 실수를 알려주면서 문제점을 빠르게 고칠 수 있도록 공부 방법을 알려준다. 비슷하지만 개념을 이해하기 더 쉬운 문제를 풀어보면서 유아들은 한글이나 수 개념을 한 번 더 공부하고 익힐 수 있게 된다.

이러한 학습지의 효과들은 왜 유아들이 학습지를 가장 많이 찾고 있는지 그 이유를 제대로 설명해주고 있다. 학습지는 결국, 유아들이 배울 내용인 초등학교 내용을 가장 효율적으로 가르치는 사교육의 한 방법으로서 유아들의 지적 발달과 학교 적응을 돕고 있다.

까다로운 부모님의 입맛에 잘 맞춰주는 과외

과외는 중산층 이상 가정에서 가장 선호하는 사교육이다. 여건이 된다면 과외를 통해 공부하는 것이 좋다고 이야기하는 부모들이 많다. 어린 유아들에게도 과외는 인기 있는 사교육인데, 유아들은 일주일에 2~3번 정도 수업을 듣는다. 아직 학교에 들어가지 않은 유아를 가르치는 과외라고 할지라도 비용은 다른 일반적인 과외와 전혀 차이가 없다. 한 달에 30만 원이 넘는 경우가 많다. 학습지가 한 달에 10만 원 정도인 것을 생각해보면 아주 비싼 편이라고 할 수 있다.

그런데도 부모들이 과외를 선호하는 이유는 다른 사교육보다 더 집중적인 선행 학습이 가능하기 때문이다. 우리나라에서 어린이집이나 유치원은 공부를 하는 장소이기보다는 친구를 사귀고 안전하게 돌보아주는 곳이라고 할 수 있다. 그래서 부모들이 아이들에게 일찍 공부를 시키기 위해서는 유치원 이외의 다른 사교육을 찾을 수밖에 없다. 이때 가장 안심하고 맡길 수 있는 곳이 바로 과외이다.

학원은 집단으로 교육을 받기 때문에 나름 비슷한 수준의 학생들을 모아뒀다고는 하지만 결국 아이들마다 차이를 가지고 누군가는 더 빨리, 더 많이 진도를 나가고 싶어도 진도를 한꺼번에 많이 나갈 수가 없다. 게다가 어린아이들은 교실에서 수업을 듣는 것부터 걱정된다. 하지만 과외에서 유아들은 능력이 허락하는 만큼 많은 것을 빠르게 배운다.

유아들이 과외를 통해 배우는 가장 일반적인 과목은 영어와 수학인데, 먼저 영어를 살펴본다.

유아들이 영어를 과외로 배우는 이유는 크게 두 가지이다. 첫째는 유아 시기에 영어를 배우는 것이 가장 효과적이라고 생각하기 때문이다. 모국어를 어렸을 때 배우는 것이 당연하듯이, 영어를 일찍 접하고 배우게 된다면 영어가 외국어임에도 제2의 모국어처럼 쓸 수 있을 것이라고 기대한다. 그렇기 때문에 아이들은 아주 어렸을 때부터 영어를 시작한다. 영어를 어렸을 때 배우는 것이 중요하다고 생각하는 학부모는 아이를 영어 유치원에 보내는 것에 만족하지 못하고, 아이가 영어 유치원에서 돌아와서도 영어 과외를 받도록 한다. 둘째, 영어 과외를 통해 영어와 관련된 경험을 더 많이 할 수 있다. 영어를 사용해서 말할 수 있는 기회를 더 많이 획득하고, 영어와 관련된 제스처와 문화를 익히는 충분한 시간을 누린다. 유치원에서도 영어를 가르쳐 주기는 하지만, 영어를 충분히 말하고 사용할 기회는 하루에 한 번도 얻기 힘들다. 과외 선생님과 영어 공부를 하면 그러한 걱정은 많이 덜어낼 수 있다.

유아들은 영어 과외를 통해 두 가지 목표를 달성하려고 한다. 그 두 가지 목표는 학교 영어, 일상 영어이다. 우선 학교 영어의 경우, 아이들은 과외를 통해 초등학교 3학년 때 처음 배우게 되는 영어를 미리 배우게 된다. 만약에 다섯 살에 과외를 받는다면, 그것은 다른 아이들보다 5년 일찍 공부하는 것을 의미한다. 처음 과외를 받는 아이들은 초등학교 3학년에서 배우는 알파벳, 파닉스 등의 기본적인 영어를 배운다. 알파벳을 배울 때는 몸을 이용하거나 그림을 그리는 방법으로 재미있게 배운다. 그리고 파닉스를 배울 때는 선생님이 옆에서 영어를 말해주는 것을 따라 말하며 배우는 방식으로 공부를 한다. 이러한 공부 모습은 한글을 배울 때와 다르지 않다. 이때 a나 e 등 단어에 따라 다양한 발음이 가능할 때는, 다양한 낱말을 발음해보며 자연스럽게 외울 수 있도록 하고 사전의 발음 기호를 선생님과 함께 읽어본다.

이후 알파벳과 파닉스에 조금 익숙해지면 간단한 문장으로 이루어진 일상 회화를 배운다. 예를 들어 Hello, I'm Jimin, Where are you from?, How are you? 와 같은 문장들을 배우는 것이다. 주로 초등학교에서는 3학년부터 6학년 때 배우게 되는 문장을 내용으로 하여 과외 선생님이 질문하고, 아이가 답하는 연습을 반복적으로 해보면서 일상 표현이 어떤 상황에서 사용되는지 깨우친다. 여기에서 과외와 학교 영어의 차이가 보인다. 학교에서는 초등학교 3학년 때 1단원으로 'Hello, I'm Jimin'과 같은 문장을 우선 들은 후 a, b, c 등의 알파벳을 배우는 것에 반해, 과외를 받은 아이들은 알파벳을 먼저 배우고 일상적으로 사용하는 문장을 배운다는 것이다.

유아들은 과외를 통해 영어 단어를 외우기도 한다. 유아들이 외우는 영어 단어의 개수는 800개 정도 되는데, 이것은 초등학교 수준에서 권장하는 영어 단어와 일치한다. 만약 공부를 충실히 한 유아들은 이미 학교에 들어가기 전에 6학년 수준의 영어 단어를 알게 되는 것이다. 과외 선생님은 유아들이 영어 단어를 잘 외울 수 있도록 여러 가지 게임 형식의 테스트를 치기도 한다. 다양한 영어 단어 학습지나 단어 카드, 그리고 태블릿 PC에 설치된 영어 게임 앱 등을 유아들과 함께 풀어보면서 영어 단어를 쉽게 외울 수 있도록 도와준다.

심지어는 간단한 문법을 배우고, 기본적인 문장의 성분을 공부하기도 한다. 유아들은 영어 과외를 통해 단수와 복수를 구분하여 동사에 s, es를 붙이는 규칙, 현재 시제와 과거 시제를 구분하여 ed를 붙이는 규칙, 인칭에 따른 be 동사의 사용 규칙 등 아주 기초적이지만 꼭 필요한 문법을 공부하면서 영어에 대한 기본 실력을 키우고 앞서 나간다.

한편, 말하기, 듣기 중심의 일상영어를 위해 과외를 하는 경우도 있다. 원어민 과외나 화상 영어 과외가 이러한 예시이다. 일상영어는 단순히 일상생활에서 영어를 잘 사용하도록 도우려는 목적도 있지만, 부가적으로 토익이나 토플과 같이 영어 듣기 능력을 요구하는 시험에 잘 적응할 수 있도록 돕는 것에도 중요한 목적을 가지고 있다. 유아들은 태어나서 처음으로 원어민과 대화하면서 듣고 말하는 경험을 쌓는데, 이것은 보통 아이들이 초등학교에 가서 일주일에 딱 한 번 원어민과 만나 이야기해볼 수 있다는 점과 비교해보면 엄청나게 빠르다는 것을 쉽게 알 수 있다. 실제로 원어민 과외를 하는 유아들은 영어에서 아주 큰 발전을 거둔다.

다음으로, 수학은 아주 많은 유아가 받고 있는 교과이고, 과외를 선택하는 부모들이 가장 선호하는 교과이다. 유아들이 수학 과외를 받는 이유를 간단히 설명하면 어린 시절에 최대한 많이 배워 두어야 초등학생이 되어서도 바로 다음 내용을 쉽게 배울 수 있기 때문이라고 할 수 있다. 꾸준히 사교육을 받으면 더 많이 선행 학습을 할 수 있기 때문에, 나중에 학교에 입학해서도 학교 수업을 듣거나 영재학급을 들어갈 때도 훨씬 더 유리한 위치를 선점할 수 있다. 즉, 수학 과외를 받는 유아들은 학교에 입학한 학생과 크게 다르지 않고 계속 진도를 나아가는 공부를 하고 있다고 할 수 있다. 속도가 느린 유아들은 기초 셈하기를 반복해서 배우고, 속도가 빠른 유아들은 수학 교과서 내용을 빠르게 배운다. 결국 초등학교 수학 내용을 초등학교 입학 전에 먼저 배운 아이들은 자연스럽게 학교에서 뛰어난 성적을 거두게 되는 것이다.

이번에는 우리나라의 유아들에게 과외를 가르치는 선생님들이 누구인지에 대해 알아보자. 흔히 과외를 가르치는 강사들은 '전문적인 지식'을 갖추고 있는 전공자일 것이라고 생각한다. 하지만 실제로 유아 과외를 하고 있는 강사들을 자세히 살펴보면 그렇지 않다. 유아들의 눈높이에 맞춰 영어와 수학을 잘 가르칠 수 있는 사람이라면 누구든 과외 강사가 될 수 있다. 이러한 사람들은 오히려 어린아이들을 잘 달래고 재미있게 수업을 이끌어갈 수 있기 때문에 유아를 위한 과외에 더 적합하다.

올해 7살인 민지(가명)는 옆집에 살고 있는 대학생에게 과외를 받고 있다. 옆집 대학생 언니에게 과외를 받게 된 것은 옆집에 살고 있는 대학생의 동생이 민지의 친구였기 때문이다. 마침 초등학교에 입학하기 전에 민지가 미리 영어를 배웠으면 한 민지의 어머니는, 옆집에 사는 연세대학교에 갓 입학한 대학생 언니에게 민지의 영어 과외 강사를 부탁하였다.

과외 강사는 민지의 경우처럼 우리 주변에 흔히 볼 수 있는 사람들일 수도 있고, 전문적으로 과외 하는 사람들도 있다. 특히 영어 과외에서 다양한 과외 선생님들을 찾아볼 수 있다. 우리 아이가 영어를 한국어처럼 사용하였으면 좋겠다는 부모들의 마음은 미국과 영국에서 온 원어민을 가장 우선으로 찾는 데까지 이르게 된다. 만약 아이가 한글이 아직 부족하다면 미국 유학을 다녀와 원어민 수준으로 영어를 구사하는 한국인 강사를 통해 아이의 한글 교육과 영어 교육을 동시에 해결하고자 한다. 즉, 학부모들이 다양한 요구를 가지고 있기 때문에 어린 아이들을 과외를 전문적으로 하는 원어민 강사나 한국인 강사들이 나타나게 된 것이다.

정리하면, 유아들은 과외를 통해 초등학교나 중학교에서 배울 내용들을 조금이라도 더 빨리, 그리고 더 많이 배우려고 한다. 이렇게 빨리 배우는 것이 교육적으로 옳바른 것인지에 대한 논란이 있지만, 사실 유아 때만 과외를 하는 것이 아니라 앞으로 계속 다양한 사교육을 한다는 것을 생각해보면 아이들이 빨리 선행 학습을 한다고 잊을 일은 없겠구나, 오히려 같은 내용을 더 많이 더 자주 볼 수 있겠구나 하는 생각을 할 수 있을 것이다.

줄 서서 들어가려고 기다리는 영어 유치원

마지막으로 소개할 영어 유치원은 유아 사교육에서 가장 유명하며, 많은 부모들이 보내고 싶어도 보내지 못하는 사교육이다. 정확한 통계는 없지만 영어 유치원은 서울에서만 보더라도 200여 곳이 있으며, 전국적으로는 300~500개에 이를 것으로 추산되고 있다. 이름이 유치원으로 되어 있어 사람들은 영어 유치원을 일반적인 유치원과 같은 곳으로 생각하지만, 법적으로 영어 유치원은 유아를 대상으로 하는 영어학원이며 일반적인 유치원과는 다른 곳이다. 실제로는 영어 유치원이라는 단어보다는 사설 유아 영어학원이라는 표현이 더 적절할 것이다. 하지만 우리나라에서는 영어 유치원이 더 많이 알려져 있으므로 여기서도 영어 유치원으로 표기한다.

본래 유치원은 교육부에서 제시하는 누리과정에 따라 수업을 해야 하지만, 영어 유치원은 학원이기 때문에 각 영어 유치원에서 정한 교육 목표와 자체적으로 개발한 교육법으로 수업을 진행한다. 특히 우리나라에서 거의 유일하게 하루 종일 영어만 사용할 수 있는 장소이기 때문에 자녀가 어린 시절부터 영어를 모국어처럼 사용하기를 원하는 부모들은 반드시 영어 유치원을 찾게 된다. 이러한 영어 유치원은 한 달에 최소 100만 원부터 시작하며, 가장 비싼 곳은 1년에 3,000만 원이 넘는 곳도 있다. 그럼에도 영어 유치원에 자녀를 보내려는 부모들이 아주 많다. 심지어는 영어 유치원에 들어가기 위해서 레벨 테스트나 영재성 검사를 받기도 한다.

영어 유치원에 입학하는 절차는 다음과 같다. 우선 매년 10월에서 11월 사이에 신입생 설명회를 개최하고, 입학을 원하는 부모는 이 시기에 입학 원서를 제출한다. 등록을 원할 때는 입학금을 먼저 납부하면 된다. 중요한 것은 레벨 테스트를 실시한다는 점이다. 레벨 테스트의 내용은 아주 기초적인 읽기, 파닉스, 말하기, 듣기를 할 수 있는지를 살펴보는 것이다. 오로지 영어만 사용하여 생활하는 영어 유치원에 잘 적응할 수 있는지를 살펴보는 것이므로, 지금 영어를 잘 못한다고 해도 쉽게 배울 수 있는 능력이 된다고 하면 입학이 가능하다. 학급 인원은 한 학급당 10명에서 15명 정도인데, 가급적 15명을 넘지 않도록 입학생을 가려서 받는다. 그 이상 넘어가면 제대로 된 수업을 할 수 없기 때문이다. 한 반에는 원어민 교사, 이중언어 교사, 한국인 교사 등이 팀을 이루어 교육을 진행한다. 특이한 점은 원어민 교사가 담임 교사를 맡고, 한국인 교사가 아이들을 보조하는 역할을 하면서 아이들에게 영어 노출 기회를 최대한 높인다는 점이다.

한편, 영어 유치원의 실제 수업 내용과 과정은 다음과 같이 이루어져 있다. 영어 유치원의 등원 시간은 아침 9시에서 10시 사이로 되어 있고, 등원을 하고 나면 오전 시간에는 주로 영어를 직접 배우는 시간으로 채워진다. 배우는 수준은 초등학생이나 중학생이 학교에서 실생활 영어를 배우는 것과 마찬가지로 파닉스, 읽기, 말하기, 듣기를 중심으로 배운다. 심지어는 알파벳이나 간단한 단어와 문장 쓰기를 배우기도 한다. 영어를 배울 때는 기본적으로 원어민 담임 선생님이 말하는 문장이나 내용을 듣고 반복해서 따라 하는 연습을 많이 하되, 유아들의 흥미에 맞춘 노래와 챈트를 사용한 수업도 진행한다. 영어를 배울 때 주로 하게 되는 놀이 활동, 간단한 글쓰기, 선생님께 궁금한 것을 물어보는 질문 등도 전부 영어로 진행되는데, 유아들이 간혹 한국어로 물어보면 선생님은 영어로 친절하게 바꿔서 다시 설명해주면서 계속 영어로 말을 걸도록 이야기한다.

점심을 먹고 난 오후에는 유아들이 학교에 가서 적응할 때 필요한 여러 가지 지식이나 기능들을 배운다. 이러한 내용조차도 모두 영어로 가르친다. 영어 유치원마다 다르지만, 오후에 진행되는 프로그램에는 수학, 과학 등 학교 수업에 필요한 내용, 미술이나 독서와 같이 자기 재능을 기를 수 있는 내용, 뮤지컬이나 요리와 같이 취미를 키울 수 있는 내용이 있다. 영어 유치원에서는 말하는 것뿐만 아니라 글자들도 전부 영어로 되어 있다. 유아들이 읽는 책, 쉬는 시간에 보는 만화나 영화 내용, 그리고 간단한 표지판이나 포스터도 영어이기 때문에 거의 하루 종일 외국의 어느 유치원에 있는 것 같은 효과를 낼 수 있다.

이처럼 수업 과정을 살펴보면 유아들은 영어 유치원에서 거의 하루 종일 영어만 사용한다고 봐도 무방할 정도이다. 오전에는 영어를 직접적으로 사용하고 학습하는 시간을 가지고, 오후에는 영어를 통해 다른 활동들을 해보며, 방과 후에는 부모님이 직접 신청한 프로그램을 중심으로 다양한 체험 중심 수업을 한 뒤에 집으로 간다.

부모들이 유아인 자녀를 영어 유치원에 보내려는 가장 중요한 이유는 영어 유치원이 거의 100% 영어에 노출될 수 있는 환경을 만들어주기 때문이다. 영어는 그 어떤 과목보다 어릴 때부터 공부하면 효과가 큰 과목이다. 그런데 우리나라에서 아주 어릴 때부터 영어를 집중적으로 공부하려면 결국 외국에 나가서 사는 수밖에 없다. 그런데 영어 유치원은 외국에 이민을 가거나 유학을 가는 것보다는 저렴한 비용으로 하루에 8시간에서 10시간 이상 영어를 사용하는 환경을 만들어준다. 물론 다른 일반적인 유치원보다는 높은 수강료가 필요한 것은 사실이지만, 부모들은 불확실한 유학보다는 확실히 영어를 잘 배울 수 있는 영어 유치원에 보내는 편이 안전하다고 생각한다. 영어 유치원은 비용이 비싸더라도 자녀에게 평생 활용할 수 있는 재능을 선물하려고 하는 부모들의 마음이 담겨 있는 장소라고 할 수 있다.

이렇게 영어 유치원을 1년에서 3년 정도 다닌 유아들은 다른 아이들보다 영어를 일찍, 그리고 많이 말할 수 있게 된다. 공식적인 교육과정에서 영어를 처음 배우는 것은 초등학교 3학년이고, 영어를 말할 수 있는 기회는 영어 교과 시간이 거의 전부이다. 그에 반해 영어 유치원에서는 아주 어린 시절부터 영어만 사용하는 환경에서 공부를 하게 된다. 영어 유치원에 들어가는 순간부터 모든 말을 영어로 하게 되니 자연스럽게 언어를 습득하는 연령인 어린 나이에 영어를 일찍 접하고, 영어를 많이 말하는 계기가 된다. 이는 영어 유치원에 다니는 유아들이 또래에 비해 영어를 훨씬 더 잘할 수밖에 없는 이유가 된다.

게다가 유아 시절에 영어를 원어민처럼 말할 수 있게 되면 초등학교, 중학교, 고등학교에서 영어 공부를 아주 쉽게 할 수 있다. 영어 유치원에서 모든 활동을 영어로 이미 해보았기 때문에, 초등학교 3학년 때 갑작스레 처음 영어를 접하게 되더라도 영어 유치원을 다닌 학생들은 놀라지 않는다. 영어를 처음 학습하는 학생들은 영어를 두려운 존재로 생각하고 공부하는 것에 어려움을 느끼지만, 영어 유치원을 다녀본 학생들은 영어 공부를 저항감 없이 할 수 있다. 실제 영어 듣기나 시험 문제를 풀 때도 아이들은 예전에 배웠던 내용을 쉽게 떠올리고 좋은 점수를 받기도 한다.

결국 유아들은 영어 유치원을 통해서 영어를 배우고, 초등학교에서 어려운 과목 중 하나인 영어 교과를 쉽게 이해하고, 미래에 입시나 유학에서 사용할 수 있는 도구로서 영어를 익히게 된다. 우리나라에서 영어는 초등학교 3학년부터 시작해서 대학교 이후의 성공을 결정짓는 요인 중 하나가 되었기 때문에, 언제부터 어떻게 영어를 배우는 것이 중요하다. 그러한 측면에서 영어 유치원은 비싸지만 부모와 자녀들을 만족시키는 교육기관으로서 인기를 끌고 있다.

우리 아이들의 성공 원인, 유치원 시절로 거슬러 가보기

지금까지 가장 먼저 배운다는 우리나라 유아들의 공부를 살펴보았다. 유아들에게 공부를 시키는 것이 맞는지, 그것이 효과가 있는지에 관한 논의는 계속 이루어지고 있다. 그것과는 별개로 우리나라 아이들의 뛰어난 성공의 원인 중 하나는 분명 학교에 가기 전부터 이루어지는 여러 가지 사교육과 관련이 있어 보인다. 유아들은 셈하기나 영어 말하기 등을 미리 완벽하게 배운 뒤에 학교에서는 자기가 배운 것을 더욱 다듬어 평소 수업이나 시험에서 최고의 결과를 이끌어낸다. 특히 대학이나 앞으로의 사회생활에 필요한 기술을 얻기 위해 거의 20년 전부터 준비를 시작한다는 점이 인상 깊다.

아시아의 세계적인 대학으로 평가받는 홍콩 대학교의 비교교육센터는 최근에 유아 사교육이 중국과 홍콩의 학생들에게 어떻게 교육적인 영향을 끼치고 있는지를 긍정적인 측면에서 분석하고 있다. 이러한 사실은 시사하는 바가 크다고 할 수 있다. 이미 유아 사교육에 관해 선진국에서도 관심을 갖고 연구하고 있으므로 우리도 이러한 현상을 더 이상 외면하지 말고, 적극적으로 탐구해야 할 것이다.

아울러 앞서 소개한 영어 유치원과 같은 장소는 전 세계의 어느 곳에서도 찾아볼 수 없는 독특한 교육 장소이다. 학교와 더불어 학교 바깥에서 아이들이 어떻게 공부하고 있는지를 밝히는 데 이러한 장소를 탐구해볼 필요가 있다고 할 것이다.

5

맥도날드처럼 많다

내 아이에게 맞는 개별화 교육상품

우리나라에서 사교육은 '부모님의 등골을 휘게 만드는 사교육비', '과도한 학습 부담과 피로' 등의 이미지로 인하여 부정적으로 간주되고 있고 비판을 받고 있다. 그러나 다른 한편으로 사교육은 학교에서 공부를 다하지 못한 학생들, 학교 선생님이 맞지 않는 학생들, 또는 교과서의 개념을 충분히 이해를 못 한 하생을 위해서 실제적이고 효과적인 도움을 주고 있다.

더 나아가 아이들마다 공부하는 능력이나 속도가 전부 다 다른 문제점을 해결하는 데 사교육은 효과를 발휘하고 있다. 사교육은 학교보다 더 많이 배우려는 아이들, 학교에서 따라가지 못하는 아이들에게 다양한 프로그램들과 상품 그리고 유용한 수업들을 제공하고 있다. 한국의 사교육 업체들이 개척해 놓은 학습자 개별화 프로그램들은 우리 아이들이 국제적으로 우수한 점수를 얻는 데 상당한 기여를 하고 있는 것이다.

이에 5장에서는 한국의 오랜 사교육의 학습문화 속에서 이루어진 개별화를 위한 다양한 공부 프로그램들이 아이들의 학습부진 문제를 어떻게 해결하고 있는지, 그리고 더 빨리 배우고자 하는 요구에 어떻게 대응하는지를 살펴보고자 한다. 모든 상품이 입맛대로 갖춰진 슈퍼마켓처럼, 각 아이의 수준에 맞는 학습프로그램과 수업을 제공해주는 사교육은 학습자의 능력과 목표에 맞는 교육상품을 제공해주고 있다는 점에서 슈퍼 에듀케이션으로 불릴 수 있을 것이다.

정상 분포 곡선으로 나타나는 아이들의 개인차

사교육을 살펴보기 전에, 먼저 우리 학교 교실로 들어가보자. 아이들은 한 반에 20명에서 30명 정도의 친구들과 함께 하루에 6시간에서 10시간 정도 같이 수업을 듣고 있다. 고등학생들은 오후에 보충 수업을 들어야 하므로 12시간 이상 학교에서 생활하기도 한다. 겉으로 나타난 수업 시간만 생각해본다면 매우 많아 보이고, 충분해 보이는 것이 사실이다. 그런데도 아이들은 학교 공부에서 어려움을 느끼고 있다. 특히 공부할 시간이 매우 부족하다고 말하고 있다. 그리고 학교에서 제대로 공부하고 있지 못하고, 학교를 마치고서도 공부를 더 해야 한다고 생각하고 있다.

아이들이 학교 수업에서 어려움을 느끼는 이유 중 첫 번째는 공부해야 할 과목과 내용이 아주 많다는 데 있다. 초등학생도 최소 10과목을 배워야 하고, 중학생은 15과목, 고등학생은 교과군별로 2~3개씩 교과를 선택하면 20개에 이르는 과목을 공부해야 한다. 과목만 많은 것이 아니라 과목당 공부해야 하는 내용도 아주 많다. 학교 연간 수업 시간표를 살펴보면, 교과 내용을 다 배우기 위해서는

3월부터 12월까지 결석하지 않고 모든 수업을 빠짐없이 들어야 한다는 점을 알 수 있다. 배울 내용이 아주 많기 때문에, 아이들은 새 학기에 교과서를 받아 들면 막막함을 느낀다. 누군가의 도움 없이 처음 접하는 내용을 이해해가면서 공부하는 것이 아주 어려울 것이라고 생각하고, 자연스럽게 학교를 마치고 나서도 공부를 해야 한다고 믿게 된다.

또한 모든 학교 수업은 딱 한 번만 이루어진다는 점도 아이들이 어려움을 느끼는 원인이 되고 있다. 예를 들어 수학 교과서에 나와 있는 도형의 겉넓이 개념을 한 번 수업하고 나면, 다시 그 내용을 배울 기회는 없어지고 만다. 아이들 중 누구 한 명이 그 내용을 제대로 이해하지 못했다고 하더라도, 수업은 끝나버렸기 때문에 다음 수업 시간에는 교과서 진도를 맞추기 위해서 다음 내용을 배워야 한다는 뜻이다. 이것은 집중력이 높지 않은 많은 아이들이 학교 수업에서 실패하는 원인이 된다. 수업 시간에 잠시 집중력이 흐트러지거나 선생님 말씀을 잘 듣지 않으면 수업 진도를 따라가는 것이 점점 버거워지고, 학교 시험에서도 좋은 점수를 받기 어려워진다. 아이들이 자기를 기다려주지 않는 수업 때문에 학습 결손을 경험하게 되고, 이것은 학교 공부에 재미를 잃어버리거나 의욕을 상실하는 결과를 가져오게 된다. 물론 수업을 제대로 이해하지 못한 학생들을 위해서 학교 교사들은 수업이 끝나고 개인 지도를 해주는 경우도 있다. 하지만 학습 결손이 심하게 누적된 아이들에게는 개인 지도도 소용이 없다.

한편, 학교 교사들이 준비하는 수업의 목표와 수준이 평균적인 학생들에게 맞춰진다는 점도 몇몇 아이들에게는 학교 수업에 어려움을 느끼게 만든다. 물론 학교 선생님들은 20명이 넘는 학생들의 수준을 모두 완벽히 맞출 수 없기 때문에 어쩔 수 없이 수업 수준을 평균으로 조정한다. 그래야만 최대한 많은 아이에게 수업 내용을 전달할 수 있다. 하지만 이렇게 되면 공부를 잘하지 못하는 부진아들은 수업을 제대로 따라갈 기회조차 얻지 못한다는 문제점을 가지게 된다. 그들에게는 평범한 수업도 이미 너무 어렵기 때문에, 다른 아이들이 개념을 이해하고 수업 활동을 진행하는 동안 아무것도 하지 못하고 시간을 허비하게 된다. 부진아들에게는 아주 쉬운 개념부터 차근차근 올라갈 수 있도록 디딤돌이 제공되어야 하지만, 학교 수업은 진도를 나가기 바빠 부진아들에게 제대로 된 도움을 제공하기 어렵다.

그리고 이러한 평균적인 수업은 공부를 아주 잘해서 학교 공부에 지루함을 느끼는 영재들도 좋아하지 않는다. 영재들은 조금 더 빨리 배우고 싶어 하고, 깊이 있게 공부하는 것을 원한다. 아는 것도 많지만 그만큼 더 알고 싶은 것도 많기 때문에 질문도 더 자주하고, 탐구나 실험을 해보고 싶어 하기도 한다. 하지만 수업 시간은 개념을 설명하고 정해진 교과서 활동을 하는 데도 시간이 부족하기 때문에 영재들이 원하는 추가적인 탐구 수업을 하는 것은 거의 불가능하다. 결국 영재들은 학교 수업 중 딴짓을 하거나 학교를 마치고 다른 곳에서 공부해야겠다고 생각하게 된다.

이처럼 학교 수업이 최대한 많은 아이의 수준을 맞추려고 노력하지만, 분명히 양극단의 수준에 위치한 아이들에게는 그다지 만족감을 주지 못하고 있다는 점은 문제가 된다고 할 수 있다. 아이들의 수준과 필요는 20단계 이상으로 나누어져 있지만, 학교의 수업은 여전히 하나의 수준만 제공되고 있다.

학교 교과에서 드러나는 학습 결손과 결과의 차이들

지금부터는 실제 아이들의 이야기를 통해 이러한 문제점을 좀 더 살펴보기로 한다. 아이들이 학교 수업에서 개인차와 능력의 차이로 인하여 얼마나 학습 결과에 큰 차이가 나타나는지를 설명할 것이다.

초등학교

초등학교에서는 대표적으로 국어와 수학에서 배움에 차이가 나타난다. 국어에서는 우선 한글과 관련하여 아이들의 배움의 속도가 매우 다르다는 사실을 확인할 수 있다. 이미 한글을 알고, 글쓰기도 잘하는 상태에서 학교에 입학하는 아이들이 있는가 하면, 가장 기초적인 한글 자음과 모음도 제대로 못 쓰는 상태에서 입학하는 아이들도 있다. 부모님이 공부에 관심이 아주 많거나 유치원에서 한글을 가르쳐주는 경우에는 한글을 아는 상태로 학교에서 공부를 시작한다. 그런데 유치원에 가지 않고 집에서만 생활하거나 부모님이 교육에 그다지 관심이 없을 때는 한글을 제대로 알지 못하고 학교에 온다. 그럼 이때부터 차이가 나타나는 것이다. 일단 한글을 배운 아이들은 국어 수업이 너무 쉽고 재미없다고 생각하고, 한글을 배우지 못하고 학교에 온 아이들은 교과서에 나와 있는 문제를 이해하지 못하거나 학교생활에서 어려움을 겪는다. 이것은 학교에서 아이들이 수준의 차이를 처음으로 겪는 사례라고 할 수 있을 것이다.

다음으로 수학은 초등학생들이 경험하는 수준의 차이를 가장 크게 확인할 수 있는 부분이다. 초등학교 2학년과 3학년에서는 수학의 구구단, 곱셈, 뺄셈에서 학습 속도의 차이가 나타난다. 몇몇 아이들은 수업이 시작하기도 전에 숫자에 관심을 가지고 스스로 구구단을 외워서 수업에 참여한다. 그리고 단 한 시간의 수업 만에 구구단 대부분을 외우고 문제를 스스로 푸는 아이들도 있다. 어떤 아이들은 3학년인데 곱셈과 나눗셈을 전부 다 하고 방정식을 풀기도 한다. 그런데 어떤 아이들은 3시간, 4시간 동안 집중적으로 구구단을 공부해도 그날 수업한 내용을 따라가지 못하고, 일주일 이상 계속 반복해도 구구단을 외우지 못해 수업에 참여하지 못하기도 한다. 여기서 아이들은 완전히 이해했다는 느낌을 받지 못한 채 다음 수업으로 그냥 넘어가는 경험을 하게 된다.

초등학교 고학년이 되면 아이들마다 가장 수준의 차이가 더 벌어진다. 보통의 초등학교 6학년 교실에 가보면, 똑같은 초등학교 6학년인데도 학습 수준의 차이가 엄청나게 다르다는 점을 확인할 수 있다. 20명의 학생 중 2명 정도는 3~4학년 곱셈과 나눗셈을 푸는 것도 어려워하는 부진아들이다. 그 맞은편에는 중학교와 고등학교에 나오는 지수와 로그, 피타고라스 정리와 관련된 어려운 수학 문제를 푸는 학업 우수자들이 2명 정도 있다. 같은 교실이라고 해도 이 정도로 엄청난 차이가 나타난다.

중학교

아이들이 중학생이 되면 새로운 문제점들이 나타나기 시작한다. 이제부터는 수업 내용이 어렵다고 느끼게 된다. 그리고 담임 선생님이 아니라 각 교과별 선생님과 만나서 수업하기 때문에 모르는 내용이 생겨도 물어볼 곳이 별로 없다. 게다가 교과서의 단어나 내용이 갑자기 어려워지게 되므로 많은 아이가 이때 공부를 포기하고 싶다고 느낀다.

특히 중학생들이 수준의 차이를 가장 심하게 느끼는 교과는 단연 수학과 과학이다. 수학은 초등학교 3학년 때부터 벌어진 격차가 중학교로 이어진다. 초등학교에서 수학에 재미를 못 느끼고 어렵다고 생각한 아이들은 중학교 수학 문제를 보면 커다란 벽을 느낀다. 그리고 부진아들은 시험에서 좋은 성적을 거두는 것은 고사하고 수학 공식을 보고서도 이해하지 못하고 문제가 무엇을 물어보는 건지, 문제를 풀기 위해서 무엇을 알아야 하고, 어디를 찾아보아야 하는지도 알지 못한다. 과학의 경우는 더욱 심각하다. 초등학교에서는 과학 내용을 누구나 알 수 있는 쉬운 용어로 배우고, 이해하는 것도 크게 어렵지 않았지만 중학교부터는 분자 운동, 열에너지, 힘과 운동 등 본격적으로 이론적이고 많은 계산 과정이 필요한 내용이 등장하기 시작하기 때문에 크게 당황한다. 개념을 이해하는 것도 어려운데 문제는 더 어렵다. 과학은 원리를 반드시 이해해야만 문제를 풀 수 있고, 실험과 같은 활동도 할 수 있기 때문에 개념을 이해하지 못한 아이들은 과학 수업에서 큰 좌절감을 느끼고 수업 시간에 공부에 집중하는 것을 완전히 포기하기도 한다. 반대로, 과학고나 영재고를 준비하는 아이들은 학교 수업을 훨씬 뛰어넘어 고등학교나 대학 수업 내용을 공부하고 있는 경우가 많다. 영재들은 또 다른 의미로 학교 수업에 제대로 참여할 수 없게 된다. 공부할 내용이 너무 쉽고 지루하기 때문에, 이미 알고 있는 내용이지만 모르는 척을 하거나 수업에 소극적으로 임하기도 한다.

한편, 영어에서도 이미 아이들 간의 수준은 크게 벌어져 있다. 영어 공부를 초등학교에서부터 열심히 했거나, 학원에 가고 집에서 평소에 영어로 대화하는 경험을 많이 한 아이들은 학교 수업이 전혀 어렵지 않고 오히려 시시하다고 생각한다. 학교 영어 수업은 철저히 생활 중심인 경우가 많고 전형적인 패턴이나 쉬운 문법을 위주로 다루는데, 이러한 내용은 이미 영어 회화를 잘하는 아이들에게는 재미없는 내용일 수밖에 없다. 그런데 영어 공부에 익숙하지 않은 중학생들에게는 학교 수업이 초등학교보다 갑자기 훨씬 어려진다고 느낀다. 특히 중학생부터는 영어 공부를 할 때 수백 개의 영어 단어를 외워야 하고, 지문의 길이가 갑자기 길어지며, 영어 듣기와 같은 생소한 공부를 해야 하기 때문에 이러한 어려움은 갑자기 더 커진다.

이러한 현상을 실제 중학교 교실에서 살펴보자. 한 교실에 30명 정도 함께 공부하는 중학교에서 학교 수업에 재미를 느끼고 열심히 참여할 수 있는 아이들은 고작 10명에서 15명 정도밖에 되지 않는다. 30명 중 10명은 교과 학습 부진아가 된다. 부진아들을 부르는 말이 있는데, 그것은 '수포자(수학을 포기한 자)', '영포자(영어를 포기한 자)', '과포자(과학을 포기한 자)' 등이다. 부진아들은 학교 수업을 정상적으로 따라가기 어렵기 때문에 수업 시간에 집중하지 않고 다른 행동을 하거나 그것도 여의찮으면 잠을 자버린다. 부진아들만 있는 것은 아니다. 5명 정도는 오히려 공부를 너무 잘하거나 학교에서 배우는 모든 내용을 이미 알고 있다. 중학생임에도 불구하고 고등학교 경시대회에 나오는 함수, 지수와 로

그, 대학 수준의 일반물리학을 공부할 수 있는 능력이 되는 똑똑한 아이들은 부진아들과 마찬가지로 학교 수업에 흥미를 잃고 시간을 그냥 보내거나 수업 시간에 다른 공부를 한다.

고등학교

이제 고등학생들이 경험하는 수준의 차이를 살펴본다. 고등학교 역시 중학교보다 심하면 심했지 덜하지는 않다. 그 이유는 수업 결손이 엄청나게 누적되기 때문이다. 만약 한 번 수학을 포기하면 몇 년 이상 다른 아이들보다 뒤처지게 된다. 그러면 이제 공부를 하고 싶은 마음이 들더라도 따라가는 데 몇십 배 이상의 노력이 필요하다.

대표적으로 수학 교과를 살펴보면 아이들의 실력 차이를 쉽게 느낄 수 있다. 공부에 어려움을 겪는 고등학생들은 이미 초등학교부터 수학 수업을 제대로 이해하지 못한 채 고등학교에 온 경우가 많다. 그렇기 때문에 고등학생임에도 불구하고 중학교 수학 내용인 도형의 작도나 증명에 대해서 전혀 모르거나 고등학교 수학에서 꼭 필요한 인수분해, 이차함수 등을 새로 배워야 하는 경우가 적지 않다. 이처럼 초등학교나 중학교 때부터 공부에서 어려움을 겪었던 부진아들은 수능 준비나 입시를 준비하는 것은 물론이고 학교 수업을 따라가는 것도 어려워한다. 그래서 수학 시험을 치면 50점 미만의 '수포자'들이 꽤 많다. 특히 입시에서 수학 점수가 필요하지 않은 대학을 목표로 선택하면 수학을 공부할 이유는 더더욱 없어진다. 이렇게 수학을 공부하지 않겠다고 마음먹은 아이들은 수학 시간에 다른 친구들의 방해가 되지 않도록 그냥 다른 과목을 혼자 공부한다. 교실의 반대편에는 미분과 적분, 통계학 등을 공부하는 우수한 아이들이 있다. 똑똑한 고등학생들은 이미 학교 수업을 넘어서 각종 경시대회에 참여해서 성과를 낼 정도로 높은 수준을 유지한다. 경시대회 문제는 수학을 전공한 대학생들도 풀기 힘들 만큼 아주 어려운데, 이런 문제를 다 푼다는 것은 이미 고등학교 공부 내용을 모두 이해했다는 말과 같다.

영어도 마찬가지이다. 이제 영어 듣기 내용이 더 복잡해지고 문법도 어려워지지만 부진아들은 중학생들이 배우는 수동태, 동명사, 가정법과 같은 쉬운 내용도 제대로 이해하지 못하고 있다. 그래서 고등학생인데도 중학교 단어장을 가지고 다니면서 외우거나 기초 독해 문제집을 풀면서 조금씩 개념을 익힌다. 시간을 많이 투자해서 공부해도 수능 시험에서 3등급 이상 받는 것이 어렵다. 그런데 영어를 잘하는 우수한 아이들은 이미 수능 공부를 끝내고 다른 과목을 더 공부할 정도로 여유를 보인다. 왜냐하면 수능 시험에서 영어가 절대 평가로 바뀌어서 조금만 열심히 해도 금방 1등급을 받을 수 있기 때문이다. 이처럼 수학과 영어에서 고등학생들의 차이는 점점 극심해진다.

이처럼 초등학교부터 고등학교까지 아이들의 학습 격차를 살펴보면 문제가 상당히 심각하다는 점을 알 수 있다. 이러한 아이들의 수준 차이는 학교에서 여전히 해결하지 못한 중요한 문제이다. 누구나 이것이 문제라고 생각하지만, 사실 학교에서 이 문제를 뚜렷하게 해결할 수 없다. 학교 수업 시간은 한정되어 있기 때문이다. 선생님들은 한 반에 20명에서 30명의 학생들을 데리고 1시간 안에 모든 수업 내용을 가르치고, 아이들이 질문하는 내용에 답변해주어야 하고, 수업에 지루함을 느끼는 아이들에게 좀 더 재미있는 수업 자료를 나눠주어야 한다. 아이들도 학교에서 이 문제를 해결하기 어렵다는 점을 잘 알고 있다. 그래서 아이들은 사교육을 찾기 시작한다.

개별화를 위한 사교육 기법들: 보습과 속진

그렇다면 이렇게 학교 수업을 따라가지 못하는, 혹은 따분함을 느끼는 아이들은 어떻게 하고 있을까? 그냥 불만스러운 상태로 학교를 다니고 있을까? 전혀 아니다. 우리 아이들은 학교 수업에서 느끼는 문제점을 그냥 참고만 있지는 않는다. 그렇다고 아이들이 학교 선생님에게 항의를 하거나 학교를 그만두거나 하는 극단적인 행동을 한다는 뜻은 아니다. 왜냐하면 아이들도, 부모들도 학교 선생님 한 명이 30명의 반 아이들에게 모두 완벽한 개별화 수업을 해줄 수 없다는 사실을 너무나도 잘 알고 있기 때문이다. 대신 아이들은 아주 현명하게 학교와 집 주변에 있는 사교육을 찾아간다. 그들은 사교육에서는 학교가 해결해줄 수 없는 아주 효과적인 개별화 수업의 방법들을 알려주고, 어떠한 수준의 아이들에게도 만족스러운 수업을 제공해준다고 믿는다.

그렇다면 지금부터는 학교에서 어려움을 겪는 아이들은 사교육에서 어떠한 도움을 받고 있는지를 살펴본다. 아이들은 크게 두 가지 측면에서 개별화 학습을 받고 있는데, 첫 번째 방법은 보습이다. 보습은 부진아들이나, 학교 수업을 따라가기 힘든 보통 아이들에게 도움이 될 수 있는 사교육 방법이다. 학교에서 성적이 낮거나 도움이 필요한 아이들은 공부방, 보습학원과 같은 이름으로 불리는 곳에 가서 개별 지도를 받으면서 자신의 부족한 점을 보충한다.

초등학생을 예로 들면, 학교 수학 시간에 구구단을 외우는 것이 어렵다고 생각했다면 학교 선생님에게 질문하거나 학교에 남아서 공부하지 않고, 오후에 보습학원에 가서 구구단을 연습한다. 그 외에도 학교나 아파트 주변에 있는 공부방에 가서 학교 교과서, 수학익힘책, 문제집 등을 풀기도 한다. 아이들은 편안하게 공부방 선생님과 만나서 학교 수업에서 어려웠던 내용들을 이야기하고, 학교 숙제를 풀거나 배운 내용 중에 어려운 것을 다시 가르쳐 달라고 한다. 그러면 공부방 선생님은 친절하게 일대일로 질문을 해결해준다. 중학생, 고등학생들에게도 보습학원은 매우 인기 있는 학원이다. 보습학원은 매우 종류가 많다. 단순히 학교 숙제를 도와주는 보습학원도 있고, 다른 학원의 숙제를 도와주는 보습학원도 있다. 아이들은 학교를 마치고 오후에 남는 시간에 보습학원에서 여러 가지 숙제를 해결하거나 모르는 것을 계속 질문하고 해결한다. 그러고 나서 저녁에는 종합학원이나 단과학원으로 이동해서 공부한다. 아이들은 이러한 공부 방법을 통해 숙제를 확실하게 해결할 수도 있고 모르는 것을 그냥 넘어가지 않고 끝까지 해결하면서 만족감을 느낀다. 특히 도형의 작도와 증명, 방정식, 미분과 적분, 영어 문법 등 한 번 들어서 이해하기 어려운 내용들을 공부할 때 보습이 유용하다.

결론적으로 설명을 한 번만 들어서 개념을 이해하는 것을 어려워하는 아이들은 보습학원이나 공부방에서 공부하는 것을 매우 만족한다. 왜냐하면 보습학원의 수업은 철저히 복습 위주이기 때문에 이해가 잘 되기 때문이다. 실력이 부족한 아이들은 지금까지 개념 설명은 조금만 듣고 문제를 많이 푸는 수업에 적응하는 데 어려움을 겪어 왔다. 부진아들은 제대로 알지 못하는 데 문제만 풀면 많이 틀리고, 내용을 이해했다는 기분도 전혀 들지 않았다. 그런데 보습학원이나 공부방에 가면 먼저 충분히 알 때까지 설명해주고, 같은 문제를 여러 번 풀도록 해주기 때문에 훨씬 쉽게 이해할 수 있다고 느낀다.

개별화를 위한 사교육의 두 번째 방법은 속진이다. 공부를 잘하고 똑똑한 아이들이 사교육에서 속진에 참여한다. 학교 수업이 너무 쉽거나 재미없는 아이들은 학교에서 하고 싶은 수업을 받지 못할 때가 많다. 공부를 더 하고 싶어도 정해진 수업 시간이 있기 때문에 더 많이 공부하는 것도 어렵다. 차라리 공부를 못하는 아이들은 담임 선생님이 오후에도 지도를 할 수 있지만, 공부 내용이 너무 시시하거나 학교 수업 내용 이외에 더 알고 싶은 내용이 있는 아이들은 남아서 공부하는 것도 할 수 없다. 그래서 공부를 매우 잘하는 영재들은 학교 수업에 열심히 참여하지만, 항상 부족함을 느끼고 있다. 학교에서 가장 공부를 잘하는 아이들은 이미 초등학생임에도 독서 논술을 할 줄 알고, 방정식을 풀 수 있다. 고등학생 중에는 이미 전국 수학경시대회에서 상을 받거나 대학교 교수님들과 함께 실험하고 보고서를 작성할 수 있는 뛰어난 실력을 가진 경우도 있다. 공부를 잘하는 아이들은 공통적으로 학교 수업보다 한참 앞서서 공부하고 싶어 하고, 교과서에 나온 내용보다 더 심오한 내용을 알고 싶어 한다. 이들은 간단한 지식을 외우거나 단순한 계산 문제를 푸는 것에는 거의 흥미를 느끼지 못한다. 학교 수업이 보통 아이들의 수준에 맞춰져 있다는 점은 공부를 잘하는 우수한 아이들에게는 불행한 일이다.

그래서 우수한 아이들과 영재들은 학원이나 과외를 통해 속진학습을 한다. 그들은 학원에서 학교 수업 내용보다 더 어려운 내용을 배우고 복잡한 문제를 풀면서 공부에 흥미를 느낀다. 학교에서는 조용히 있다가 영재학원 수업에서 발표도 하고, 어려운 질문도 마음껏 한다. 과외 선생님에게도 마찬가지다. 영재학교 출신이거나 공부를 잘했던 경험이 있는 과외 선생님에게는 교과서 수준을 넘어서서 어렵지만 재미있는 경시대회 문제를 물어보거나 물리학, 복잡한 수식, 도형, 그리고 최근에 인기 있는 컴퓨터 공학과 관련된 내용을 이야기할 수 있다. 영재들은 과외 선생님을 학교 선생님보다 더 믿고 따르기도 한다.

특히 영재들은 속진학습에 크게 만족한다. 학교에서 공부를 잘하는 똑똑한 아이들이 알고 싶은 내용을 완전히 이해할 때까지 어려운 수업 내용을 가르쳐주고 이해하도록 도와주는 속진 수업은 학교에서는 거의 기대할 수 없기 때문에, 영재들은 거의 대부분 사교육을 통해 속진학습에 대한 요구를 충족한다.

한국의 학생들에게 인기 있는 특별한 개별화 프로그램들

이처럼 학교에서 좀처럼 하기 어려운 개별화 수업은 학교 바깥의 사교육에서 흔하게 찾을 수 있다. 그래서 아이들은 자신의 실력이 부족하든, 뛰어나든 간에 상관없이 학교 수업에서 모자람을 느끼면 사교육의 개별화를 위한 학습프로그램들에 참여하면 된다. 사교육의 개별화 프로그램에는 크게 네 가지가 있다.

종류	과외	학원	학습지	인터넷 학원
참여 학생들	초등~고등	초등~고등	초등~중등	중등~고등
프로그램의 장점	• 많은 질문과 피드백 • 과외 선생님의 노하우 전수 • 모두 다른 교재	• 교과별 수업을 선택 • 능력에 따라 반 편성 • 수업 중 개별 지도	• 레벨 별 프로그램 학습 • 지식, 수업, 평가	• 교과별, 단원별 개별화 • 내가 만드는 시간표
수강료	약 20~40만 원	약 30만 원	약 10~20만 원	• 강좌당 약 10만 원 • 프리패스 20~50만 원

일대일 교육에 가장 특화된 과외

과외는 가장 인기 있는 사교육이다. 1990년대 우리나라를 '과외망국'이라고 부를 정도였다. 그만큼 당시에 과외를 안 해본 사람을 찾기 어려웠다. 이처럼 과외가 인기 있는 이유는 과외는 학생 한 명에게 가장 개별화된 수업을 제공해주기 때문이다. 그래서 완벽한 나만의 공부를 기대하는 아이들은 과외를 찾는다. 수업 시간 동안 혼자 멍하니 선생님을 기다리는 것이 아니라, 온전히 내가 알고 싶은 것을 빈틈없이 공부하고 싶어 하는 아이들이 과외를 가장 좋아한다. 과외는 학생과 교사가 일대일로 만나기 때문에 개별화 측면에서 아이의 능력에 맞추어 가장 잘 제공해줄 수 있는 교육 프로그램이다. 과외비는 20만 원에서부터 100만 원에 이르기까지 아주 다양하기 때문에 아이들의 공부 수준이나 배울 내용에 따라 적절히 선택해야 한다.

많은 사람들은 아이들이 과외를 통해 학교에서 앞으로 배울 내용들을 미리 배울 수 있다면 좋은 성적을 받을 수 있을 것이라고 생각한다. 하지만 더 중요한 점은, 과외는 이미 배웠던 것들 중에 자신이 배웠으나 기억나지 않거나 이해되지 못하는 것들을 과외 선생님이 찾아주고, 부족한 부분을 채워 나가는, 아주 효과적인 맞춤형 사교육이라는 사실이다. 아이들이 학교 교육에서 어떤 부분을 느끼고 있는지, 그리고 과외를 통해 어떻게 공부하고 있는지를 민국이와 대휘의 이야기를 통해 살펴본다.

민국이의 사례

고등학교 3학년이 되는 문과 학생 민국이는 과외를 시작하기 전에 모의고사 수학 등급이 8~9등급이었다. 이미 내신 등급이 좋지 못하기 때문에 수시는 포기하고 정시를 노려보고자 하였다. 그럼에도 모의고사에서 수학 성적이 좋지 못하다 보니 '대학교를 어디 갈까'가 아닌 '대학교를 갈 수 있을까'라는 고민을 한 민국은, 적어도 자신이 4~5등급까지는 올리겠다고 생각하였다. 수학을 제외한 교과들은 모의고사 성적이 3~5등급이었기 때문에, 민국이의 상황이 그렇게 나쁘지만은 않았다. 하지만 딱 한 번 수업하고 다시 복습할 일이 없는 학교 수업만 가지고는 상황이 좋아지지도 않았다. 민국이는 과거에 잠시 수학을 놓았더니 새로 배울 내용들이 전혀 이해가 되지 않았으며, 새로 배운 내용들이 모두 모래알처럼 따로따로 기억되고 있었다. 이로 인해 계속적으로 학교 수업에 제대로 집중하지 못하고 성적이 하위권에 머물러 있게 된 것이다. 그러한 이유에서 민국은 과외를 통해 중학교 일부 내용을 포함해서 개념부터 새로 배우는 학생처럼 다시 배워야 한다는 진단을 받았고, 수능을 8개월 앞두고 과외를 시작하게 되었다.

다음 표는 민국이가 고등학교 1학년 때 학교에서 배운 후 이해하지 못한 부분과 과외의 수업 방식 등을 정리한 것이다.

단원명	**II. 방정식과 부등식 3-1. 이차방정식과 이차함수의 관계**
학교 수업 방식	· 단편적인 식 제시 · 핵심 개념 반복 설명 부재 · 교사의 시범식 문제 풀이 수업 진행
학교 수업 시간	50분
과외 수업 방식	· 다양한 식 제시 · 핵심 개념 반복 설명 · 반복적인 개념 이해 확인 · 학생의 문제 풀이 직접 경험 유도 · 난이도 단계별 문제 제시
과외 수업 시간	120분
과외 전 문제점	· 개념과 문제 풀이 방법이 연결되지 않음 · 일부 오개념을 가지고 있음
과외 후 나아진 점	· 오개념 해소 · 핵심 개념의 이해 · 개념과 문제 풀이 방법의 연결

민국이는 이차방정식과 이차함수의 관계에 관한 내용을 학교에서 50분 동안 수업을 들었다. 학교 수업을 들은 후 민국이 가졌던 문제점은 크게 2가지였다. 첫째, 개념과 문제 풀이 방법이 연결되지 않았다. 민국이가 해당 단원에서 문제를 풀 때, 어떤 문제는 쉽게 풀지만 조금만 어렵거나 자신이 보지 못한 문제는 전혀 손도 대지 못하는 경우가 많았다. 이는 개념을 온전히 이해하지 못했고, 문제 풀이 방법과 개념도 연결하지 못했기 때문이다. 둘째, 해당 단원에서 일부 오개념을 가지고 있었다. 과외 강사는 민국의 문제 풀이를 본 후 민국에게 왜 이렇게 문제를 풀었냐고 물어본 결과, 민국이가 온전히 개념을 이해하고 있는 것이 아니고, 오개념을 가지고 있다는 것을 확인하였다.

이러한 문제점이 나타난 이유를 학교 교사의 수업 방식에서 찾았을 때, 그 이유는 크게 3가지였다. 첫째, 학교 수업에서는 단편적으로 식만 제시하고 있었다. 학교 교사는 50분이라는 짧은 수업 시간에 개념을 빠르게 설명하다 보니, 다양한 식을 제시하지 않고 문제를 푸는 방법을 아주 단순하게 설명하였다. 그래서 민국이는 이차방정식의 정의를 잘못 이해하여 오개념이 발생하고 만 것이다. 둘째, 핵심 개념을 딱 한 번만 설명하고 반복하지 않았다. 학교 교사는 짧은 시간에 개념을 설명하고 문제 풀이까지 끝내야 했기 때문에, 핵심 개념을 한 번만 설명하고 모르는 아이들에게 개념을 설명하지 않았다. 이는 한 번 만에 이해가 되지 않았던 민국이에게 다시 개념을 이해할 수 있는 기회를 빼앗아버린 것이라고 할 수 있다. 이로 인해 민국이는 개념을 온전히 이해하지 못한 상태에서 문제 풀이 수업을 들을 수밖에 없었다. 셋째, 교사의 일방적인 시범식 문제 풀이 수업이다. 모든 아이들이 문제를 풀어볼 시간 없이 오로지 선생님이 혼자 문제를 풀었기 때문에, 민국이는 직접 문제를 풀면서 복습할 수 없었다. 이처럼 학교 선생님이 수업 시간 내내 문제만 푸는 방식은 수업이 끝나자마자 수업 내용을 까먹도록 만들었다.

민국이가 경험한 학교 수업에서의 문제점을 해결하기 위해 과외 선생님은 5가지의 수업 방식을 사용하여 120분간 수업하였다. 첫째, 다양한 식을 제시하였다. 민국이가 단편적인 예시만을 경험하면서 오개념이 생겼기 때문에, 과외 교사는 다양한 식을 제시하였다. 둘째, 핵심 개념을 반복적으로 설명하였다. 처음 개념 설명 이후 문제 풀이 단계에서도 지속적으로 기억이 나도록 핵심 개념을 자주 설명하여 민국이가 문제 풀이 방법과 핵심 개념을 연결할 수 있도록 하였고, 결국 핵심 개념을 까먹지 않도록 하였다. 셋째, 개념을 이해하고 있는지 수시로 확인하였다. 핵심 개념을 잘 기억하고 있는지, 오개념은 사라졌는지 확인하기 위하여 수업의 모든 과정에서 기습적으로 핵심 개념을 질문하며 이에 답하도록 하였다. 특히 문제 풀이 과정에서 왜 그러한 방법으로 문제를 풀었는지 질문하는 방법을 주로 사용했다. 넷째, 민국이가 직접 스스로 문제를 풀도록 하였다. 처음에는 문제를 푸는 것을 보여주지만 이후부터 아이가 직접 스스로 문제를 풀어보며, 왜 개념을 정확히 알고 있는 것이 다른 유형의 문제를 푸는 데 도움이 되는지를 알게 하였다. 또한 이를 통해 개념을 정확히 숙지하고 문제 풀이 방법이 자연스럽게 기억나도록 하였다. 다섯째, 쉬운 문제부터 어려운 문제까지 순서대로 제시하였다. 쉬운 문제를 풀어보는 것은 어려운 문제를 풀 때 힌트를 제공하기 때문에 난이도를 차근차근 풀어나가는 것은 중요하다. 학교 수업에서 쉬운 문제를 건너뛰는 것과는 달리, 과외 수업에서는 상대적으로 많은 시간을 활용하여 쉬운 문제부터 어려운 문제까지 순서대로 차근차근 풀어볼 수 있었다.

민국이는 과외를 받으면서 학교 수업에서 배웠던 내용 중에서 이해하지 못한 부분들을 퍼즐 꿰맞추듯이 이해하였으며, 다양한 예시를 풀어보며 수학을 전체적으로 정리할 수 있었다. 그리고 과외를 받는 2시간 동안 과외 선생님은 오로지 민국이를 위한 질문을 준비했으며, 민국이는 이러한 완전히 나를 위한 수업을 받으면서 배운 내용을 스스로 머릿속에 정리하는 방법을 배웠다. 그 결과, 민국이는 수능에서는 3등급의 수학 성적을 받았고, 원하는 대학교에 진학하게 되었다.

대휘의 사례

한편, 이제 고등학생 3학년이 되는 이과 학생 대휘는 과외를 시작하기 전에 모의고사 수학 등급이 5~6등급이었다. 대휘는 자신이 수학을 분명 좋아하고 열심히 하는 것 같은데 성적이 낮다면서 무엇이 이유인지 모르겠다며 문제를 찾고자 과외를 선택했다.

대휘가 고등학교 3학년 때 학교에서 배운 후 이해하지 못한 부분과 과외의 수업 방식 등을 정리해보면 다음 표와 같다.

단원명	II. 평면벡터 1-1. 벡터의 뜻
학교 수업 방식	· 학습에 필요한 개념 이해 확인 부재 · 학습에 필요한 기호 이해 확인 부재
학교 수업 시간	50분
과외 수업 방식	· 학습에 필요한 개념 복습 · 본 내용 전체 재학습 · 반복적인 개념 이해 확인
과외 수업 시간	60분
과외 전 문제점	· 학교 수업을 전혀 이해하지 못함
과외 후 나아진 점	· 본 내용 이해 · 기호를 통한 식 표현 가능

대휘는 벡터의 내용에 관해 학교에서 50분 동안 수업을 들었다. 학교 수업을 들은 후 대휘의 문제점은 학교 수업을 전혀 이해하지 못한 것이었다. 본 내용을 학교에서 설명을 들을 때 대휘는 학교 교사가 무엇을 말하는지 전혀 이해하지 못했다. 그런데 다른 아이들이 그렇듯이, 괜히 질문을 하면 튀어 보일 수 있다는 생각이 들어서 그냥 가만히 있었다.

이러한 문제점이 나타난 이유를 학교 교사의 수업 방식에서 찾았을 때, 그 이유는 크게 2가지였다. 첫째, 벡터를 이해하는 데 필요한 개념을 아이들이 이해하고 있는지 확인하지 않았다. 고등학교 벡터 교과 내용은 중학교 때 배우는 절댓값이라는 개념을 정확히 이해하고 있어야 한다. 그런데 학교 선생님은 아이들의 개념 이해를 확인하지 않고, 그냥 중학교에서 배웠으므로 다 알고 있을 것이라고 생각하여 수업을 바로 진행해버렸다. 결국 대휘는 학교 선생님이 설명하는 내용을 전혀 이해하지 못하는 결과를 얻게 되었다. 둘째, 수학 공부에 필요한 기호의 뜻에 관해서도 아이들이 잘 알고 있는지 확인하지 않고 수업을 했다. 수학에서 기호를 모른다는 것은 언어를 이해하지 못한다는 말과 같다. 대휘는 많은 기호가 사용된 문제 풀이 내용도 결국 제대로 이해하지 못하고 말았다.

과외 수업에서는, 대휘의 이러한 문제점을 해결하기 위해 다음의 방법을 사용했다. 첫째, 학습에 필요한 개념을 다시 가르쳤다. 절댓값 내용은 본 내용 학습에서도 중요하지만 이후에 배울 평면 벡터, 공간 벡터에서도 매우 중요하다. 그렇기 때문에 고등학생이지만, 중학교 수학 내용인 절댓값 개념을 다시 가르치며 평면에서와 공간에서의 배울 내용에 대해 경험할 수 있도록 하였다. 둘째, 벡터에 대한 학교 수업 내용을 완전히 처음부터 다시 가르쳤다. 학교에서 수업을 들을 때, 대휘는 전혀 이해하지 못했기 때문에 과외 수업에서 학교 수업 내용을 다시 가르친 것이다. 셋째, 민국이의 사례처럼 과외 수업에서 개념을 이해했는지 수시로 확인했다. 공부하는 내용을 정확히 알고 있는지, 아니면 문제를 푸는 방법만 알고 있는지 확인하기 위해서 수업 전 과정에서 지속적으로 질문을 하고 학생이 답하도록 하여, 학생의 상태를 확인하였다. 이를 통해 대휘는 벡터 내용을 성공적으로 이해할 수 있었으며, 기호를 통해 식을 표현할 수 있게 되었다.

대휘는 4개월이라는 비교적 짧은 시간 만에 6등급의 수학 성적을 4등급으로 올렸다. 과외를 더 오래 받았더라면 대휘의 수학 성적은 많이 올랐을 것이다. 대휘는 수학에서의 자신감을 바탕으로 수시 전형에 지원하여 대학에 입학할 수 있었다.

민국이와 대휘의 사례에서 알 수 있듯이, 실제로 많은 아이들과 부모님들이 과외를 선호한다. 오로지 나를 위한 공부를 할 수 있기 때문이다. 선생님이 누구든지 간에 과외 시간만큼은 나를 위해 수업을 해준다. 함께 공부하는 느낌을 받을 수도 있다. 아이들은 과외 수업에서 공부를 하면서 원하는 것이 있거나 불만이 생길 경우 가장 빨리 해결할 수 있다. 질문을 하는 것도 자유롭고 건의하는 내용도 가장 빨리 반영된다고 느낀다. 부모님들 역시 수업을 준비하는 이유, 내용, 수업 속도, 진행, 결과, 평가 등을 모두 자녀에게 맞추어 주고 싶을 때 과외를 선택한다. 그래서 아이들은 모든 수업 내용에 관해 과외를 진행하기 전에 선생님과 충분히 이야기를 나눈다. 그래서 철저히 부족한 점과 하고 싶은 공부를 중심으로 수업을 계획한다.

특히 아이들은 다음의 특징 때문에 과외 수업이 학교 수업보다 성적을 올리는 데 훨씬 더 효과적이라고 느끼고 있다.

첫째, 과외는 아이들과 부모들이 갖고 있는 공부에 대한 필요와 기대를 딱 맞게 충족해줄 수 있다. 학교 수업에서는 학년, 나이, 교과서 진도 등이 정해져 있지만 과외 수업은 아이들이 요구하는 내용에 맞추어 수업을 한다. 그래서 어떤 과목을 할지, 어떤 선생님을 선택할지, 얼마나 공부할지, 어떤 학년 내용을 공부하려고 하는지를 모두 직접 고를 수 있다. 학교 수업을 듣다가 부족한 과목이 있으면 그에 맞추어서 과외를 신청하는 식이다. 그다음으로 수준도 마음대로 정할 수 있다. 수업을 들을 수만 있다면 초등학생이 중학교 수업, 영재고 수업을 듣는 것도 가능하고, 반대로 고등학생이 중학교 기초 수학을 들을 수도 있다. 공부가 부족한 아이, 우수한 아이 모두 자기 수준이나 기대에 맞춰서 얼마든지 학교와 다른 수업을 할 수 있다는 점, 속진학습이나 보충학습이 자유롭다는 점 등이 과외 수업이 개별화에서 가지는 중요한 장점이다. 선생님도 정말 다양하다. 공부를 잘하는 대학생, 은퇴한 선생님이나 강사, 유학생, 대학원생 등 우리 주변에서 공부하는 법을 잘 알고 있는 누구나 과외 교사가 될 수 있고, 최근에는 과외 기업에서 전문적으로 공부한 과외 선생님들도 많다.

둘째, 수업 진도, 수업 방법을 선생님이 일방적으로 결정하는 것이 아니라 가정과 선생님이 합의해서 결정한다. 과외비는 얼마로 할지, 수업을 일주일에 몇 번 할지, 수업 방식과 내용은 어떻게 하는지를 처음 만나서 모두 정하게 되는데, 이 과정에서 정해진 규칙은 없다. 선생님이 원하는 부분과 아이들이 원하는 부분을 맞추고, 서로 조금씩 양보하여 방법을 결정하게 된다. 그렇기 때문에 같은 과외 선생님에게 수업을 듣더라도 수업 진도나 수업 방식, 내용은 아이들마다 모두 달라지게 된다. 이는 학교 수업에서는 거의 생각할 수 없는 방식이며, 아이들은 이러한 특징 때문에 과외 수업이 나에게 잘 맞는다고 생각할 수 있다.

셋째, 과외의 목표는 정해진 진도를 나가는 것이 아니라, 과외받는 아이들이 완전히 이해하는 것이다. 그래서 수업의 모든 기준이 아이들에게 맞춰져 있다. 학교 수업은 한 차시가 끝나면 무조건 다음 차시로 넘어가지만 과외는 이해를 못 했다고 말하면 이해할 때까지 설명해준다. 물론 과외 선생님들은 이러한 수업 방법을 아주 잘하는 전문가들이다. 그들은 학생 시절 공부를 아주 잘했던 성공 경험을 갖고 있고, 공부를 어떻게 해야 하는지에 관해 자기만의 노하우를 갖고 있다. 더 중요한 것은 과외 선생님은 학교 선생님과 다르게 아이들을 개인적으로 지도하는 것을 가장 잘한다. 그래서 학교에서 만족하지 못하는 아이들을 위한 다양한 방법을 자유자재로 구사한다. 우선 공부를 못하는 부진아를 지도할 때는 교과서를 읽는 방법부터 시작한다. 부진아들은 교과서에서 무엇이 중요한 내용인지, 책의 구성과 순서가 어떻게 되는지를 전혀 모르는 경우가 많다. 그래서 완전히 처음부터 문장에서 중요한 단어를 찾는 연습, 한 페이지의 글에서 핵심 문장을 찾는 연습을 하면서 실력을 키우는 것이다. 아이들은 중요한 단어와 문장 찾기 활동을 통해 문제에서도 핵심을 찾는 데 도움을 받는다. 만약에 한 번 설명해서 이해하지 못하면 이해가 될 때까지 일주일 넘게 설명하거나 반복한다. 이렇게 일대일로 반복해서 설명하면 아이들은 몰랐던 개념도 쉽게 이해할 수 있다. 아이들은 그 외에도 어려운 공부 내용을 공책에 정리하는 방법, 수식을 떠올려서 문제에 적용하는 방법, 원소 주기율표를 쉽게 외우는 방법, 문제풀이를 자리에 맞게 적는 방법 등 아주 기초적이지만 학교에서 전혀 가르쳐주지 않는 내용들을 과외 선생님으로부터 배운다. 공부를 잘하는 아이들에게도 과외 선생님의 비법은 유용하다. 속진이 필요한 아이들에게 기초적인 학습 방법을 가르쳐줄 필요는 없다. 공부를 잘하는 똑똑한 아이들은 이미 자기만의 공부 방법이나 스타일을 알고 있기 때문이다. 대신 수능 시험에서 시간을 절약하는 방법, 문제를 푸는 순서, 문제를 보고 관련 개념을 떠올리는 방법, 교과서 전체 내용 중에서 시험에 많이 나왔던 부분 등을 배운다. 이러한 지식들은 공부를 아무리 열심히 해도 알 수 없고, 학교 선생님들은 알려주지 않는 특별한 노하우이기 때문에 공부를 잘하는 아이들은 과외 선생님의 가르침을 매우 소중하게 생각한다.

여기서 더 나아가 아이들은 과외 선생님과 만나면 한 번 수업할 때마다 보통 열 개 이상의 질문을 한다. 물론 모든 수업을 질문으로 진행하는 것은 아니다. 과외 선생님의 스타일에 따라 개념을 설명하기도 하고, 미리 정해준 숙제를 하며, 학교에서 풀었던 문제나 이해가 잘 안되는 문제들을 중심으로 복습을 하기도 한다. 다만 여기서 중요한 것은 아이들이 질문하는 양과 내용이 학교 수업과 비교도 안 될 정도로 아주 많다는 점이다. 학교 수업에서는 한 시간 동안 한두 번 질문하는 것도 어렵다. 심지어는 1년 동안 질문을 한 번도 안 하기도 한다. 그래서 학교 수업에서는 아이들이 이해했는지, 못했는지 확인하는 것이 어렵다. 그런데 과외 수업은 우선 아이들이 몰라서 질문하는 것, 더 알고 싶어서 질문하는 것을 중심으로 수업을 진행한다. 그러면 과외 선생님은 자연스럽게 아이가 지금 무엇을 이해하는 데 어려움을 겪고 있는지를 아주 쉽게 이해하고 그에 맞추어서 수업 내용을 가르쳐줄 수 있다. 질문을 중심으로 수업하는 것은 공부에 어려움을 느끼는 아이들을 위한 보습에서 특히 효과를 발휘한다. 학교에서 이해가 안 됐지만 친구들 눈치가 보이거나 시간이 부족해서 질문하지 못했던 것을 과외 수업에서는 모두 해결해줄 수 있다. 이는 속진학습에서도 마찬가지다. 아이들이 질문하는 내용을 중심으로 수업 내용을 구성하다 보면 자연스럽게 학교 수업 내용이 아니라, 아이들이 지금 알고 싶어 하는 내용을 가르칠 수밖에 없다. 그러면 공부를 아주 잘하는 똑똑한 아이들은 과외 수업에서 아주 어려운 대학 수학이나 화학 수업 내용도 쉽게 배우게 된다.

넷째, 학교 교과서가 정해져 있는 것과 다르게 자유로운 수업자료를 선정할 수 있다. 이것이 학교 수업이 잘하지 못하는 아이들과 잘하는 아이들 모두에게 개별화를 가능하게 만들어주는 중요한 요소다. 과외를 하는 데 정해진 교재는 없다. 과외 선생님은 우리나라에 있는 모든 참고서나 교육 자료 중에서 아이의 특성과 수업의 상황에 가장 맞는 교재를 고른다. 아이들은 과외 수업에서 학교 교과서, EBS 문제집, 기출문제집, 개념서 등을 사용해서 공부한다. 때로는 과외 선생님이 직접 편집한 교재를 쓰기도 한다. 이처럼 교재마다 특성이 다르기 때문에 아이들의 상황에 맞는 공부를 가능하게 해준다. 예를 들면 보습이 필요한 아이는 개념 설명과 그 밑에 간단한 개념 이해 문제가 포함되어 있는 문제집으로 공부한다. 과외 선생님은 문제집의 개념 부분을 반복해서 외울 정도로 읽어보도록 한 다음에, 확인 문제를 풀게 한다. 그러면 단순히 외우기만 한 건지, 정말로 개념을 잘 이해했는지를 한 눈에 알 수 있다. 물론 교재의 개념 설명이 부족하다면 과외 선생님이 직접 더 설명해준다. 그러면 부진아들은 개념을 이해하지 못하고 바로 문제를 푸는 일이 없이 자기의 속도에 맞게 공부를 할 수 있다. 때로는 일반적인 문제집 중에서 개념 설명이 충분히 잘 되어 있는 문제집을 찾는 것이 어려울 수도 있다. 그러면 직접 과외 선생님이 개념 설명과 개념 이해 문제를 적절히 섞어서 오로지 한 명을 위한 교재를 직접 만들기도 한다. 한편, 속진학습에서는 좀 더 다양한 문제집을 활용할 수 있다. 개념 설명 없는 기출문제집을 먼저 풀고 부족한 개념이나 처음 보는 내용을 공책에 따로 정리하거나 아예 과외 선생님과 함께 개념만 먼저 설명된 자료를 읽어보고, 이해가 되면 문제를 풀어보는 활동을 진행한다. 만약 수학이라면 경시대회 문제집이나 영재학교 시험지 등을 가져와서 풀이 방법을 선생님과 함께 찾아보기도 한다. 이러한 학교에서 할 수 없는 자유로운 공부를 통해 만족감을 느끼고 학교 시험과 대학 입시에서 성공한다.

이처럼 과외를 활용하면 아이들 개인에 맞춘 공부를 체계적으로 할 수 있다. 만약에 원하는 학원에 가고 싶다면 학원으로 이동하는 시간을 계획해야 하지만 과외는 그럴 걱정이 없다. 아이들은 학교 수업을 듣고 저녁에는 집에서 과외 선생님과 함께 궁금했던 문제를 해결하거나 별도의 심화 학습을 할 수 있다. 아이들은 주로 지금 상황에 맞게 과외 수업에 참여하는데, 시험이 얼마 남지 않았다면 집중적인 개념 학습이나 문제풀이를 한다. 반대로 조금 여유가 있다면 교과 진도에 집중하기, 공부하는 방법 숙달하기, 교과 학습에 기초가 되는 개념을 천천히 탐구하기 등의 수업을 한다. 만일 경시대회나 특목고를 준비하는 아이들은 대학 교재나 경시대회 문제집을 가지고 학교 수업에서 전혀 배우지 않는 내용을 공부하기도 한다. 이처럼 아이들은 과외를 통해 보습과 속진 두 가지 모두를 동시에 경험하고 있다. 즉, 공부를 아주 잘하는 영재부터 보충학습이 필요한 부진아에 이르기까지 거의 모든 학생이 과외를 이용할 수 있으며, 실제로 도움을 받고 만족할 만한 수업을 하고 있다.

내 입맛대로 고를 수 있는 학원

학원은 아이들에게 쉽고 간편하게 개별화 수업을 제공해주는 사교육이다. 물론 학원 수업은 과외처럼 한 명에게 수업을 해줄 수는 없고, 여러 명이 한 반이 되어 반을 중심으로 수업을 진행한다. 그래서 과외보다는 완전 개별화를 할 수 없다는 한계점이 있다. 하지만 학교 수업과 비교한다면 아이들이 만족할 만큼 좋은 개별화 수업을 제공해주고 있다. 우리나라에서 유명한 학원에는 대성학원, 종로학원, 청솔학원, 정상어학원, 시매쓰 학원, 김샘학원, 씨앤씨 영어학원 등이 있다. 학원이 개별화 수업 측면에서 아이들에게 특별한 경험을 줄 수 있는 이유는 다음에서 찾을 수 있다.

우선 학원 수업은 아이들이 원하는 대로 교과별로 선택할 수 있다는 점이 학교 수업보다 개별화에 유리하다. 학교 수업은 내가 잘하든, 못하든 정해진 수업 시간에 참여하여 공부해야 한다. 그래서 더 잘하는 과목을 더 공부하거나, 부족한 과목을 보충하는 것이 불가능하다. 반면에 학원 수업은 내가 공부하고 싶은 과목만 선택해서 들을 수 있고, 수업 시간을 조정하거나 빼는 것도 자유롭다. 이와 관련해서 가장 좋은 예시로 단과학원을 들 수 있다. 아이들은 부족한 과목을 더 공부하고 싶을 때 단과학원을 몇 개 선택하는 방법으로 공부를 나에게 딱 맞게 조정할 수 있다. 예전에는 학원에 모든 과목 수업을 다 들을 수 있는 종합학원이 더 많았지만, 지금은 전문적으로 한 가지 과목만 집중적으로 가르치는 단과학원이 더 인기가 많다. 만약에 어떤 아이가, 수학 과목이 부족하면 이제는 수학전문학원에 가서 자기 수준에 맞는 수업을 듣고 실력을 끌어올리는 것이 당연한 일이 되었다.

단과학원 중 가장 많은 부분을 차지하고 있는 과목은 단연 영어이다. 영어의 경우에는 체세적이고 과학적인 시스템을 확인할 수 있다. 부산의 정상어학원의 사례를 살펴보면, 일단 영어를 공부할 때 가장 중요한 단어장의 경우 아이들마다 전부 다르다. 아이들이 영어 문제를 풀고 정답을 컴퓨터에 입력하면, 시스템에서 그 학생이 어려워하는 내용과 모르는 단어, 새로운 단어 등을 조합해서 오로지 그 아이만을 위한 단어장을 만들어준다. 그러면 아이들은 필요 없는 단어를 외우는 수고를 하지 않아도 아주 효과적으로 나에게 꼭 필요한 영어 단어만 외울 수 있다. 그리고 아이들은 영어를 공부하는 습관을 들이는 데도 학원의 도움을 받는다. 영어는 매일 영어 듣기, 짧은 문장 독해, 긴 문장 독해, 영어 단어 암기, 영어 문법을 조금씩 공부해야 하는데 학원에서는 아이들이 구체적으로 어느 부분을 잘하고, 못하는지를 % 단위로 계산해 준다. 그래서 좀 더 정답률이 낮은 부분을 집중적으로 더 공부할 수 있도록 매달 수업이 끝나면 어느 부분을 잘했는지, 그리고 약한 부분은 어디인지를 성적표로 만들어 보여준다. 그러면 아이들은 다음부터는 어느 부분에 더 집중해서 공부해야 할지를 알고 새롭게 도전할 수 있게 된다. 이러한 영어에서의 개별화 수업은 학부모들이 더욱 만족한다. 학교 성적표는 구체적으로 무엇을 잘하는지를 잘 알려주지만, 부족한 점이 무엇인지를 가르쳐주지 않는 경우가 많은데, 학원에서는 이러한 작은 정보도 모두 알려주므로 부모들 역시 학원의 개별화 프로그램을 점점 더 믿게 된다.

그다음으로는 아이들이 공부에서 가장 어려워하는 과목인 수학과 관련된 단과학원들이 많다. 학교 성적에 매우 중요하고 대학에 가는데 수학을 뺄 수 없기 때문에 개별화 수업을 요구하는 아이들도 굉장히 많다. 여기서는 예시로 경남 창원의 카이 수학학원을 살펴본다. 카이 수학학원은 아이들이 학교에서 매일 어디까지 배우고 있는지를 체크하면서 공부의 속도를 조절하고 만약 기초적인 곱셈, 방정식, 함수와 같은 중요한 내용이 나오면 절대 모르는 채로 넘어가지 않도록 보충 수업을 해서라도 두 번, 세 번 가르친다. 그래서 부모들도 학원의 수업을 믿고 맡길 수 있다. 그리고 아이들은 학원에 가면 수업 진도, 시험 범위에 관한 정보에 따라 매일 학습 자료를 받고, 시험 기간에는 예상 시험 문제까지 받아서 푼다. 당연히 학교에서 공부하는 것보다 더욱 만족감을 느낄 수밖에 없다. 그리고 방학 때 수업 방식과 보통 학기 중 수업 방식, 그리고 시험 기간 중 수업 방식이 전부 다르다. 왜냐하면 그때 아이들이 필요한 수업의 강도나 스타일이 다르기 때문이다. 학원에서는 평소에는 학교 수업 진도에 맞추어 반복 학습과 집중적인 개념 지도 방법을 바탕으로 기본적인 학습 자세를 가르친다. 학원의 장점은 학교 시험 기간에 빛을 발한다. 시험 준비 기간이 되면 학생들에게 각종 암기 노트와 기출 문제를 분석하여 재구성된 시험 예상 문제를 제공함으로써 학교 시험에 어떤 문제가 나오더라도 풀 수 있는 능력과 자신감을 길러준다. 이쯤 되면 학원에 다니는 학생들이 시험에서 좋은 점수를 받을 수밖에 없는 이유를 알 수 있을 것이다. 그래서 학원에 다니는 아이들은 효과적으로 수학 공부를 하고 있다고 할 수 있다.

과학에서도 개별화 수업의 예시를 볼 수 있다. 강원도 춘천의 SOSU 과학전문학원의 경우를 살펴보자. 여기서는 과학을 공부하는 아이들은 반 편성을 더욱 철저하게 한다. 그 이유는 선호하는 과목이나 수준이 다른 과목에 비해서 더 크게 차이가 나기 때문이다. 그래서 과학 수업에서 학원이 개별화에 더 효과적이다. 물리, 화학, 생물학, 지구과학 등의 분야에서 나와 가장 비슷한 실력을 가지면서도 관심사가 비슷한 아이들과 수업을 들을 수 있다는 점이 과학 수업에서 학원이 가지는 장점이다. 학교에서는 내가 물리에 관심이 있더라도 물리를 배울 수 있는 시간은 일주일에 2시간 정도 정해져 있다. 그런데 학원에서는 내가 무엇에 더 관심이 있는지, 그리고 부족하거나 더 공부하고 싶은지를 바탕으로 더 많은 시간을 공부하는 데 사용할 수 있다. 그리고 학원에는 과학을 공부하는 방법을 잘 모르는 아이들이 공부를 체계적으로 할 수 있는 습관을 잡는 데 도움을 많이 받는다. 과학은 다른 어떤 과목보다 내용을 배우는 순서를 철저히 지켜야 한다. 선행 학습 내용을 제대로 배우지 못하면 과학의 전체적인 체계와 구조를 이해하는 것이 어렵기 때문이다. 그렇기 때문에 학원에서는 아이들이 개념을 얼마나 잘 이해했는지를 바탕으로 역학과 에너지, 물질과 전자기장, 파동과 정보통신의 내용을 자기 속도에 맞게 배울 수 있도록 해준다. 한편, 과학 수업을 매우 어려워하고 기초적인 개념을 이해하지 못하는 부진아들을 위해 학원에서는 공부 습관까지도 완전히 아이들에게 맞게 바꾸어 준다. 구체적으로는 책상에 오래 앉아있는 훈련을 시켜주거나, 과학 문제를 보고 관련된 개념을 떠올려 공책에 정리하는 방법 등을 가르쳐주는 것이다. 아이들은 이처럼 과학 공부를 하는 아주 간단한 방법까지 가르쳐주는 것에 대해 학원이 아주 전문적이라고 생각하고 만족한다. 부진아들은 성적이 엄청나게 향상되지 못하더라도 적어도 과학을 공부하는 습관을 몸에 배도록 만들 수 있게 된다.

다음으로, 거의 대부분의 학원에서는 능력에 따라 반 편성을 하는데, 이것이 아이들의 개별화 수업을 더 쉽게 만들어준다. 능력별 반 편성을 통해 가장 비슷한 실력을 갖춘 아이들끼리 함께 수업을 들으면, 수업을 준비할 때 아이들의 수준을 모두 고려할 필요 없이 정해진 내용을 아이들이 잘 이해하는지, 그렇지 않은지를 확인하면 되기 때문에 아주 편리하다. 마치 반에 한 명의 아이만 있는 것처럼 생각하면 되기 때문에, 수업을 준비하는 선생님들 입장에서는 훨씬 쉽고 효율적으로 수업 내용을 만들 수 있다. 물론 이를 위해서는 꼭 해야 하는 것이 있는데, 그것은 바로 아이들의 수준을 테스트하는 활동이다. 학원에서는 아주 정밀한 수준 테스트를 여러 번에 걸쳐 실시한다. 그리고 테스트한 결과를 바탕으로 계속 반을 바꾸기 때문에, 아이들은 항상 자기와 가장 비슷한 실력의 아이들과 함께 공부한다. 이러한 능력별 반 편성의 예시를 다음 학원에서 찾아볼 수 있다.

우선 대구에 위치한 A 수학학원이 있다. A 학원에서는 놀랍게도 초등학생이나 중학생을 나이로 구별하지 않고, 실력으로 구별하여 반을 나눈다. 그 이유는 초등학생이나 중학생 모두 수학을 공부하는 데 있어서 같은 방법으로 배울 수 있다고 생각하기 때문이다. 이러한 방식은 초등학생 중 공부를 아주 잘하고 우수한 성적을 거두는 아이들은 자연스럽게 중학생들과 같이 더 어려운 내용을 공부할 수 있고, 중학생이라고 하더라도 실력이 부족하면 초등학생들과 같이 수업을 받을 수 있다는 것을 의미한다. 이러한 개별화 수업 방식은 초등학교와 중학교 간의 수학의 실력 차이를 극복하고 아이들이 자신의 실력에 딱 맞는 수업을 받을 수 있도록 해준다. 이러한 실력에 따른 수업을 가능하도록 만들어주는 장치가 레벨 테스트와 선행 테스트이다. 레벨 테스트는 아이들이 어디까지 이해했는지를 알아보는 시험이고, 선행 테스트는 제시되는 문제를 실제로 풀 수 있는지를 확인하는 시험이다. 이처럼 아주 자세한 내용까지 알아보는 시험을 통해 아이들은 자기 수준과 최대한 비슷한 아이들과 함께 공부할 수 있게 되는 것이다. 반이 다르다는 것은 단순히 공부하는 친구들이 다르다는 것만을 의미하지 않는다. 수학 기초과정, 수학 중점과정, 수학 심화과정, 수리 심층과정 등 각 반마다 완전히 다른 수업이 운영되기 때문에 아이들은 학교와는 다르게 자기 실력을 최대한 높일 수 있는 수업에 참여할 수 있다.

그다음 사례는 서울의 B 영어학원이다. B 영어학원에서도 아이들을 실력에 따라 반을 편성하는데, 여기서는 더욱 독특한 내용을 볼 수 있다. 그것은 중학생부터 토익과 텝스 훈련을 한다는 사실이다. 토익과 텝스 공부를 중학생부터 시작하는 이유는, 아이들의 영어 실력을 아주 객관적으로 살펴볼 수 있는 점수이기 때문이다. 토익, 텝스 점수는 초등학생부터 성인까지 모든 사람이 같은 기준으로 시험을 볼 수 있다. 당연히 중학생의 실력도 점수로 확인할 수 있는데, 이러한 점수를 기준으로 아이들의 실력을 정확히 파악하여 반을 편성할 수 있다는 점이 B 영어학원에서 중학생부터 토익과 텝스 시험을 준비시키는 이유이다. 그리고 아이들이 요구하는 프로그램을 개설하여 수업을 제공하는 것도 개별화 수업에 큰 장점으로 다가온다. 대표적인 것이 바로 특목고 대비 프로그램이다. B 영어학원은 특목고를 지망하는 중학생들이 많이 찾고 있는데, 그 이유가 바로 특목고 입학에 알맞은 전문 프로그램을 개설하여 체계적으로 준비할 수 있는 수업을 제공하기 때문이다. 물론 아이들이 원하기만 한다고 해서 특목고 프로그램에 참여할 수 있는 것은 아니다. 특목고 프로그램에 참여하려면 엄격한 입학시험을 통과해야 하며, 통과한 아이들도 6개 수준의 프로그램에 수준별로 나누어서 공부를 한다. 그렇기 때문에 공부를 잘한다면 나이와 관계없이 얼마든지 공부하고 싶은 내용을 찾아서 공부할 수 있다.

한편, 학원의 교실에서도 개별화 수업이 상당히 철저하게 이루어지고 있다.

매 수업마다 학원 선생님들은 아이들이 과연 수업 내용을 정말로 이해했는지를 확인하려고 노력한다. 각 수업을 살펴보면 학원에서 개별화 수업을 어떻게 하는지를 이해할 수 있다. 기본적인 1시간 강의 내용은 숙제를 검사하고 기본 개념을 설명하는 데 20분, 기본 문제를 아이들과 같이 풀어보는 부분이 20분, 그리고 아이들이 혼자 문제를 풀고 선생님께 질문하고 확인하는 시간 20분 정도로 구성되어 있다. 이 수업은 교실 수업처럼 개념을 효율적으로 전달하면서도 아이들의 개별화 수업에 도움이 된다. 선생님들은 단순히 고개를 끄덕이거나 알겠다는 말로 넘어가지 않고, 몇 가지 평가를 하면서 개념을 이해했는지, 문제를 풀 수 있는지 여부를 눈으로 확인한다. 이것이 가능한 이유는 우선 한 반의 학생들이 10명을 넘지 않기 때문이다. 학교는 한 반에 20명, 많으면 30명이 되어 선생님들이 모든 아이를 볼 여유가 없지만, 학원에서는 적으면 5명, 많으면 10명 수준에서 개별화 수업이 이루어지기 때문에 학원 선생님들은 학생들이 수업 내용을 이해하였는지를 조금 더 쉽게 파악하고 아이들에게 필요한 내용을 가르쳐줄 수 있다. 그리고 단순히 진단에서만 그치는 것이 아니라, 선생님마다 분업이 잘 이루어져 있다는 점도 학원의 개별화 수업을 효과적으로 만들어준다. 수업을 담당하는 선생님이 문제점을 발견하면, 피드백 담당 선생님이나 채점 선생님이 아이가 모르는 내용을 알 때까지 설명해주는 등 여러 시스템이 잘 갖춰져 있는데, 이러한 점은 선생님 혼자 모든 수업과 피드백까지 맡아야 하는 학교 수업보다 더 유리하다.

이와 관련하여 가장 좋은 예시로 경기도의 C 보습학원의 사례를 소개할 것이다. 보습학원이라는 이름에서도 알 수 있듯이, 여기에는 학교 수업을 따라가는데 어려움을 겪는 부진아들이 많이 찾고 있다. C 보습학원은 위치가 도심과 농촌 지역의 경계에 있다. 그래서 농촌 지역의 초등학생들이 학교 수업이 마치면 버스를 타고 와서 공부할 정도로 인기가 많다. 이 학원의 특징은 아이들의 개별화 수업을 위해 선생님과 아이들을 거의 1대1로 매칭한다는 점이다. 어떨 때는 아이들보다 선생님이 더 많을 때도 있다. C 보습학원에 가보면 수업 전문 선생님, 질문 담당 선생님, 채점 선생님, 상담 전문 선생님 등 엄청나게 많은 종류의 선생님들이 있다. 그래서 아이들은 어려움을 느낄 때 거의 바로 도움을 받을 수 있다. 수업을 마치고 나면 질문이나 어려운 문제를 해결하기 위해서 혼자서 고민할 필요가 전혀 없다. 질문방이나 상담실로 가서 곧바로 어려운 문제를 바로 해결할 수 있다. 아이들은 몰라도 전혀 문제가 없고 모르면 알 때까지 많은 선생님들이 돌아가면서 다양한 방식으로 가르쳐준다는 점에서 만족감을 느낀다. 학교에서는 모르면 가르쳐줄 사람을 찾기가 쉽지 않다. 학교 선생님은 회의나 업무로 항상 바쁘고, 질문 시간이 따로 없기 때문에 모르는 것을 알려면 용기를 내서 질문해야 하기 때문이다. 그런데 C 보습학원은 그럴 걱정이 전혀 없이 무엇이든 질문할 수 있고, 질문을 한다고 해서 선생님들이 싫어하지 않는다. 아이들은 집에서 공부하는 대신, 학원에 와서 학교 숙제를 하고, 국어책이나 수학익힘책 중에서 몰라서 비워 둔 부분을 채운다. 학교 수업에 잠시 다른 생각을 하거나 설명이 이해가 잘 안돼서 넘어간 부분도 다시 배우면서 확실히 이해한다. 이처럼 공부에 어려움을 느끼는 아이들이 편안한 분위기를 느끼면서 모르는 내용을 알 때까지 질문할 수 있는 공부 시스템을 만들어 둔 덕분에, C 보습학원은 지역에서 큰 인기를 얻을 수 있게 되었다.

혼자서 나만의 공부를 하는 데 효과적인 학습지

세 번째로 제시할 내용은 학습지이다. 그동안 학습지는 초등학생들을 위한 것이라는 인식이 많았는데, 지금은 좀 더 확장되어 중학생과 고등학생을 위한 학습지까지 다양하게 구성되어 있다. 학습지를 선택하는 아이들은 직접 학원에 가지 않고 집으로 배달된 학습자료를 받아서 혼자서 공부하거나 방문 선생님과 함께 공부하게 된다. 학습지는 전체 학생 중 10.4%가 참여하고 있고, 한 달에 10만 원 정도를 지출하고 있다고 알려져 있다. 우리나라에는 학습지를 활용하여 공부에 도움을 받는 아이들도 많고, 부모님들도 학습지를 선호하는 경우가 많기 때문에, 학습지의 종류도 각양각색이다. 이러한 학습지 시장의 규모는 기존의 방문 학습지 2조 3천억 원, 그리고 새롭게 등장한 온라인 학습지 2조 6천억 원을 더해 거의 5조 원에 이른다. 우리나라의 대표적인 학습지 회사에는 대교(눈높이), 재능교육(스스로 학습), 교원(빨간펜, 구몬), 웅진씽크빅, 기탄, 비상교육 와이즈캠프, 천재교과서 밀크티, 와이비엠 학습지, 윤선생 영어, 아이스크림 홈런, 메가스터디 엘리하이, 윙크, 푸르넷 등 일일이 열거하기 어려울 정도로 많은 기업들이 있다.

이처럼 개별화 수업의 방법 중 하나로 인기 있는 학습지가 어떻게 실제 아이들의 개별화 학습에 도움을 주는지에 관해 다음의 사례를 통해 자세히 살펴보고자 한다.

학습지 이름	특징
아이스크림 홈런 (home-learn)	• 스마트 단말기를 통한 개인별 학습 • AI 학습 분석 시스템 • 유형별 학습, 영어 수준별 학습
눈높이 학습	• 과목별 다양한 목적별 프로그램 • 눈높이 성장판 시스템 • 눈높이 올림피아드
웅진 씽크빅	• 아이 한 명당 네 명의 교사 배정 • 학습콘텐츠를 직접 선택하여 교과 구성 • 수준별 5일차 학습 목표 관리

아이스크림 홈런home-learn은 초등학교 1학년부터 6학년까지 학교에서 배우는 모든 내용이 학습콘텐츠로 제작되어 있고, 학년에 상관없이 배우고 싶은 내용에 마음껏 들어가서 보고 배울 수도 있다. 그래서 아이들이 공부하다가 관심 있는 내용이 생기면 자연스럽게 어려운 내용이라고 하더라도 좀 더 공부할 수 있고, 모르는 내용이 생겨도 지난번에 공부한 내용이나 기초 내용을 공부할 수도 있어 편리하다. 특히 초등학교에서 해보기 어려운 코딩, 과학 실험, 다양한 만들기 등의 학습 내용이 있다는 점도 아이들이 자기가 관심 있는 주제를 중심으로 공부에 집중할 수 있도록 만들어준다.

더 나아가 홈런에서는 AI 학습 분석 시스템을 도입하여 아이들마다 모두 자기에게 알맞은 공부 습관을 만들어줄 수 있다. 예를 들면, 초등학교 저학년 학생에게는 학습의 흥미를 강조하여 탐구활동을 중심으로 생활 주변에 관심을 갖게 만들고, 모든 수업의 마지막에 OX 퀴즈나 간단한 주관식 퀴즈를 제공하여 개념을 반드시 이해해야만 수업을 마칠 수 있도록 되어 있다. 이후에는 애니메이션을 보고 공부할 목표를 확인하고, 영상 강의를 통해 개념을 확인하고, 교과서 문제풀기 등의 순서를 거쳐 단원별로 알아야 할 내용을 확실히 이해하도록 도와준다.

심지어 시험을 준비하거나 수행평가도 준비할 수 있는데, 수업을 진행하고 나면 그와 관련된 서술형, 논술형, 보고서, 만들기 등의 활동이 모두 제시된다. 그중에서 학교에서 수행평가로 나왔거나 나올 것 같은 문제를 골라서 연습해볼 수 있다. 요즘에는 초등학교에서 미리 어떤 수행평가를 칠 것인지를 모두 예고하고 있으므로, 이러한 정보를 알고 있다면 홈런을 통해서 미리 연습하고 학교 수행평가를 칠 수 있다. 그러면 다른 아이들보다 훨씬 더 좋은 점수를 받을 수 있다.

홈런 학습지는 수학에서 다음의 방법을 사용하여 아이들의 점수를 올린다. 우선 유형별 학습을 위해서 교과서의 모든 단원에 나온 문제 유형을 연습할 수 있는 부분이 있다. 아이들은 모르는 유형 문제만 뽑아서 공부하고, 이를 통해서 실력을 끌어올린다. 그리고 수학 시험에서 점수를 올리는 가장 중요한 방법인 연산을 위해서 연산게임, 연산 랭킹과 챌린지, 교과서 개념과 연산 문제를 연결한 반복학습 등을 제공한다. 이를 통해 아이들은 아주 기초적인 수학 내용에서부터 초등학교 수준을 뛰어넘는 수학 경시문제까지도 풀 수 있다. 모든 수업 내용은 테스트에 따른 실력에 맞게 제공되기 때문에 아이들은 시간 낭비를 하지 않고 바로 자기의 성적에 도움이 되는 내용만 공부할 수 있다.

다음으로 소개할 눈높이 학습은 우리나라에서 가장 오래된 학습지로서 지금도 많은 아이들과 부모님들이 이용하고 있다. 눈높이 학습은 예전부터 학습지 교사들이 각 가정을 돌아다니면서 교재를 배달하고 수업을 진행했으며, 최근에는 다른 학습지들과 마찬가지로 온라인 학습을 제공하는 등의 혁신을 통해서 변화하고 있다.

눈높이 학습 역시 다른 학습지와 같이 국어, 수학, 영어 과목에 개별화 수업을 가능하게 하는 교육 프로그램들이 집중되어 있다. 그러면서도 눈높이 학습이 차별화되는 점은 각 교과마다 하나의 수준만 있는 것이 아니라, 아이들이 필요로 하는 부분을 집중적으로 보강할 수 있도록 다양한 목적을 충족하는 프로그램이 있다는 사실이다.

이 중에서 영어를 예로 들어보면, 아이 리스닝(영어 듣기 전문 프로그램), 아이 그래머(초등학생을 위한 쉬운 문법 프로그램) 등은 중학생이 되어서도 영어 수업에서 앞서 나가고 싶은 아이들에게 큰 인기가 있다. 그리고 유학을 준비하거나 영어 발음을 교정하고 싶으면 해피 토크나 전화 영어 프로그램을 신청하기도 한다. 최근에는 직접 얼굴을 보고 이야기할 수 있는 화상 영어를 많이 선택한다. 아이들은 편하게 집에서 부모님이 없어도 걱정 없이 영어 선생님과 온라인에서 얼굴을 보면서 영어 수업을 받는다.

이러한 과목별로 프로그램이 다양하다는 점 이외에도 눈높이 학습은 얼마나 공부를 잘하고 있는지, 그리고 무엇을 더 공부해야 하는지를 자세히 알려주는 성적표 시스템을 가지고 있는데, 이것 역시 아이들의 개별화 학습에 큰 도움이 되고 있다. 눈높이 성장판 서비스라는 이름으로 운영되고 있으며, 학습 과정을 데이터로 쌓아서 보여주고 3개월에 한 번씩 학습 결과를 분석하여 성장 리포트를 보내준다. 단순히 점수만 보여주는 성적표가 아니라 구체적으로 무엇을 배우고 있는지, 그리고 학습 과정의 진척도를 자세히 보여준다는 점에서 부모님이 크게 만족하는 시스템이다.

마지막으로 소개할 웅진씽크빅 역시 우리나라 학습지에서 상당히 오래된 역사를 가지고 꾸준히 인기를 끌고 있다. 과거에는 많은 아이들이 집으로 방문하는 교사와 함께 수업을 하고 학교 공부를 보충하거나 창의력을 키울 수 있는 다양한 프로그램에 참여했고, 지금은 완전히 나만의 학습을 하고자 하는 초등학생과 부모들이 웅진씽크빅을 찾고 있다.

웅진씽크빅 학습지가 아이들에게 개별화 학습을 하도록 도와줄 수 있는 이유 중 하나로 많은 선생님을 만날 수 있다는 점을 들 수 있다. 웅진씽크빅 학습지를 선택하면 총 네 명의 선생님을 만날 수 있다. 우선 방문학습 선생님은 기존의 학습지와 같이 일주일에 한 번 수업을 하러 집에 직접 방문해서 공부를 가르쳐주고, 얼마나 이해했는지 눈으로 확인하는 역할을 한다. 기본적으로는 방문학습 선생님과의 수업에서 기초적인 개념을 배우고 칭찬과 격려를 받으면서 학습지 공부를 계속할 힘을 얻는다. 다음으로는 클래스 선생님과 온라인으로 만난다. 웅진씽크빅 학습지를 신청하게 되면 아이와 가장 비슷한 실력과 나이 또래 아이들을 묶어서 임의로 한 반을 만들어준다. 그러면 그 아이들과 온라인 수업을 함께 듣거나 숙제를 같이 하고 이야기도 나눌 수 있다. 온라인 공간에서 새로운 친구들을 만날 수 있는 것이다. 다른 지역의 아이들과 만나서 공부를 같이 하고, 서로 공부를 어느 정도 했는지 비교도 해주기 때문에 많은 부모님이 온라인 학급 시스템을 좋아한다. 학습센터 선생님도 있다. 학습센터 선생님은 매일매일 전화나 메신저로 아이들이 오늘 해야 할 숙제를 했는지 챙겨주는 선생님이다. 방문학습 선생님이 일주일에 한 번밖에 안 오시기 때문에 매일 숙제를 하기 어려운데, 학습센터 선생님이 매일 확인해주고, 모르는 문제는 바로 전화로 가르쳐 주기 때문에 아이들은 부모님이 없어도 학습지 숙제를 쉽게 할 수 있다. 마지막으로는 투게더 선생님도 있다. 이것은 인터넷 문제 게시판에 모르는 문제를 체크해서 보내면 채팅이나 화상으로 몇 분 안에 문제를 풀어주는 선생님이다. 이처럼 네 명이나 되는 선생님들이 있기 때문에 아이들은 혼자서도 얼마든지 하고 싶은 공부를 마음껏 할 수 있다.

다음으로, 웅진씽크빅의 학습콘텐츠 역시 다른 학습지들과 마찬가지로 세분화되어 있다. 그중에서도 더 특별한 점은, 여러 학습콘텐츠 중에서 아이들이 공부하고 싶은 내용이나 부모님들이 공부시키기를 원하는 내용을 몇 가지 담아서 나만의 학습 프로그램을 만드는 것이 가능하다는 사실이다. 일단 프로그램의 예시에는 STEAM 교과, 바로셈, 잉글리시 올팩, 스마트올, 한글 깨치기, 영어 마스터, 스마트 한국사, 놀이로 호기심 깨치기, 교과패키지, 누리패키지와 같은 내용들이 있는데, 웅진씽크빅을 신청한 아이들은 이 중에서 두세 가지의 프로그램을 조합하여 개별화 수업을 위한 프로그램을 만든다. 이렇게 되면 다른 아이들과 수준과 내용을 다르게 하여 공부하는 것이 가능하기 때문에 부모님들이 상당히 만족하고 있다.

이러한 학습지를 교과별로 나누어서 살펴보면 다음과 같은 종류들이 있다. 우선 국어에서는 학습지 회사들마다 어휘력과 독해력을 높이고 국어 점수를 올려줄 수 있는 프로그램들을 제시하고 있다. 예를 들면 천재교과서에서 운영하고 있는 학습지인 밀크티의 국어 학습지에는 스토리텔링, 멀티미디어 자료, 온라인 상호작용, 마인드맵 등을 활용한 자료들이 포함되어 있어서 단순히 국어 교과서에 나온 자료들을 외우고 반복하는 것에서 벗어나 좀 더 다양한 차원으로 공부할 수도 있다. 아이들은 책으로 된 자료를 공부하고 나서, 인터넷에 들어가 오늘 공부한 부분을 직접 해설해주는 선생님의 강의를 듣기도 하고, 관련된 멀티미디어 자료를 보면서 공부를 정리할 수도 있다. 또 다른 국어 학습지 중 유명한 사례로 빨간펜의 독서논술 프로그램이 있다. 부모님들이 직접 가르치기 어려운 책 읽는 법, 자기 수준에 알맞은 책을 고르고 관련된 독서활동을 하는 법 등을 가르쳐주고, 책을 얼마까지 읽었는지를 분석하여 가장 적절한 책을 골라주는 등의 학습 활동을 할 수 있다. 빨간펜이 국어 성적을 올리는 데 꼭 필요한 독서 습관을 잡아주는 데 효과적이라는 사실이 알려지면서 많은 부모님들이 선택했다고 한다.

수학은 거의 대부분의 학습지에서 개별화 수업에 자신 있다고 강조하는 프로그램들이 즐비하다. 비상교육의 학습지인 와이즈캠프는 이미 라이브 화상수업을 통해 선생님과 직접 만나는 것을 꺼리는 아이들을 위해 비대면 상황에서도 강의를 제공하고 있으며, 비주얼씽킹 수학이나 체험 수학 프로그램 등을 통해서 기존의 교과서 중심 수업, 반복과 암기 수업을 지루해하는 아이들을 만족시킬 수 있는 수업을 운영하고 있다. 물론 기초가 부족한 아이들은 기존의 복습과 개념 이해 문제가 중심이 되는 전통적인 프로그램도 이용할 수 있다. 이처럼 다양한 프로그램을 수준에 따라 고를 수 있다는 것은 학습지의 중요한 장점이다. 대교의 마카다미아 학습지 프로그램은 개별화와 관련하여 더욱 특별한 내용을 볼 수 있다. 우선 학습지를 시작하기 전, 6개월 계획부터 수립한다. 계획을 수립할 때 학교 진도보다 얼마나 더 빨리 배울 것인지, 아니면 학교 진도에 딱 맞춰서 복습하면서 배울 것인지를 고를 수 있다. 이러한 내용은 부모님이 아이들과 상의해서 결정하기도 하고, 학습지 선생님이나 인터넷의 AI 상담사가 추천해주기도 한다. 수업도 아이들이 직접 그날 어떤 활동을 할지 결정할 수도 있다. 예를 들면, 기본 개념을 쉽게 이해하는 것 같으면 심화 개념을 바로 설명해주거나, 문제 풀기에 시간을 더 쓸 수 있다. 반대로 문제 풀이가 잘 되지 않으면 그날은 문제 풀이를 중단하고 예정에 없던 개념 설명으로 수업을 바꿀 수 있다. 이처럼 아이들의 현재 학습 상황에 맞게 바로 준비되어 있던 수업을 할 수 있다는 점이 마카다미아 학습지의 특징이다.

영어에서는 전통적으로 구몬학습이 유명하다. 구몬영어는 학습지 단계가 파닉스 준비 단계(8A)부터 독해 단계(Q)까지 총 24개나 된다. 그래서 어떤 실력을 갖춘 아이들을 만나더라도 실력에 딱 맞는 프로그램으로 공부할 수 있다. 요즘에는 선생님이 없어도 혼자 원어민의 발음을 듣고 공부할 수 있도록 스마트 펜을 제공한다. 스마트 펜을 영어 지문에 갖다 대면 글 내용을 모두 원어민이 읽어주기 때문에 부모님이 없어도 영어를 혼자 여러 번 공부할 수도 있다. 다음으로 윤선생 영어 학습지는 역사가 40년에 이르는 영어 과목에 특화된 학습지이다. 윤선생 영어에서는 아이들의 영어 개별화 학습을 위해 빅데이터 진단과 인공지능 처방 훈련을 도입하였는데, 이러한 기법들은 아이들이 영어 공부에서 가장 중요한 영어 단어나 문장에 자주 노출될 수 있도록 도와준다. 또한 각 수준별로 반드시 배워야 할 단어와 문장이 정해져 있고, 아이들은 이 내용들을 모두 익혀야만 다음 단계로 넘어갈 수 있다는 점도 개별화 수업에 효과적이다. 예를 들면, 루키 단계에서는 895단어와 5,778문장을 배우도록 하고 있는데, 루키 단계를 벗어나 스타 단계로 넘어가려면 이 단어와 문장을 모두 알고 있는지를 테스트를 통해 검증해야 한다. 일종의 자격시험과 같이 구성되어 있는 윤선생 영어의 학습 단계는 아이들의 실력을 높이는 데 효과적이다.

마지막으로, 학습지가 어떻게 아이들의 개별화 수업에 효과적인 역할을 하고 있는지 알아보자. 여기서는 초등학생 혜진이의 이야기를 제시한다.

혜진이의 사례

- 가정 방문
- 실력 테스트
- 교재 레벨 설정

- 선생님과 수업
- 온라인 피드백
- 부모님과 숙제

- 월말 테스트
- 새 레벨 배정

혜진이는 학교에서 수학익힘책을 푸는 데 어려움을 느껴서 부모님과 이야기하여 집에서 학습지를 풀기로 하였다. 학교 선생님이 수학책으로 설명해 줄 때는 어렵지 않고 할 수 있을 것 같았는데, 막상 응용문제들이 많은 수학익힘책만 보면 이해가 잘 안되고 배운 내용이 생각이 안 나는 것이다. 그래서 학습지의 도움을 받기로 했다.

학습지를 처음 신청하면 선생님이 집에 가정 방문을 한다. 맨 처음 하는 것은 수업이 아니라 실력 테스트이다. 왜냐하면 학습지는 아이들의 학년이나 나이에 따라 수업 내용이 정해지는 것이 아니라, 철저히 아이들이 어느 수준에 있는지를 바탕으로 수업을 하기 때문이다. 그래서 초등학교 1학년인데 3학년 내용을 하거나, 반대로 6학년인데 4학년 수준을 공부하는 일이 아주 흔하다. 혜진이는 3학년이지만, 2학년에서 배운 구구단과 한 자릿수의 곱셈을 완전히 이해하지 못했다는 판정을 받았기 때문에, 2학년 2학기에 해당하는 레벨 6부터 수업을 진행하기로 하였다. 실력 테스트를 진행하면서 수학익힘책이 어려운 이유가 2학년에서 받아올림이나 곱셈의 기초 원리를 완벽히 이해하지 못했기 때문이라는 점도 자연스럽게 이해하게 되었다. 학교에서는 2학년 내용을 공부하고 싶어도 공부할 수 없지만, 학습지에서는 얼마든지 부족한 내용부터 시작할 수 있었다.

혜진이가 학습지로 공부하는 과정은, 방문 선생님과 일주일에 두 번 수업하고, 월말에는 다시 테스트를 치는 것으로 이루어진다. 선생님과 수업할 때는 주로 틀린 문제나 모르는 문제를 표시해 두었다가 설명을 듣고 다시 푸는 활동을 한다. 그런데 선생님이 없을 때도 모르는 문제가 있을 수도 있다. 하지만 혜진이는 전혀 걱정하지 않는다. 왜냐하면 요즘에는 스마트 패드에서 모르는 문제를 검색하면 답과 설명을 쉽게 볼 수 있기 때문이다. 심지어는 시험도 혼자 칠 수 있다. 테스트 결과를 패드에 입력하면, 몇 점을 받았고 어떤 부분이 부족한지 선생님과 부모님이 바로 알 수 있다. 그래서 부모님이 퇴근하고 저녁 시간에도 혜진이의 학습지 공부를 봐주실 수 있었다.

월말 테스트는 혜진이가 긴장하고 가장 많이 걱정하는 부분이었다. 한 달 동안 열심히 공부했는데 더 나아지지 않으면 3학년인데도 3학년 수업을 하지 못하기 때문이다. 다행히도 혜진이는 두 달 만에 2학년 내용을 모두 복습하고 다른 아이들과 마찬가지로 3학년 수학 내용을 공부할 수 있었다.

이처럼 혜진이가 빨리 기초 개념을 익혀 다음 수준으로 넘어갈 수 있었던 이유는 학습지 교재가 아주 좋았기 때문이다. 혜진이는 학습지 내용이 학교 교과서보다 훨씬 더 문제가 많고 비슷한 문제들이 많이 있어서 계속 반복하면서 빠르게 기초적인 개념을 이해할 수 있어서 만족스러웠다고 한다. 혜진이가 공부하는 학습지 교재는 전국의 수만 명의 아이들이 사용하는 검증된 교재이다. 게다가 레벨 1부터 레벨 30까지 아주 다양한 수준이 갖춰져 있기 때문에 나에게 해당하는 수준을 찾기도 쉽다.

이처럼 학습지는 방문 선생님의 정기적인 수업과 학습 관리, 나이가 아니라 완전히 수준별로 공부하는 레벨 시스템, 테스트에서 통과하지 못하면 다음 단계로 넘어가지 못하는 엄격한 평가, 그리고 도움이 필요하면 온라인으로 언제든지 보충 수업을 들을 수 있는 지원 시스템 등을 통해 아이들의 개별화 수업을 가능하게 하고 있다.

개별화 수업의 끝판왕 인터넷 학원

마지막으로, 최근 사교육에서 개별화 수업의 가장 좋은 방법으로 인기를 끌고 있는 인터넷 학원을 살펴본다. 아이들은 그 누구보다 스마트폰과 컴퓨터를 사용하는 데 익숙하다. 인터넷만 있다면 부모님들도 잘 모르는 내용들을 찾거나 검색하는 것도 잘한다. 공부도 마찬가지다. 책보다 강의 영상을 보고 이해하는 것이 더 빠를 때도 있다. 그래서 이러한 인터넷 학원의 인기는 매우 높다고 할 수 있다. 2020년 사교육비 조사 결과에서는 유료 인터넷 및 통신강좌에 우리나라 전체 학생의 6.4%가 참여하고 있고 한 달에 11만 7천 원 정도를 지불한다는 점에서 무시할 수 없는 수치라고 할 수 있다. 지금은 30개가 넘는 인터넷 학원들이 운영되고 있으며 인터넷 학원에 등록한 회원 수는 약 300만 명에 이르는 것으로 알려져 있다.

이처럼 인터넷 학원이 개별화 수업 측면에서 인기 있는 이유는 다음과 같이 설명할 수 있다. 첫째, 인터넷 학원의 프로그램들은 학교 수업보다 훨씬 더 다양하고 세부적으로 구성되어 있다. 예를 들면, 학교에서는 읽기, 말하기, 듣기, 쓰기, 문학, 문법 등이 국어라는 과목에 모두 묶여 있기 때문에, 내가 공부하고 싶은 부분만 공부하는 것이 어렵다. 문학을 더 공부하고 싶어도 학교 국어 수업에서 쓰기를 배운다면, 어쩔 수 없이 쓰기 수업을 들어야 한다. 그러나 인터넷 학원의 개별화 프로그램을 살펴보면, 기본 국어 이외에도 비문학, 문학(현대문학, 고전산문, 고전운문), 문법, 어휘, 언어와 매체, 화법과 작문 등이 단원별, 영역별로 자세히 나뉘어 있어서 과목 안에서도 공부하고 싶은 내용, 필요한 내용만 골라 공부할 수 있다. 그러면 아이들은 공부하는 시간을 아주 효율적으로 사용할 수 있게 된다. 점수가 잘 나오지 않는 부족한 부분만 강의를 신청해서 듣고, 나머지 부분은 혼자 공부하거나 다른 내용을 공부하는 데 사용할 수 있다. 여기에 관한 예시를 오른쪽 표를 통해 살펴본다. 이처럼 아이들의 상황에 딱 맞는 프로그램들이 과목별로, 영역별로, 단원별로 수십 개씩 만들어지고 있기 때문에 아이들은 어떤 상황에서도 자기가 필요한 프로그램을 골라 공부를 시작할 수 있다. 이 점은 인터넷 학원이 학원이나 과외보다도 개별화 학습에 더 효과적일 수 있는 이유가 된다.

메가스터디에 개설되어 있는 강좌 일부

과목	개설되어 있는 강좌
국어	• **독서** 강민철의 기출 분석 독서 • **문학** 엄쌤의 문학개념어 • **문법** 일주일에 끝내는 만점 언어 문법 • **현대산문** 문학 파트1, 현대소설 • **고전운문** 고전시가 분석 사전, 수능과 내신을 한 번에!
수학	• **기본 수학** 수학의 시작, 시발점 • **수학1** 지수함수와 로그함수 그래프 완전 정복 • **미적분** 양승진의 스타트 개념 코드 미적분 • **기하** 시작하는 불꽃 개념
영어	• **독해** 독해만 잘해도 영어 1등급 • **어휘** 괜찮아! 너만 모르는 건 아니야 어휘편 • **구문** 천일문 기본 체계적인 고등 필수 구문

둘째, 인터넷 학원에는 과목마다 강사들이 아주 많다는 특징도 있다. 학원의 규모에 따라 조금씩 다르지만, 한 과목에 3명에서 10명까지 선생님들이 있다. 그래서 선생님들의 수업을 모두 들어보고 아이들의 공부 스타일에 딱 맞는 선생님을 고를 수 있다는 점도 장점이다. 물론 강사들의 인기도에 따라 등급이나 수

강료가 다르게 정해져 있는 것은 사실이다. 주로 아이들은 일타강사의 수업을 많이 찾는다. 일타강사는 강의를 재미있게 하거나, 개념을 쉽고 이해할 수 있게 효과적으로 설명해주고, 시험에 나올 수 있는 문제들을 잘 예측한다는 이유로 인기가 많기 때문이다. 하지만 무조건 일타강사의 수업이 나에게 잘 맞으리라는 보장은 없다. 그래서 인터넷 학원에서는 모든 강사의 수업을 무료로 들어볼 수 있는 샘플강의를 제공한다. 이 강의를 보면서 선생님이 어떻게 설명하는지, 문제풀이는 어떻게 하는지 등을 확인하고, 수업을 신청할 수도 있다.

이와 관련해서 프리패스라는 제도를 활용하면, 개별화 수업에 더 큰 도움을 받을 수 있다. 프리패스는 일정 금액을 내면 1년 동안 수능 시험을 칠 때까지 모든 선생님의 수업을 무제한으로 들을 수 있는 제도이다. 많은 아이들이 프리패스를 사용해서 수업을 듣는다. 그렇기 때문에 선생님을 잘못 선택했다고 하더라도 다시 바꿀 기회도 얼마든지 많다.

셋째, 인터넷 학원은 수준에 따라 고를 수 있는 수업들이 아주 다양하기 때문에, 공부를 잘하거나 못하는 것에 대해 걱정하지 않아도 된다. 같은 선생님의 수업이라고 해도 수준에 따라 다른 강의가 이미 준비되어 있어서 기다리지 않아도 바로 각자 수준에 맞는 수업을 들을 수 있다. 더 나아가 아예 수업을 특정 수준에 맞추는 강사들도 있다. 그래서 인터넷 학원의 강사들은 저마다 어떤 수준의 아이들을 더 잘 가르치는지를 친절하게 알려준다. 강의를 선택하면 안내문에 어떤 수준의 아이들이 들으면 좋은지를 써 놓고 있기 때문에 수업을 잘못 선택하는 일이 거의 없다. 간혹 어떤 강사들은 고등학교 1학년, 2학년이나 그 수준의 아이들만 전문적으로 가르치는 강사도 있을 정도이다. 즉, 인터넷 학원에는 실력이 뛰어난 아이들에게 아주 어려운 문제를 풀어주거나 고차원적인 사고력 문제를 풀 수 있도록 도와주는 수업을 잘하는 강사도 있고, 부진아들이나 기초가 부족한 아이들에게 개념을 반복해서 가르쳐주고 쉽게 이해할 수 있도록 이끌어주는 강사도 있기 때문에, 인터넷 학원에서는 자기 수준에 맞는 선생님을 찾는 것이 매우 쉽다. 이러한 특징은 학교 수업을 담당하는 선생님이 한 과목에 딱 한 명이라는 점과 비교하면 큰 장점이라고 할 수 있다.

넷째, 인터넷 학원에서는 실시간 피드백이나 소통이 자유롭기 때문에 얼마든지 자기가 궁금한 내용을 질문하고 이야기하는 것이 가능하다. 인터넷 학원에서 질문을 하는 방법은 질문 전용 게시판에 비밀 글을 올리거나, 채팅과 전화를 통해 질문하는 방법이 있다. 특히 온라인 공간에 질문을 올리는 것은 굉장히 쉽고 간편하면서도 질문을 하는 부담감이 적기 때문에 아이들은 학교 선생님에게 질문하는 것보다 오히려 인터넷 학원 질문게시판에 질문하는 것을 더 좋아한다. 왜냐하면 모르는 문제가 생겼을 때 편하게 교실에 앉아서 질문 게시판에 글을 쓰면 1시간 안에 질문에 대한 친절한 답변과 풀이가 제공되기 때문이다. 특히 요즘 아이들은 대면해서 이야기하기보다는 온라인 공간에서 소통하는 것에 더 익숙하므로 이러한 방식을 통해 궁금한 내용을 해결하는 것에 만족감을 느낀다. 인터넷 학원에서도 아이들이 질문하는 내용을 최대한 친절하게 답변해주는 것이 중요하다는 점을 아주 잘 알고 있다. 그래서 학원에는 아이들이 질문한 내용을 해결해주고 상담 서비스를 제공하는 전담 매니저 선생님이 강의마다 상주하고 있다. 매니저 선생님은 강의하지 않고 아이들의 질문만 해결해준다. 이러한 특징은 아이들이 학교 수업을 들으면서 느꼈던 답답함을 해소해주는 데 중요한 역할을 한다.

지금부터는 인터넷 학원이 개별화 수업을 하는 일반적인 과정을 고등학생의 이야기를 현영이의 사례를 통해 알아본다.

현영이의 사례

현영이는 평소 다른 과목들에 비해 수학을 공부하는 것이 너무 어려웠다. 그래서 수학에서 인강을 찾아서 수업을 듣기로 하였다. 현영이는 곧바로 수험생 인터넷 커뮤니티에 가입해서 가장 유명한 인강들을 물어보는 글을 올렸다. 현영이의 글에는 한 시간도 안 되어서 20개 넘는 댓글들이 달렸다. 이 강사의 수업이 왜 좋은지, 그리고 지금 신청하면 어떤 혜택이 있는지 등을 자세히 알 수 있었다.

현영이는 댓글들을 보고 일단 듣고 싶은 수업을 3개 정도로 추렸다. 그리고 각 인터넷 학원에 들어가서 일타강사들의 수업을 1시간씩 들어보았다. 아무리 소문이 좋다고 하더라도 목소리가 잘 안 들리거나, 현영이의 공부 스타일과 안 맞으면 공부의 효과가 없기 때문이다. 그래서 교재, 강의 내용, 수업 진행 등을 종합적으로 살펴보고 최종적으로 야채샘의 수업을 듣기로 했다.

현영이는 주로 학교에서 저녁을 먹고 집으로 가지 않고 바로 독서실로 간다. 독서실이 인터넷 학원 수업을 듣기에 제일 좋기 때문이다. 학교에 계속 남아 있으면서 야간 자율학습 시간에 인강을 봐도 되지만, 옆에 친구들이 있는 것이 신경 쓰여서 독서실에 가서 혼자 조용히 강의를 듣는 것이 더 집중이 잘 되었다. 그리고 학원이나 과외는 시간에 딱 맞추지 않으면 수업에 집중하는 것이 힘들기 때문에 매일 밤에 듣고 싶을 때 들을 수 있는 인강이 더 좋다고 생각했다. 조용한 독서실에서 패드에 강의를 켜 놓고 필기하면서 공부를 하고 나면 뿌듯하고 이해가 더 잘 된다고 한다. 독서실에서 혼자 인강을 보면서 공부하는 습관을 만들고 난 뒤에는 성적도 더 많이 오르고 공부하는 시간을 혼자서도 잘 조절할 수 있다는 자신감도 가지게 되었다.

수업 과정을 보면 현영이가 인터넷 학원을 활용하여 어떻게 개별화 수업을 다른 사람의 도움 없이도 혼자 해낼 수 있는지를 쉽게 알 수 있다. 현영이가 고른 야채샘 수업 화면을 보면 꼭 들어야 하는 정해진 시간표가 없는 대신, 추천 진도표와 다른 학생들이 어떻게 공부하고 있는지를 보여주는 부분이 있다. 즉, 혼자 공부한다는 사실은 변하지 않지만 혼자서 어떻게 공부할 수 있는지를 인터넷 학원에서 충분한 예로 설명해주고 있는 것이다. 현영이도 처음에는 다른 아이들의 학습 순서를 그대로 따라 하다가, 자신의 공부 패턴을 찾고 나서는 스스로 규칙을 정해서 공부하고 있다. 그리고 총 강의 시간 중에서 어느 부분을 어디까지 공부했는지, 몇 번 공부했는지를 기록해주기 때문에 반복해서 공부하고 싶을 때도 편하게 사용할 수 있다. 이러한 세세한 시스템이 현영이가 자기만의 공부를 하는 데 도움을 주고 있다.

인터넷 학원 중 아이들의 개별화 학습에 가장 많은 도움을 주고 있는 예시를 두 가지 제시해본다. 먼저 메가스터디는 고등학생들의 학교 시험과 수능 준비에 도움을 주는 인터넷 학원이다. 메가스터디의 가장 큰 장점은 과목별 선생님이 아주 다양하다는 데 있다. 국어 과목에서 15명, 수학 과목에서 12명, 영어 과목에서 15명, 사회 과목 약 20명, 과학 과목 약 19명으로 메가스터디에 서는 거의 100명 가까이 되는 선생님들의 수업을 들을 수 있다. 학교에서는 선생님을 고르는 데 선택권이 거의 없지만, 여기서는 한 과목이라고 하더라도 수많은 선생님 중에서 고를 수 있다. 또 선생님마다 1년 동안 10개 이상의 강좌를 만들어 내기 때문에, 내가 고를 수 있는 수업은 더욱 많아진다. 아이들은 메가스터디에 등록하면 내 공부 스타일과 잘 맞는 선생님을 반드시 한 명은 찾을 수 있다는 생각을 가지고 있기 때문에, 메가스터디를 믿고 수강료를 기꺼이 낸다. 누구의 수업을 골라야 할지 모르는 아이들은 가장 유명한 일타강사의 수업을 고른다. 그리고 꼼꼼한 아이들은 모든 선생님의 수업을 다 조금씩 들어보고 내 실력을 가장 높여줄 수 있는 강의를 선택한다. 두 가지 모두 시험 문제를 이해하는 힘을 길러주고, 과목을 이해하는 데 가장 중요한 내용과 외우는 방법 등을 알기 쉽게 설명해주기 때문에 아이들은 자기에게 잘 맞는 방법으로 성적을 올릴 수 있게 된다.

다음으로, 메가스터디에서는 모든 학교 교과서에 대응한 강의를 들을 수 있다. 우리나라의 고등학교 교과서는 같은 국어 과목이라도 교과서의 종류가 조금씩 다르다. 예를 들면 고등국어는 12종류, 문학 10종류, 독서 6종류로 나뉘어 있다. 그래서 내가 듣고 싶은 강의가 있더라도 교과서 종류가 다르면 듣지 못하는 문제가 있었다. 메가스터디는 이러한 문제를 해결하기 위해 국어 교과서 33종, 영어 교과서 35종에 대해 모든 강의를 제공하고 있다. 그래서 교과서가 다르다고 걱정할 필요가 없다.

실제 수업을 살펴보면, 아이들이 목표로 하는 내용에 맞게 분류되어 있다는 점을 확인할 수 있다. 강사마다 조금씩 다르지만, 수능 필수 강좌, 수능 선택 강좌, 내신 대비 강좌 등으로 나눠진 것을 예로 들 수 있다. 이처럼 무조건 아이들에게 한 가지 수업만 들으라고 하는 것이 아니라, 목표에 맞게 다른 수업을 미리 준비해놓고 고를 수 있도록 안내해주기 때문에, 메가스터디를 처음 접하는 아이들이라도 쉽게 내가 지금 들어야 하는 수업을 고를 수 있다.

실시간 QnA와 클린 수강평 시스템은 메가스터디를 활용해서 공부하는 아이들이 크게 만족하는 개별화 수업 방법 중 하나다. 실시간 QnA는 말 그대로 질문을 올리면 거의 실시간으로 강사나 피드백 전문 선생님이 답변을 달아주는 제도인데, 강의를 듣다가 이해가 잘 되지 않는 질문, 한 번 풀어서 풀리지 않는 문제, 애매한 개념, 어렵고 복잡한 내용 등 수업과 관련된 모든 내용에 답변을 해준다. 강사마다 조금씩 다르기는 하지만 주말에도 답변을 해주는 강사도 있기 때문에, 아이들은 모르는 것은 참고 그냥 넘어가지 않고 선생님과 직접 소통하면서 실력을 쌓을 수 있다. 그리고 클린 수강평 시스템이란 강의를 직접 들은 아이들이 앞으로 강의를 들을 후배나 친구들을 위해 강의의 장점과 특징에 대해 설명해주는 제도이다. 실제 강의를 듣지 않으면 수강평을 남길 수 없게 되어 있어서 강의를 처음 듣는 아이들은 꼭 수강평을 보고 강의 스타일과 효과를 확인한 다음에 강의를 신청한다. 한 강사마다 강의평이 2,000개 이상 남겨져 있어서 비교적 정확하게 강의의 효과를 알 수 있다는 장점이 있다.

메가스터디는 인터넷 학원임에도 학습상담과 입시상담을 모두 무료로 받을 수 있다. 미리 시간을 예약하면 학습컨설턴트나 입시 전문가가 직접 전화를 걸어서 입시 정보에 관해 알려주고 목표를 달성하기 위해 무엇을 준비해야 하는지, 어떤 강의를 들어야 하는지를 추천해주는데, 이러한 상담 시스템에 만족하는 아이들도 많다.

다음으로, 인터넷 학원 중 아이들의 인기를 얻고 있는 또 다른 사례인 이투스를 살펴본다. 이투스도 메가스터디처럼 100명까지는 아니지만, 과목마다 10명 가까이 되는 선생님들이 있어서 다양한 선생님의 수업을 들을 수 있다는 것이 큰 장점이다. 그리고 과목마다 일타강사에서부터 다양한 수준의 선생님들이 있다는 것 또한 아이들이 자기 수준에 맞는 선생님을 고를 수 있는 장점이 된다.

이투스는 AI 알고리즘을 도입하여 아이들이 자기 공부 패턴을 입력하면 가장 알맞은 선생님을 추천해주는 서비스를 제공하고 있다. AI 알고리즘을 통해 추천 수업을 확인하는 방법은 다음과 같다. 우선 회원가입을 하고 자기 성적이나 필요한 정보들을 입력하면 성적대별로 강좌를 추천해준다. 이후 아이들이 강의를 신청해서 들으면 자동으로 어떤 강의를 열심히 들었는지 분석하고, 문제를 푼 기록도 전부 데이터화 하여 아이들마다 전부 다른 학습 기록을 만든다. 자연스럽게 학습 기록을 바탕으로 다음 강의로 무엇을 들어야 할지를 추천해서 알려주는 것이 이투스의 알고리즘이다. 이러한 알고리즘은 꽤 정교해서 지역별로, 나의 수준별로, 강의 진도별로 각각 다른 추천 강좌들을 제안해주기 때문에, 아이들은 실시간으로 다른 수업을 듣는 것이 가능하다.

AI 알고리즘과는 별개로 아이들의 수준과 요구에 따라 필요한 수업을 직접 선별하여 알려주는 코너도 있다. 예를 들어 지금 개념 강의를 끝냈다면, EBS 연계 강의와 문제풀이 강의 중에 고를 수 있도록 선택지를 제공하는 방식이다. 이

코너에서는 공부하는 시기, 고등학생들에게 가장 효과적인 프로그램들을 여러 개 선별하여 보여주기 때문에 어떤 강의를 들어야 할지 고민하는 시간 없이 바로 필요한 강의를 찾아서 들을 수 있다는 점이 인기를 끌고 있다.

또 다른 특징으로, 이투스의 강좌는 수준별 프로그램이 좀 더 자세하다는 점에서 아이들이 만족한다. 우선 다른 인터넷 학원들보다 개념 강의가 수준별로 더 많이 나뉘어 있다. 같은 개념 강의라고 하더라도 기초 개념, 기본 개념, 심화 개념으로 되어 있어 아이들이 처음 개념 강의를 들을 때부터 자기 수준에 맞게 시작할 수 있다는 장점이 있다. 문제풀이 강의 역시 단순히 문제풀이로 되어 있지 않고, 일반 문제풀이와 고난도 문제풀이 강의로 나뉘어 있어서 만약에 반복해서 많은 문제를 풀어 자기 실력을 높이고 싶다면 문제풀이 강의를 듣고, 문제를 적게 풀더라도 확실히 어려운 문제들에 도전해보고 싶다면 고난도 문제풀이를 선택할 수 있다. 이외에도 실전모의고사와 다양한 수준의 단기 특강들도 자세히 분류가 되어 있어서 개별화 수업을 원하는 아이들은 이투스의 강의 분류를 보면서 자기에게 필요한 강의를 아주 쉽게 선택할 수 있다.

지금까지 아이들이 개별화 수업을 위해 선호하는 사교육 프로그램을 네 가지 살펴보았다. 과외, 학원, 학습지, 인터넷 학원의 모습은 조금씩 다르지만, 어쨌든 학교 수업에 만족하지 못하는 아이들에게 딱 알맞은 맞춤형 수업을 제공한다는 점에서는 공통점이 있다. 효과적인 사교육은 공부를 잘하는 아이, 못하는 아이 가릴 것 없이 그들의 수준에 적합한 수업을 제공하기 때문에 만족스럽다. 이처럼 사교육의 체계적이고 효과적인 프로그램은 우리나라 아이들이 빠른 속도로 공부하고 더 우수한 성공을 하는 데 실제적인 도움을 주면서 발전하고 있다.

6

세계 최고 영재의 나라

BTS식 훈련으로 미래 인재를 만든다

영재는 국가의 경쟁력을 높이고 더 나아가 전 세계를 이끌 수 있는 리더를 만들어낼 가능성을 높인다는 점에서 매우 중요한 교육의 주제가 된다. 영재들은 국가의 산업, 문화, 사회 등 다방면에서 자기의 역할을 다하면서 국민의 삶을 윤택하게 하고, 이전에는 찾아볼 수 없었던 새로운 상품과 기술을 만들어내기도 한다. 영재가 국가와 사회에 큰 이익을 주는 경우도 많이 살펴볼 수 있다. 컴퓨터의 아버지라고 불리며 현대 정보화 사회에 큰 획을 그은 앨런 튜링, 272개의 특허를 가진 세기의 발명가이자 과학자 니콜라 테슬라, 인간을 닮은 로봇을 만들고 있는 데니스 홍 등 영재교육을 받고 사회에 진출하여 인류의 과학과 문화를 선도하고 있는 영재들의 사례가 끊임없이 나타나고 있다. 이처럼 수학과 과학 이론과 실제를 발전시킬 수 있는 영재를 육성하고 관리하는 것은 중요한 국가적 과제가 될 것이다.

한편, 이러한 상황과 관련하여 우리나라는 매년 개최되는 각종 국제올림피아드 대회에서 거의 한 차례도 빠지지 않고 최상위권의 성적을 유지하고 있다. 즉, 우리나라의 영재는 다른 나라의 영재와 비교해서 전혀 밀리지 않으며, 오히려 수학과 과학 지식을 이해하고 문제를 해결하는 상황에서 더 뛰어난 능력을 발휘하는 것이다. 이들이 국제 대회에서 성공하는 것은 우리나라의 과학적 성공과 경제에 긍정적인 영향력을 끼칠 수 있을 것으로 예상해볼 수 있다.

이에 이 장에서는 우리나라의 영재를 길러내고 있는 중요한 시스템들을 자세히 살펴보고자 한다. 영재들은 어디에서 공부하고 있고, 어떻게 공부하고 있는지, 그리고 수많은 시험과 각종 대회에서 다른 나라의 뛰어난 학생들을 제치고 우수한 성적을 거두는 비결은 무엇인지를 집중적으로 살펴볼 것이다. 이를 통해 우리가 지금까지 알지 못했던 영재 훈련 방법과 특별한 교육 프로그램은 어떻게 운영되는지를 알 수 있는 좋은 기회가 될 것이다.

사교육에서 공부한 영재들의 세계적인 성공

실제로 우리나라 영재들은 다른 나라의 영재와의 비교에서도 오히려 더 나은 모습을 보여주고 있는데, 이러한 모습은 국제올림피아드의 결과들을 찾아보면 쉽게 알 수 있다. 대표적으로 국제물리올림피아드와 국제수학올림피아드를 예시로 들어보면, 국제물리올림피아드는 세계 각국을 대표하는 고등학교 학생들이 모여 매년 서로의 물리 실력을 겨루는데 여기서 우리나라는 1992년 핀란드에서 열린 23회 대회부터 현재까지 매년 대표단을 파견하고 있고 성적 또한 최상위권에 위치해 있다. 한국 대표단은 2003년 34회 대회에서 처음 1위를 했고 2021년까지 8번이나 1위를 차지했다. 특히 2021년 대회에선 대한민국 대표 5명이 모두 금메달을 따내면서 우승을 차지하는 대기록을 세웠다.

국제수학올림피아드에서도 뛰어난 성공은 계속되고 있다. 최근 치러진 62회 대회에서 우리나라는 금메달 5개, 은메달 1개, 총 172점으로 3위를 기록하였다. 이러한 성적은 갑자기 이루어진 것이 아니라, 10년 가까이 좋은 성적이 누적된 결과이다. 우리나라는 국제수학올림피아드에서는 2012년 처음으로 국제 순위 1위를 차지한 이후 지금까지 7위 이상을 꾸준히 유지하고 있다. 이러한 올림피아드 결과를 통해 우리나라 영재들의 수학 실력이 전 세계적으로 뛰어난 수준임을 알 수 있다.

이처럼 영재들이 놀라운 성공을 거둘 수 있는 원인은 무엇일까? 그 원인에 관해 몇몇 학자들은 학교를 지목한다. 그런데 학교의 영재교육 프로그램은 영재들을 가르치는 데 부족한 것이 현실이다. 학교의 영재교육은 일부 특별 프로그램에 한정되어 있다. 일반적인 수업 시간에 어려운 문제를 가르치거나 영재들이 대회를 잘 준비할 수 있도록 돕지는 못하고 있다. 왜냐하면 반 30명의 아이들 중 영재 수업에 참여할 능력이 되거나 관심이 있는 아이들은 몇 명 되지 않기 때문이다. 그리고 영재들에게만 특별한 수업을 제공하는 것에 관해 반대의 의견을 가진 사람들도 많기 때문에 일반적인 학교 수업에서 영재들을 위한 수업을 계획하는 것조차 쉽지 않다. 이처럼 좋은 학교와 선생님은 물론 중요한 요소이지만, 실제 영재들의 성공에 학교만 필요한 것은 아니다.

이제 학교 밖으로 시선을 돌려보면, 다른 나라에서는 전혀 찾아볼 수 없는 집중적인 영재 훈련 프로그램들이 있다는 사실을 발견할 수 있다. 우리가 익히 알고 있는 수학영재, 과학영재를 위한 학원과 사고력 수학, 영재 수학, 올림피아드 과학, 각종 영재 단과학원 등 흥미로운 교육 프로그램은 물론이고, 영재고등학교나 과학고등학교에 진학하고자 하는 나이 어린 영재들이 시험이나 면접에서 성공할 수 있도록 지원해주는 입시 컨설턴트까지 영재교육을 위한 사교육은 너무나도 많다. 정확한 통계로 나와 있지는 않지만, 영재학원이라는 간판을 걸고 수업을 제공하는 학원은 대략 수도권에만 500여 개, 전국적으로는 1,000개의 영재학원이 운영되고 있다.

영재들이 학교를 마치고 다양한 사교육 기관을 찾아 그곳에서 학교보다 훨씬 어렵고 복잡한 내용을 공부하는 모습도 관찰할 수 있다. 오히려 재능 있는 아이들은 학교 바깥에서 꾸준한 공부를 통해 계속 놀라운 성적을 거두고 있는 것이다. 학교 수업에서 영재를 위한 수업을 제대로 해줄 수 없기 때문에, 정해진 교과서 수업을 따라가는 것이 지루한 영재들은 자신을 위한 어려운 수업 내용을 직접 가르쳐줄 수 있고 실력을 높여줄 수 있는 영재 사교육을 찾아다니고 있다. 그리고 이렇게 집중적인 영재 훈련을 받은 아이들은 국제학업성취도평가와 국제올림피아드에서 다른 나라의 영재들보다 훨씬 더 높은 성공을 이뤄나가고 있다.

외국에도 영재를 위한 프로그램이 있지만, 대부분 국가에서 운영하는 기관이거나 대학 중심의 영재교육이 대부분이다. 대신 우리나라에서는 마트에 가서 물건을 사거나 서비스를 받는 것처럼 아주 쉽고 간편하게 질 좋은 영재교육 프로그램에 아이들을 맡길 수 있다는 점에서 큰 차이가 있다. 사교육을 찾은 영재들은 대학이나 영재교육 기관에 가지 않고도 집 주변에서 아주 체계적인 영재 수업을 받고 있고, 아주 어려운 개념을 이해하고 문제를 푸는 훈련을 하고 있으며, 생활 습관과 공부하는 마음가짐에 이르기까지 철저한 관리를 받고 있다. 더불어 앞으로 어떠한 학교에 가야 할 것인지, 진로 계획은 어떻게 세울 것인지에 이르는 아주 세부적이고 자세한 내용을 준비하면서 더욱 빠르고 효과적인 성장을 이뤄내고 있다. 이처럼 영재를 훈련할 수 있는 다양한 장소와 프로그램들이 있다는 점은 우리나라의 영재교육에서 매우 중요한 내용이라고 할 수 있을 것이다. 지금부터 이러한 내용들에 관해 하나씩 살펴본다.

전 세계의 영재교육

우리나라 영재교육을 살펴보기 전에, 전통적으로 교육 선진국으로 불리는 많은 서구 국가들은 영재를 키우기 위해 다음의 방법들을 사용하고 있다. 여기에 제시한 프로그램들은 모두 학교와 대학을 중심으로 운영되는 영재교육 프로그램이다.

렌줄리의 영재 교육	피라미드 프로젝트	퍼듀 대학교 모형
• 탐색 활동	• 교실에서 심화 학습	• 동질적인 영재 선발
• 집단 훈련 활동	• 특별학급	• 교사 훈련
• 소수 훈련 활동	• 영재 특수학교	• 학문, 문제, 연구 참여

렌줄리(1977, 1997, 2003)는 서양의 영재교육에서 가장 널리 알려진 교육 이론을 만들었다. 그의 영재교육 이론은 크게 3단계로 나뉜다. 첫 번째는 일반적인 탐색활동으로 불린다. 탐색활동의 목적은 영재들에게 다양한 주제와 원리, 사건, 장소, 흥미, 그리고 정규 교육과정에 없는 기회를 제공하는 것이다(Renzulli & Reis, 2003). 영재들은 관심 있는 영역을 접하게 되고, 책, 비디오, 인터넷 자료, 견학, 강연 등 수많은 체험을 한다. 두 번째는 집단 훈련 활동이다. 영재들을 선별하여 모아서 팀 과제나 활동을 한다. 이를 통해 자기와 비슷한 영재들과 만나고 훈련하면서 높은 자아 개념과 자신감을 갖는다. 학생들의 기술이나 능력, 태도, 전략을 종합적으로 보는 것이 중요한 과정이다. 세 번째는 앞선 집단 활동에서 한 두 명의 개인 활동으로 집중된다. 영재들은 직접 연구 문제를 설정해서 실험을 하거나 보고서를 적는 등 아주 어렵고 창의적인 활동을 한다. 이러한 활동들은 상당한 수준의 능력을 요구하기 때문에 세 번째 활동에는 특별

히 선택받은 영재들만 참여할 수 있다.

다음으로, 서구에서는 학교를 중심으로 한 영재교육의 예시도 찾을 수 있다. 이것을 피라미드 프로젝트라는 단어로 설명한다. 피라미드 프로젝트는 가장 넓은 밑바닥에서부터 가장 좁은 최상위 난이도의 학습까지 제공하는 심화학습의 방법이다. 주로 학교에서 이루어지는데, 처음에는 대부분의 유능한 학생들이 본래 교실에서 담임 선생님과 함께 간단한 심화학습을 한다. 다음 단계는 좀 더 우수한 학생을 위하여 수업이 진행되며, 피라미드의 면적은 좁아진다. 소수 학생은 특수학급에 배치되어 수업받는다. 마지막으로 피라미드 최상층에 해당하는 아주 소수의 영재는 그들만을 위한 특수학교에 입학한다.

퍼듀대학교 모형은 영재를 위해 교실에서 사용할 수 있는 여러 프로그램과 교육과정 모형을 제시하고 있다. 퍼듀대학교에서는 우선 영재교육 기관이나 영재들의 필요에 따라 영재교육의 목표를 결정한다. 다음으로는 학생을 선발하는데, 가능한 한 동질적인 능력과 성격을 지닌 영재들을 선발한다. 이를 통해 아이들이 안도감과 즐거움을 느낄 수 있도록 한다. 교사 훈련은 또 다른 중요한 부분이다. 교사들은 학생들과 복잡한 문제를 함께 해결하고 동질감을 느낄 수 있도록 창의성과 사고 기술 등을 훈련한다. 실제 수업에서는 어려운 학문적 내용을 공부하고, 복잡한 문제에 접근하고 해결하며, 협동 과제나 연구 활동에 참여하는 방식으로 영재들의 재능을 발달시킨다.

서구의 영재교육을 살펴보면 대부분의 영재들은 학교나 대학의 영재 아카데미에서 공부한다는 사실을 알 수 있다. 이러한 영재교육 시스템은 이다음부터 설명할 우리나라의 영재교육과 비교할 수 있는 좋은 자료가 될 것이다.

학교에서 영재들을 가르치는 방법들

우리나라 역시 영재교육이 국가적으로 중요하다는 판단 아래 2000년대부터 학교 교육에서 영재교육을 시작했다. 우리나라의 영재교육을 알기 위해서는 영재교육진흥법에 관해 먼저 살펴볼 필요가 있다. 영재교육진흥법에서는 영재교육진흥 종합계획을 설명하고 있는데, 이 계획에 따르면 영재교육을 위한 교육기관, 교원, 실태조사, 재원 확보 등에 관한 전반적인 사항을 설정하고 시행하도록 규정하고 있다. 영재교육진흥법 시행령에 따라 2003년부터는 제1차 영재교육진흥종합이 발표되었다. 이에 따라 초등, 중등, 고등학교 중에서 교육부 장관이 심의하여 통과된 학교는 영재학교로 지정받을 수 있게 되었으며, 일반학교 안에 영재학급을 설치하여 운영할 수도 있게 되었다.

대표적인 예시로 2003년 부산과학고등학교가 부산과학영재학교를 거쳐 현재는 한국과학영재학교로 지정, 운영되고 있고 경기과학고등학교와 서울과학고등학교, 대구과학고등학교가 역시 영재학교로 지정되었다는 사례를 들 수 있다.

영재학교와 마찬가지로, 우리나라의 과학고등학교들은 과학에 관심이 많고 성적이 우수한 아이들과 영재들을 대상으로 창의적이고 심화된 내용을 가르치면서 우리나라의 과학 발전을 위해 노력하고 있는데, 대표적으로 한성과학고등학교, 인천과학고등학교, 세종과학고등학교 등이 있으며 전국에 걸쳐 14개의 과학고등학교가 운영되고 있다. 전국 과학고등학교의 전체 재학생 수는 총 4,389명으로서 전체 고등학생 수 약 1,300,000명 중 0.3%만이 과학고등학교에 진학하여 공부하고 있다.

이외에도 대학, 국공립 연구소, 정부출연기관, 공익법인 등에 영재교육원을 별도로 둘 수 있게 되었다. 이처럼 우리나라에서 공식적으로 운영하거나 지원하는 영재교육기관은 영재학교와 영재학급, 그리고 영재교육원이 있다는 점을 알 수 있다. 특히 영재학교와 과학고등학교는 영재교육에 필요한 영재 교육과정을 편성함에 있어 학년, 학기, 수업일수, 학급편성까지도 학칙으로 자유롭게 정할 수 있다. 또한 영재 교육과정을 영재학교 학칙 내에서 정당하게 이수했다면 그 정도에 따라 고등학교에 해당하는 교육과정 전부 혹은 일부를 이수한 것으로 인정하고 있다. 그래서 영재학교는 자유롭게 공부하고 싶어 하는 영재들에게 특히 인기가 많다.

한국식 스파르타식 수학영재 훈련 프로그램들

그러나 실제 우리나라 영재들이 더욱더 많이 참여하고 몰입하는 교육 프로그램은 따로 있다. 다음부터는 학교 바깥에서 공부하고 싶은 아이들에게 찾을 수 있는 수많은 사교육 상품들을 소개하고자 한다. 우리나라 영재들은 학교에서 공부할 뿐만 아니라 학교 주변, 집 주변, 심지어는 서울의 대치동과 같은 유명하고 훌륭한 영재교육 서비스를 제공하는 장소에서 공부하고 있다. 이러한 장소들은 아주 흔하고 접근하기도 쉽다는 점에 주목할 만하다.

먼저 영재학원과 관련해서 가장 먼저 살펴볼 과목은 바로 수학이다. 많은 영재들은 어릴 때부터 수학에서 아주 뛰어난 성과를 보여주는 경우가 많다. 그러한 아이들은 학교 수업 대신 일찍부터 영재학원에서 수학 공부를 시작한다.

실제로 활발히 운영되면서 인기를 끌고 있는 수학 영재학원에는 대표적으로 CMS에듀, 올림피아드 학원, 이강 학원, 파인만 학원, 종로 하늘교육, 씨매쓰, 블루 스카이, 올림피아드 학원 등이 있는데, 이러한 학원에서 공부하는 아이들은 서울에서만 약 5,000명이 넘고, 전국으로 추산하면 7,000명 정도 된다고 한다. 더 놀라운 사실은 이러한 학원에서 공부하여 영재학교나 과학고등학교에 진학하는 아이들의 숫자가 연간 700명 정도 된다는 점이다. 이 수치는 영재학교 입학생의 대부분을 차지하는 아주 큰 수치이다. 이외에도 잘 알려져 있지는 않지만, 영재들을 전문적으로 가르치는 과외 교사들도 활동하고 있다.

영재들이 이러한 수학 훈련 프로그램을 통해 무엇을 배우는지, 그리고 어떻게 성장하는지에 관하여 살펴본다.

우선, 영재들은 영재 사교육을 통해 자신이 가지고 있는 수학적 잠재력이 정확히 무엇인지를 알게 된다. 수학영재들이 처음 영재학원이나 과외를 찾게 되면 먼저 정확한 실력 테스트를 거쳐 어떤 분야에서 영재교육을 받을 수 있는지, 조금 부족하거나 공부가 더 필요한 부분은 어디인지를 살펴본다. 영재들이 공부에서 성공하는 데 가장 중요한 것이 정확한 실력을 진단하여 자기 자신에게 필요한 수학 내용을 집중적으로 공부하는 것에 있다. 무조건 어려운 내용을 공부한다고 해서 영재들의 실력이 올라가지 않기 때문이다. 그보다는 어떤 공부 방법이 자기에게 맞는지, 그리고 집중적인 훈련을 통해 개선해야 할 부분은 무엇인지를 찾는 것이 영재들의 성장에 훨씬 더 중요하다. 이것을 가능하게 만들어주는 부분이 바로 실력 테스트와 학습 진단이다.

더 중요한 사실은 이러한 영재 진단을 통해 자신과 가장 비슷한 아이들과 공부를 할 수 있다는 점이다. 영재학원에서는 초등학생과 중학생이 함께 수업을 듣는 일이 흔하게 일어난다. 왜냐하면 자기가 수업을 들을 수 있는 능력만 된다면 얼마든지 높은 수준의 수학 내용도 공부할 수 있다. 영재들은 학교에서는 상상도 할 수 없는 반 편성을 통해 자유롭게 중학교 수학, 고등학교 수학, 그리고 대학 수학을 배울 수 있다는 점에 큰 만족감을 보인다.

그리고 영재들은 실력도 중요하지만 같은 목표를 가진 아이들과 한 반이 되는 경우가 많다. 그래서 반 이름도 영재반(영재학교반), 과고반, 카이스트반, 포항공대반, 의대반 등으로 정해진다. 많은 아이들은 처음 학원에 등록하는 순간부터 이미 알고 있는 똑똑한 친구들과 함께 공부를 시작하기도 한다. 이렇게 목표가 같은 반으로 이루어지면 자연스럽게 공부해야 할 내용을 같이 정할 수 있으면서도 친구들과 선의의 경쟁도 하면서 공부에 재미를 붙일 수 있다. 특히 반 이름이 명문대반인 경우에는 자연스럽게 목표 의식을 가지기도 한다. 열심히 공부해서 꼭 명문대나 원하는 목표를 달성해야겠다고 생각하고, 반에서 탈락하지 않기 위해서 더욱 노력하는 모습을 보이게 되는데, 이러한 모습은 영재들의 실력을 더욱 높이는 계기가 된다.

한편, 실제 영재들이 참여하는 학원에서 수업 순서의 예는 다음과 같다.

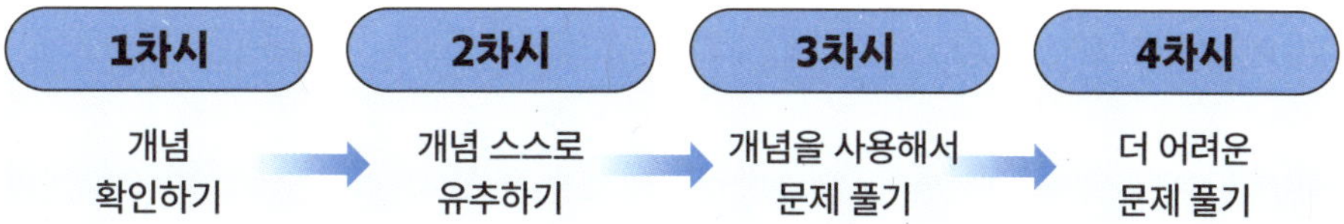

위와 같은 수업은 하나의 예시인데, 영재들은 학원에서 이러한 순서에 따라서 공부하는 연습을 계속 반복한다. 영재반 전문 선생님이 가르쳐주는 내용도 공부하면서, 공식에 따라서 개념을 직접 도출하는 연습, 그리고 개념을 사용해서 문제를 만들고 반복하는 연습, 어려운 심화 문제를 어떻게 풀지 생각해보는 연습을 계속한다. 문제의 내용은 보통 아이들이 공부하는 것과는 사뭇 다르다. 단순히 번호를 고르거나 단답형의 문제는 거의 풀지 않는다. 대신 답을 어떻게 생각하게 되었는지를 글이나 수식으로 설명하고, 관련된 수학적 개념이나 이론이 무엇인지를 정확히 설명하는 데 중점을 둔다. 수학 문제임에도 자기 생각을 쓰거나 정답을 여러 개 생각해보기도 한다.

이것은 영재들이 어떠한 문제를 만나더라도 쉽게 이해하고 풀 수 있는 하나의 기술을 가르쳐주는 것이라고 할 수 있다. 영재학원에서는 고등학교와 대학교에서 다루는 수학적 개념을 적용한 어려운 내용과 사고력 훈련에 집중적으로 시간을 투자한다. 그렇기 때문에 영재들은 사교육에서의 영재 훈련 프로그램에 관심을 갖고 재미있어한다. 이러한 공부 내용은 학교에서는 전혀 다루지 않는 부분이기 때문이다.

이렇게 영재들이 배우는 수학 수업 내용은 이미 학교 수업보다 훨씬 더 앞서 있다. 6개월에서 심지어는 2, 3년을 앞서가는 경우도 있다. 이러한 내용은 다음의 표를 통해 쉽게 나타난다.

사례	심화학습의 내용
초등학교 6학년 지수	중학교 3학년에서 가장 중요한 인수분해를 완전히 익히고 심화 문제를 풀면서 앞으로 고등학교 수학을 공부하는 데 필요한 개념과 응용 능력을 얻기
중학교 2학년 재형	고등학교 1학년 내용 중 영재고등학교 입시에 가장 많이 나오는 이차함수, 원의 방정식, 무리함수 등을 집중적으로 공부하여 영재고에 입학해서도 다른 친구들에게 뒤지지 않는 실력 쌓기
예비 고등학생 예진	고등학교 2학년 교과서에 나오는 삼각함수의 내용을 바탕으로 공대에서 배우는 미적분학, 공업수학 등의 내용을 학원에서 배우고 연습하기

여기 제시된 사례와 같이, 영재학원에서 공부하는 많은 아이들은 보통 아이들보다 훨씬 더 어렵고 수준이 높은 내용들을 공부하고 있고, 공부하는 양도 훨씬 더 많다. 영재들은 학원에서 점점 자신이 어느 분야에 관심이 있고, 또 재능이 있는지를 확실히 알 수 있게 된다. 특히 자기가 원하는 내용을 선택하여 공부할 수 있다는 점에 매우 크게 만족하고 자신감을 느끼기도 한다. 더 중요한 사실은, 학원에서 공부하는 영재들은 모두가 자기 자신만의 수업 진도에 따라 공부하고 있다는 점이다. 반이 똑같다고 하더라도 심화 수업의 내용, 숙제의 내용, 그리고 학원에서 집중적으로 공부하는 내용이 모두 다르다. 왜냐하면 학원에서는 공부를 뛰어나게 잘하는 영재들을 만족시키기 위해서 세심하게 진도를 조절

하기 때문이다.

이 과정에서 영재학원 선생님과 과외 선생님은 영재들이 균형을 잘 유지하면서 공부할 수 있도록 도와주는 중요한 역할을 하고 있다. 아이들이 너무 진도를 빨리 나가거나, 느리게 나가지 않도록 수준에 따라서 적절하게 학습 분량을 조절해주고, 학교 시험에서도 좋은 점수를 받을 수 있게 관리해준다.

여기에 덧붙여 영재들이 특별히 성장할 수 있는 계기를 마련해주는 것이 바로 경시대회와 올림피아드 훈련 프로그램이다. 이 과정은 다른 학원에서 경험할 수 없는, 영재학원만의 특별한 공부 경험이라고 할 수 있다. 거의 모든 영재학원에는 경시대회 준비반이 따로 있는데, 그 이유는 경시대회와 올림피아드에 참여하면서 영재들은 자기가 지닌 잠재력과 재능을 눈으로 확인하고, 성취감도 강하게 느낄 수 있기 때문이다. 더 나아가 경시대회와 올림피아드는 영재고, 과학고에 입학할 때 간접적으로 도움이 되는 역할을 할 수도 있다.

구체적으로 살펴보면, 영재학원에 만들어져 있는 경시대회 반에 특강을 신청하게 되면 기본 수업과는 별도로 완전히 다른 수업 방식과 자료로 공부하게 된다. 우선 기본 강의 내용부터 완전히 달라진다. 경시대회반은 철저히 대회에서 좋은 성적을 거두는 것을 목표로 하기 때문에, 강의 내용이 대부분 기존에 경시대회에서 많이 출제되었던 수학 개념들을 알려주고, 익숙하게 만들어서 문제를 보면 관련 개념이 바로 떠오를 수 있도록 훈련하는 데 집중된다.

수업 시간마다 자주 출제되는 개념을 공부하는 것은 물론이고, 개념 설명이 끝나면 경시대회 문제와 비슷한 유형 문제를 푸는 수업을 반복한다. 자연스럽게 아이들은 시험을 한 번도 치지 않았더라도 경시대회가 어떠한 방식으로 진행되는지, 어떠한 문제가 나오고 어떻게 풀어야 좋은 점수를 받을 수 있을 것인지를 쉽게 이해할 수 있게 된다. 이것이 가능한 이유는 학원 교사들이 매번 치러지는 전 세계의 모든 영재 올림피아드 문제들을 수집하고 분석하기 때문이다. 더 나아가 교사들은 이미 대회에 참가해서 좋은 성적을 거둔 선배들의 답안지와 풀이 방법 수천 개를 가지고 있고 여기서도 수업에서 아이들에게 도움이 되는 내용을 추려서 수업자료로 만든다. 거의 모든 문제를 가져와서 분석하면 경시대회에서 어떤 개념들이 많이 나오는지, 그리고 풀이 과정이 중요한 경시대회에서 어떻게 문제에 접근해야 할 것인지에 대한 대략적인 답을 알 수 있기 때문에, 실제 수업에서도 아이들에게 확신을 갖고 중요한 내용을 알려줄 수 있다. 이것은 일반적인 학원에서의 문제풀이 수업과 비슷해 보이지만, 실제로는 문제를 선생님이나 다른 아이들에게 설명하고 더 좋은 풀이를 이야기하는 과정이 포함되어 있기 때문에 수업이 훨씬 더 다채롭고 수준이 높다고 할 수 있다.

이러한 집중적인 수업과 더불어 영재들의 공부에 도움을 주기 위해 다양한 경시대회 자료를 수집하여 이와 비슷한 유형의 모의고사를 계속 만들어서 풀게 하는데, 이것이 아이들을 대회에서 성공할 수 있도록 만들어준다. 모의고사는 영재학원의 모든 아이들이 시험을 치는 내용인데, 학원에서 자기 위치를 바탕으로 나중에 내가 이 대회에 참가했을 때 어떤 성적을 거둘 수 있을 것인지를 가늠해볼 수 있는 척도가 된다. 모의고사는 실제 올림피아드와 똑같은 분위기 속에서 진행된다. 아이들은 교실에 앉아서 긴장하면서 시험을 치고, 성적표를 받는다. 이렇게 꾸준히 연습하는 과정을 통해 영재들은 수학 올림피아드에서 1등을 할 수 있는 실력을 기른다.

영재들은 이러한 사교육에 믿음을 느낀다. 그리고 무엇보다도 단순한 문제풀이나 암기식 방법에서 벗어난 다양한 공부법에 만족한다. 서술형, 논술형 문제를 해결하면서 아이들은 어느새 많은 양의 공부를 효과적으로 할 수 있다. 특히나 자기 전에 하루하루 공부한 내용을 스스로 점검하고, 자신만의 공부 스케줄을 설정할 수 있는 학습계획 노트를 통하여 아이들은 자신의 학습을 통제하고 있다는 느낌을 받는다. 이처럼 영재 아이들은 매일매일 꾸준히 학교에서 수업을 듣고, 학원에서는 심화학습을 한다. 실제로 영재학원에서 공부하는 아이들은 다음과 같은 내용을 이야기한다.

학원이 좋은 점은... 우선 처음에 들어갈 때 상담이 아주 자세했고요. 그리고 학교와는 비교할 수 없을 정도로 엄청나게 많은 수업이 있다는 게 마음에 들었습니다. 과학고를 준비하는 사람, 중학교 심화 수업이 필요한 사람, 학교 시험 점수가 필요한 사람들이 모두 필요한 수업을 다 들을 수 있어서 정말 만족해요.

— 영재학원생 찬수

수학을 공부할 때 영재학원이 꼭 필요해요. 왜냐하면 학교에서 미적분이나 함수 내용을 집중해서 배울 수가 없거든요. 수학 선생님한테 질문하는 것도 자주 하기 어렵고요. 그래서 학원에서 아예 따로 진도를 나가는 게 마음이 편해요.

— 영재학원생 유민

결국 수학 영재학원에서 공부하는 아이들이 진정으로 원하는 것은 단순히 어려운 문제를 많이 푸는 것이 아니라, 영재로서 자신이 가진 장점을 크게 성장시키는 것에 있다. 지금까지는 수학 공부에 관심이 많고 잘한다는 사실이 학교에서 크게 중요하지 않았다. 오히려 선생님을 말씀을 잘 듣고, 정해진 학교 수업 진도를 따라가야만 했다. 하지만 영재학원에서 자기의 실력에 자부심을 가져도 된다는 사실을 깨닫고 자존감이 높아졌다. 그리고 수학적 능력이 필요한 다양한 분야에는 무엇이 있는지, 자기가 어느 분야로 가는 것이 좋을지를 고민할 수도 있게 되었다. 그리고 수학에 문제를 푸는 것만이 전부가 아니라는 점도 알게 되었다. 마지막으로 아이들은 자기가 알고 있는 수학적 지식을 문제에 적용하는 방법, 그리고 자기가 풀어낸 문제를 설명하는 방법을 터득하게 되면서 다른 친구들과는 비교도 할 수 없을 정도로 성장하게 되었다.

한국식 스파르타식 과학영재 프로그램들

다음으로, 영재들을 위한 수많은 과학 사교육 프로그램을 살펴본다. 수학과 마찬가지로 과학에서도 500개가 넘는 과학 전문학원과 영재학원들이 전국에서 활발히 운영되고 있다. 여기서는 수많은 영재들과 공부를 잘하는 우수한 아이들이 학교 수업보다 더 어렵고 복잡한 내용들을 공부하고 있다. 특히 어렵고 복잡한 과학 수업 내용을 이해하기 쉽게 가르치면서도, 공부를 아주 잘하는 아이들의 공부 속도를 만족시키기 위해서 철저한 훈련 프로그램을 운영하는 사교육이 큰 인기를 끌고 있다.

대표적으로 과학을 전문으로 하는 영재학원에는 서울 지역에서는 미래탐구학원, YG과학학원, 원탑과학학원 등이 있고, 지방으로 가보면 플라톤 과학학원, 와이즈만, 셜대학원 등이 유명한 것으로 알려져 있다. 또한 앞서 소개한 CMS에듀나 미래영재학원에서 수학과 과학을 함께 가르치는 경우도 많다. 아이들은 과학 영재학원을 통해 다음과 같은 점에서 수업에 만족감을 느끼고 성장한다.

우선, 공부를 아주 잘하는 아이들은 영재학원에서 과학을 공부하면서 엄청나게 다양한 수업 프로그램을 고를 수 있다는 점에 크게 만족한다. 과학 영재학원의 수업은 화학, 물리, 생물, 지구과학처럼 학교 과목에 맞게 선택할 수 있게 구성되어 있고, 수업의 종류도 심화 수업, 대학 수준의 수업, 올림피아드 수업, 내신 대비 수업, 선행 수업 등 일일이 나열하기 어려울 정도로 많다. 이처럼 과학학원은 한 학원에 수업의 종류가 20개에서 30개로 다양하기 때문에 나이나 학년과 관계없이 수준에 맞는 수업을 듣는 것은 물론, 목표로 하는 내용에 따라서 다른 수업을 들을 수도 있다.

올림피아드에서 금메달 따기, 영재학교 입시에서 성공하기, 아니면 학교 시험에서 좋은 점수를 받기 등 거의 모든 공부의 목표를 한 곳에서 이룰 수 있다는 점이 영재학원 과학 프로그램이 매력적인 이유라고 할 수 있다.

그리고 수학과 마찬가지로, 아이들은 학년이나 나이가 아니라 수업을 이해할 수 있는지를 기준으로 하여 수업을 신청할 수 있다는 점도 크게 만족한다. 실제로 과학 영재학원에서 아이들의 수업 진도는 같은 학년, 같은 나이라고 해도 과목별로 제각기 다른 경우가 많다. 예를 들어 물리를 잘하는 아이들은 중학생인데 고등학교 물리를 배우고, 다른 과목들은 중학교 수준에 맞춰 배우는 방식이다. 처음에는 4개의 과학 과목을 모두 잘하는 아이들보다는 한두 과목이 특별하게 뛰어난 아이들이 더 많은데, 나중에는 학원의 도움으로 나머지 과목들도 실력을 크게 높일 수 있다.

한편으로는 아이들은 어려운 문제에 쉽게 접근하는 방법, 아는 문제를 실수하지 않고 꼼꼼하게 풀어내는 방법, 중요한 과학 개념을 떠올려서 풀이를 설명하는 방법 등을 끊임없이 연습해서 문제 푸는 실력을 다듬는다. 이것은 영재들이 공부를 더욱 완벽하고 성공적으로 할 수 있도록 만들어준다. 영재학원에서는 문제를 체계적으로 이해하는 방법, 문제 푸는 시간을 줄이는 방법, 문제풀이를 보기 좋게 정리하는 방법 등을 가르쳐주고, 훈련시켜 주기 때문에 영재들은 아주 빠른 시간 안에 점수를 크게 높일 수 있다.

더 나아가 학원에서는 아이들에게 공부하는 방법을 알려주기 위해서 여러 가지 장치들을 활용한다. 예를 들면 문제에 접근할 때 이해-추론-계산-해결과 같은 문제 풀기 과정을 매번 활용하도록 하거나, 학습 노트를 사용해서 공부 습관을 바로잡아주는 활동을 진행하는 것이다. 이러한 훈련은 처음에는 영재들이 지루하다고 생각하고 효과가 잘 나타나지 않는 것처럼 보인다. 하지만 문제를 푸는 훈련을 해보면서 아이들은 자기의 약점을 보완하고 시험 점수를 끌어올리면서 큰 자신감을 얻게 된다.

그리고 영재학원에서는 과학고등학교나 영재학교의 수업 내용을 반영해서 학원 수업을 구성하기도 한다. 예를 들어 경기과학고라는 이름이 붙은 수업은 실제 경기과학고에서 사용하는 교재, 그리고 수업 순서, 시험 내용과 비슷하게 학원 수업을 구성해서 진도도 비슷하게 나간다. 그러면 아이들은 학원에서 공부를 하는 것만으로도 과학고등학교의 수업을 간접 체험할 수 있다. 그리고 학원에서 오랜 시간 공부하면 할수록 특목고나 영재학교의 수업 수준과 방식에 쉽게 익숙해질 수 있다. 이러한 점은 학원에서 공부하는 아이들이 그냥 학교에서 공부하거나 집에서 혼자 공부하는 아이들보다 훨씬 유리한 위치를 차지할 수 있는 장점이 된다.

영재학원에서는 크게 학기, 시험기간, 방학으로 나누어 공부를 한다. 학교에 다니는 시기에는 영재학교와 중학교 진도에 맞춘 교과 교재와 심화학습 자료로 공부하며, 학교시험 기간에는 각 학교의 문제 출제와 경향을 바탕으로 한 예비시험 문제를 가지고 수업을 한다. 마지막으로 방학기간에는 비교적 학교 수업에서 자유롭게 개념과 원리 중심의 설명 자료를 바탕으로 한 영재 수업을 진행한다. 아이들은 영재학원에서 공부하는 것이 과학 공부에 실제 도움이 된다고 이야기하고 있다.

> 제가 영재학원에 가는 이유는 서울대 물리학과를 목표로 공부하고 있는데 아무래도 대학교 수업을 따라가려면 물리학 내용을 미리 배워야 한다는 이야기가 많아요. 고등학교 물리만 공부해서는 수업이 너무 어렵고 과제를 할 때도 따로 과외를 받아야 할 정도로 어려워진다고 해서요. 그래서 조금 걱정도 되고, 미리 공부하면 도움이 될까 싶어서 학원에서 공부를 시작했어요.
>
> — 영재학원생 민찬

한편, 과학에서도 수학과 마찬가지로 다양한 올림피아드에서 좋은 성적을 거둘 수 있도록 도와주는 특별한 학원 수업 프로그램들이 있다. 우리나라에는 영재들의 실력을 겨루고 엘리트 과학 공부를 위해 여러 분야에 걸쳐 올림피아드를 개최하고 있다. 총 7개의 올림피아드가 있는데, 대표적으로는 한국물리올림피아드, 한국화학올림피아드, 한국생물올림피아드, 한국천문올림피아드 등을 들 수 있다. 그리고 앞서 소개한 미래탐구학원, YG과학학원, 원탑과학학원 등에서는 모두 올림피아드 수업 프로그램이 있다.

과학 분야의 올림피아드 대회 문제는 학교 수업보다 훨씬 어려운 것은 물론이고, 학년이나 나이를 뛰어넘은 교과 내용이 출제되기도 한다. 그래서 영재들은 올림피아드를 준비하기 위해서 영재학원의 도움을 받고 있다. 이러한 올림피아드 준비 수업은 어떤 종류의 올림피아드에 참여하는지에 따라 완전히 다른 수업 방식과 자료로 공부한다는 점에서 독특한 특징을 갖고 있다. 예를 들면, 물리올림피아드에 참가를 원하는 영재들이 있다면, 특별 수업을 통해 열역학, 전자기학, 파동과학 등 물리학의 핵심 원리를 가르쳐주는 것이다. 그러면 아이들은 나이와 관계없이 실력에 따라서 올림피아드를 준비할 수 있다. 수업 방식도 올림피아드에 맞게 맞춰진다. 만약 올림피아드의 방식이 문제풀이에 맞춰져 있을 경우 지금까지 출제된 기출 문제와 예상 문제들을 조합해서 아이들이 많은 문제를 직접 풀어보고 정답을 알아보기 쉽게 정리하도록 연습을 시킨다. 반면에 올림피아드 대회 형식이 보고서 발표나 토론이라면, 학원 수업 역시 원탁 토론 수업이나 자료 조사 방식으로 이루어지고 발표 연습도 매주 실시하고 서로 평가해 보고 개선하는 활동도 반복해서 하게 된다.

올림피아드에서는 논술과 면접 준비도 영재들에게 필수적인 내용이다. 우선 논술은 사실상 꾸준한 연습이 필요한 과목이다. 왜냐하면 글쓰기를 논리적으로 하는 능력은 쉽게 길러지지 않기 때문이다. 논술 시험에는 다양한 방법이 있는데, 대표적인 것은 과학과 관련된 여러 개념을 설명하는 어려운 문제를 제시하고, 이것을 제한시간 내에 풀이를 해내는 것이다. 학생들은 단순히 문제를 풀기보다는 그 과정을 자세하게 설명하는 것으로 점수를 받는다. 올림피아드를 위한 논술의 흐름은 아이들이 어떤 글을 써냈을 때 높은 점수를 받는지를 분석하는 데 있다. 학원에서는 합격생들의 글을 자세히 분석하여 어떠한 내용과 풀이를 제시해야 높은 성적을 받을 수 있는지 확인한다. 또한 올림피아드 대회별로 다른 논술문제 출제 경향과 채점 기준에 대한 연구도 한다. 이를 바탕으로 아이들이 문제를 풀면 문제가 대략 몇 점을 받을 수 있을 것인지, 조금이라도 더 좋은 점수를 받기 위해서는 무엇을 더 첨가하고 빼야 할 것인지를 피드백 해준다. 이러한 올림피아드 수업은 학원마다 조금 다르기는 하지만 학급당 5명을 거의 넘지 않는다. 몇몇 학원에서는 대회에 참여하는 아이들만 남겨서 일대일 지도를 하기도 한다. 이 기간에 집중적인 훈련을 한 영재들은 제한 시간 내에 아는 내용을 시험지에 체계적으로 적는 방법을 배울 수 있다.

한편, 아이들은 면접도 중요한 학습의 과정으로서 체험한다. 한 시간의 모의면접 테스트를 위해서는 작은 규모의 교실 하나가 선정된다. 아이들은 실제 입시 과정처럼 밖에서 대기한다. 학원의 원장님과 교사들이 한 팀이 되어 면접관의 역할을 대신한다. 미리 문제도 선정해 놓고 대기하고 있다. 대부분의 문제는 실제 목표하는 올림피아드 과정에서 실제 출제되었던 문제들로 구성되어 있다. 모의 면접이 시작되면, 면접관은 시간을 재고 실제 면접 방식과 동일하게 아이들에게 문제지를 나누어 주고 생각할 시간을 준다. 아이들은 각자 칠판 앞으로 나가서 자신이 생각한 문제에 대한 해결법을 칠판 가득 적어가며 면접관들을 설득시킨다. 그러나 중요한 것은 문제를 풀고 난 뒤에 벌어진다. 면접관들은 아이들의 해설을 하나하나 지적하며 이 풀이에 사용된 과학적, 수학적 지식을 묻기도 하고 그 외에 예상치 못한 날카로운 질문을 던진다. 이러한 모든 내용은 면접관의 개인 평가서에 기록되어 나중에 수업에서 다시 아이들을 가르치는 자료로 활용된다. 이처럼 학원에서 아이들은 이러한 단련과정을 거치면서 실전에서는 떨지 않고 침착하게 문제를 풀 수 있는 능력을 기를 수 있다.

지금까지 학교 바깥에서 영재들이 공부하고 있는 실제 모습을 살펴보고, 사교육이 영재들을 완전히 만족시키고 있는 흥미로운 현상에 관해 살펴보았다. 영재들은 학교가 마치면 저녁 늦게까지 영재학원에서 학교 교육과정을 뛰어넘어 공부하고, 올림피아드를 준비하며, 자신의 재능을 더욱 펼칠 수 있는 영재학교와 과학고등학교에 들어가기 위한 준비를 하고 있다. 이러한 결과로 영재학교나 과학고등학교에 입학하는 아이들, 그리고 국내외 올림피아드에서 금메달을 수상하는 아이들 대부분이 영재학원 출신인 경우가 많다. 학원에서 공부한 우리나라 영재들은 자연스럽게 전 세계의 다른 영재들을 압도하는 실력으로 나타나고 있었다. 앞으로도 이러한 영재들의 공부에 관해 꾸준히 관심을 갖고 지켜볼 필요가 있을 것이다.

7

사이보그 학습 전사들

세계 최고를 달리는 디지털 노마드 공부

우리나라의 테크놀로지는 세계 어느 나라를 비교하더라도 떨어지지 않는다고 자부할 수 있다. 초고속 인터넷 속도 순위 7위, 모바일 인터넷 속도 순위 2위, 스마트폰 보급률 1위 등의 수치만 살펴보더라도 우리의 IT 실적은 세계를 휩쓸고 있을 정도로 우수한 성적을 기록하고 있다. 이러한 테크놀로지의 보급은 자연스럽게 우리 아이들의 학습과도 연결된다. 특히 한국의 학생들이 공부를 열심히 하고 잘하게 된 여러 요인 중 하나는 한국의 질 높은 학습 테크놀로지와 높은 교육열이 시너지를 일으켰기 때문이라는 분석이 있다. 우리나라는 단순히 테크놀로지를 발전시키는 것을 넘어서 이제는 테크놀로지와 교육을 결합하여 새로운 디지털 문화를 만들어 내고 있다. 이러한 학습 문화는 세계에서 부러워하는 훌륭한 학습 자산이자 자랑거리가 되었다. 이에 이러한 테크놀로지가 우리 아이들

의 생활 속에 어떻게 녹아 있는지, 테크놀로지를 활용한 학습이 어떤 효과들이 있는지 한 번 확인해보고자 한다.

사이버 휴먼Cyber Human의 시대

전 세계 아이들은 과거와 다른 방법으로 공부를 하고 있다. 우리 아이들도 예외는 아니다. 이러한 새로운 학습 문화를 탄생시키게 된 배경에는 빠른 인터넷과 수준 높은 전자 테크놀로지의 기술이 있었기에 가능한 것이 아닌가 생각한다. 이러한 발전은 기존에 갖고 있었던 다양한 인식과 방법들을 순간적으로 변화시켜 버렸다. 지금의 아이들은 이제 서울에 있든, 미국에 있든 서로 대화하기를 원하기만 하면 즉시 바로 대화하고, 심지어는 함께 게임을 하거나 공부하는 것이 쉽게 가능한 사회가 만들어진 것이다.

또한 이러한 기술의 변화는 한국인들의 삶 속에서도 큰 변화를 일깨우고 있다. 이제 한국에서 스마트폰, 태블릿은 없어서는 안 되는 하나의 생필품이 되었다. 커피숍에 들어가 커피를 주문할 때, 음식점에서 음식값을 계산할 때 더 넘어서 누군가와 얘기를 할 때도 이제는 스마트폰은 없어서는 안 될 존재가 되었다. 이러한 생활이 만들어지게 된 배경에는 한국의 빠르고 질 높은 인터넷망과 세계 최고 수준의 스마트 기기가 있다. 이러한 테크놀로지들의 발전을 전 국민이 누릴 수 있게 되면서 한국 사람들의 일상적인 삶의 모습은 완전히 바뀌었고, 더 나아가 아이들의 생활 모습도 크게 변화시키고 있다.

고등학교에 다니고 있는 철수는 아침에 일어나 스마트폰으로 학교 시간표와 급식표를 확인한다. 그 후 철수는 오늘 하루 동안 무엇을 할지 스마트폰에 알람을 설정한다. 철수가 맞춰 놓은 시간이 되면 알람이 울리고 알람에 맞춰 철수는 하루 계획을 실천한다. 등교하면서 철수는 스마트폰 애플리케이션을 이용해서 커피를 예약한다. 철수는 등교하는 길에 커피숍에 들러 미리 주문해 놓은 커피를 들고 학교에 들어간다. 이제 학교 안에서도 철수와 친구들은 직접 입으로 대화하지 않는다. SNS에 사진과 글을 올리면서 어제 있었던 일들을 공유하고 서로의 이야기를 댓글로 달면서 서로의 일상을 공유한다. 학교가 끝난 후 SNS를 통해 서로 몸은 떨어져 있지만 바로 옆에 있는 것처럼 이야기하며 집으로 걸어간다. 집에 들어간 철수의 손에서 스마트폰은 절대 떨어지지 않는다. 공부할 때는 태블릿을 이용해서 인터넷 강의를 듣고 저녁을 주문하면서도 스마트폰을 이용한다. 일과를 모두 끝낸 철수는 오늘 일과를 스마트폰에 저장해 놓은 일정을 확인하고 잘 실천했는지 확인하면서 잠이 든다.

위 예시에서 볼 수 있듯이 이제는 한국의 많은 학생이 다양한 테크놀로지를 이용하여 삶을 살아가고 있다는 점을 부정할 수 없다. 이러한 테크놀로지 속의 생활은 한국의 사람들 모두가 사용하는 스마트폰 이외에도 다른 스마트 기기에서도 나타나고 있다. 예를 들어 아이들은 종이에 연필로 글을 쓰거나 그림을 그리지 않는다. 특수한 스마트 펜을 사용해서 노트 필기하거나 혹은 태블릿과 컴퓨터를 이용하여 그림을 그린다. 그런데 이제는 이 모든 것을 태블릿 하나로도 해결이 가능하다. 태블릿으로 그림도 그리고 글씨도 쓰며 다양한 학습자료를 보고, 공부가 지루할 때는 영상을 보면서 스트레스를 푼다. 또한 가고 싶은 곳이 있어 공항에 향하는 것이 아니라 자신의 방으로 들어가 VR 안경을 끼고 우리나라 어디든 혹은 세계 어디든지 여행하고 있다.

더 나아가 테크놀로지는 아이들의 일상을 바꿨을 뿐만 아니라 전통적인 학교의 모습, 선생님의 수업도 바꿔 놓고 있다. 이제는 이러한 테크놀로지 속에서 한국의 학생들이 시험 성적을 올리기 위해 혹은 학교 과제를 수행하기 위해서 어떻게 활용하고 있으며 어떤 효과가 있는지 하나씩 살펴보고자 한다.

와이파이로 뒤덮인 교실

지금까지 우리나라의 일반적인 학교 수업의 모습을 생각해보면, 아이들이 교과서를 책상 위에 펼쳐 놓고 선생님이 말하는 내용을 교과서나 공책에 볼펜을 이용해 받아 적고 있는 전통적인 학교의 모습이 떠오를 것이다. 하지만 현재 우리 교실의 모습은 이전과는 많이 다르다. 우리 교실에 들어서면 이제 없는 게

없다. 우선 교실에 들어가서 앞을 보면 익숙한 초록색 칠판 대신 아주 큰 크기의 전자 칠판이 달려 있다. 전자 칠판은 기존의 칠판처럼 판서가 가능하고, 여러 가지 앱이나 영상을 볼 수 있는 기능도 있어 전자 칠판 하나만으로도 수업이 가능하다.

그리고 교실 천장을 바라보면 아주 빠른 속도의 무선 인터넷 모뎀이 있어서 노트북이나 태블릿을 사용해서 수업을 진행할 수 있도록 되어 있고, 교실 한쪽 벽에는 아이들의 태블릿을 보관하고 충전할 수 있는 거치대가 있다. 교실은 그야말로 온갖 첨단 기술이 집약되어 있는 장소인 것이다.

이러한 첨단 인프라는 교실에만 있지 않다. 이제는 학교 전체가 첨단 기술을 마음껏 활용할 수 있도록 변화하고 있다. 대표적인 것이 학교 전체 와이파이라고 할 수 있다.

세종의 한 초등학교의 도서관은 더 이상 종이로 된 책을 구매하지 않는다. 사서 선생님은 도서관에 와이파이 기계를 설치했고 50대의 태블릿을 준비했다. 학생들은 쉬는 시간, 점심시간이나 방과후가 되면 책을 읽기 위해서 도서관으로 향한다. 하지만 종이책을 꺼내는 것이 아닌 태블릿 보관함에서 태블릿을 꺼내 E-BOOK 애플리케이션을 클릭한다. 자신이 읽고 싶은 책을 검색하거나 아니면 사서 선생님이 선정한 이달의 우수 도서들을 클릭해서 책을 읽기 시작한다. 종이책이라면 단순히 사진이나 글만 볼 수 있겠지만 E-Book은 학생들이 사진을 클릭하면 좀 더 자세한 사진이나 동영상을 제공해준다. 학생마다 개인 아이디가 있어 자신이 읽은 책의 정보를 저장할 수도 있으며, 책갈피 기능도 있어 학생들이 쉽고 재밌게 읽을 수 있도록 제공하고 있다.

우리나라의 선생님들도 이러한 첨단 기술과 디지털 기기를 활용한 수업에 적극적이다. 그리고 디지털 기술을 활용한 여러 교육 활동에서도 전문가의 면모를 보이고 있다. 십수 년 전부터 컴퓨터를 활용하여 프레젠테이션, 문서작업, 홍보 포스터 제작 등을 아주 쉽게 해내고 있으며 거의 모든 선생님들은 매시간 컴퓨터를 사용해서 수업을 진행하는 데 익숙하다. 더 나아가 최근에는 데이터 코딩, 로봇 코딩, 3D 설계도 작업, 온라인 강의 제작을 위한 영상 촬영 및 동영상 편집까지도 선생님들이 맡아서 하고 있다. 선생님은 학교 수업 시간에 태블릿을 이용해서 수업을 할 수도 있으며 아이들 또한 여러 활동에서 태블릿을 이용하여 활동을 진행할 수 있다. 또한 학교 선생님들은 이러한 장비들을 사용하기 위해 매년 수십 시간의 교육을 받고 있으며, 여러 스마트 기기들을 활용한 수업을 연구하고 있기도 하다. 특히 다양한 수업 실천 전문가로서 우리나라 선생님들은 테크놀로지를 이용하여 다양한 방식으로 할 수 있는 수업을 연구하고 있으며 활용하기 시작하였다.

고등학교 2학년인 동주의 수학 선생님은 조금 특별한 방식으로 수업을 하고 있다. 바로 거꾸로 수업이다. 거꾸로 수업은 학생들이 집에서 공부하고 학교에서는 활동적인 수업을 할 수 있도록 구성되어 있는 수업이다. 동주의 수학 선생님은 매주 3번 수학 강의 동영상을 제작하고 유튜브에 올린다. 그러면 그 선생님의 수업을 듣는 학생들은 집에서 강의를 듣고 기본적인 문제를 풀어서 학교에 온다. 학교 수학 수업 시간이 되면 학생들은 선생님에게 수학 수업을 듣는 것이 아니라, 수학 문제를 풀고, 태블릿을 이용해서 모둠 친구들이 모여서 새로운 문제를 만들도록 한다. 각 모둠이 만든 문제는 선생님이 미리 제작해 놓은 파일에 저장이 되고 시간이 딱 되면 반의 모든 학생에게 문제가 제공된다. 서로가 만든 문제를 풀고, 가장 어렵고 수준 높은 문제를 만든 모둠에게 선생님은 점수를 주면서 수업을 마무리한다.

아이들도 수업을 통해 기본적인 코딩을 이용한 게임 만들기, 간단한 코딩 로봇 제작, 동영상 제작, 3D 설계도 제작 등 다양한 디지털 능력들을 함양하고 있다. 실제 학교 수업에서 인터넷과 디지털 관련한 기술을 습득할 수 있는 내용을 아이들에게 가르치고 있기 때문이다. 초등학교에서는 태블릿을 이용하여 www와 WBI를 기반으로 한 여러 수업이 시행되고 있으며 중학교나 고등학교에서는 아이들이 수업 시간이 되면 가방에서 교과서와 함께 태블릿을 꺼내 수업을 듣고 필기한다. 선생님이 들려주던 이야기나 학생들에게 보여주던 사진들을 이제는 클릭 한 번이면 직접 모든 것을 볼 수 있는 교실의 모습이 된 것이다. 더 나아가 도서관에서도 더 이상 종이책으로 보는 것이 아닌 도서관 애플리케이션을 이용한 전자 도서관이 유행이 되었다.

우리나라의 교실에서는 이러한 디지털 기술을 기반으로 한 여러 수업이 있다. 예를 들어 전자 교과서를 이용한 수업, 태블릿을 이용하여 학생들이 공동 문서를 사용할 수 있는 수업, 스마트 기기를 이용해서 자신의 생각을 글로 적고 공유하는 수업 등이 있다. 여기서는 이러한 수업의 예시를 제시하고자 한다.

1, 2교시는 과학 시간이다. 이번 시간 민성이네 반은 달과 지구의 운동에 대해서 배운다. 과거의 반이었다면 지구본과 달 모형을 선생님의 책상 위에 올려두고 학생들은 관찰하고 실험관찰 책에 본 내용을 적고 있었을 것이다. 하지만 민성이네 반 학생들은 지구본과 달 모형 대신 책상 위에 있는 태블릿을 바라보고 있다. 선생님은 아이들에게 디지털 교과서를 클릭하고 지구와 달 모형을 열어서 보도록 안내한다. 민성이와 친구들은 태블릿에 띄어진 지구와 달 모형을 손가락으로 이리저리 돌려가며 어떻게 달이 지구 주위를 공전하고 공전하면서 달의 모양이 어떻게 바뀌는지 관찰한다. 그 후 터치 펜을 이용해서 디지털 교과서에 자신이 관찰한 내용을 적는다. 아이들이 적은 내용들은 선생님의 TV 화면에 바

로 나타나는데, 선생님은 학생들이 각자 어떻게 다르게 관찰했는지 바로 확인한다. 선생님은 아이들이 관찰한 내용을 가지고 정답을 알려주면서 수업을 마무리한다. 수업이 끝난 학생들은 교과서를 서랍에 넣는 것이 아닌 태블릿을 서랍에 넣으면서 쉬는 시간을 맞이한다.

또 다른 예시로 공동 문서 작업을 이용한 선생님의 수업을 제시한다. 아이들은 언제 어디서든 인터넷에서 만나서 공동 과제를 수행하고, 선생님이 내주신 과제를 스마트 기기를 활용해서 해결하는 모습이 잘 나타나 있다.

3학년을 담당하는 정 교사는 과학 교과서에 한 학기 동안 곤충을 키워보는 단원을 가르치려고 한다. 비록 한 단원이기는 하지만 곤충이 알에서부터 시작해서 성충이 될 때까지 살펴보려면 적어도 2달의 시간이 필요하다. 그래서 정교사는 곤충 키우기 단원을 한 학기 동안의 프로젝트 수업으로 구성했다. 정교사는 학생들에게 배추흰나비를 키울 것이라는 주제만 주고 어떻게 키울 것인지 무엇을 먹일 것인지는 학생들이 조사하여 각자 정할 수 있도록 하였다. 하지만 코로나 때문에 등교하는 날이 일정하지 않아 학생들이 조사해온 내용을 서로에게 알려줄 수 있는 시간이 거의 없었다. 그래서 정 교사는 모둠별로 공동 문서 작업을 할 수 있도록 지도하였다. 공동 문서 작업은 각자 조사한 내용을 온라인에 있는 문서에 언제든 서로가 동시에 수정하고 추가할 수 있도록 한 것이다. 정 교사는 각 주차에 해야 할 내용을 계속 SNS를 통해 알려주었고 학생들은 내가 제시한 내용에 맞게 프로젝트를 수행해 갔다. 한 학기가 거의 마무리되자 학생들이 그동안 적었던 내용들을 출력해서 한 권의 책자로 만들어줬다. 각자 다양한 방식으로 알에서부터 성충이 될 때까지의 과정을 나타냈다는 것을 알 수 있었다. 아이들은 꼭 학교에서 만나서 같이 과제를 해야 하는 것이 아니라 인터넷에서 같이 모둠 활동을 할 수 있다는 점에서 많은 관심을 보이면서 한 학기의 프로젝트를 끝냈다.

이처럼 우리나라의 교실에서는 테크놀로지를 이용한 여러 수업이 있으며, 이러한 발전은 교과서와 선생님이라는 교실의 모습을 크게 바꾸었다는 점이 명확해 보인다. 이제 우리 학교는 예전과는 다른 새로운 공간으로 탈바꿈하고 있다.

디지털로 달라진 한국식 공부법

테크놀로지와 스마트 기기의 보급은 우리 아이들의 학교 공부와 학습 문화에 상당히 큰 영향을 끼치고 있다. 아이들은 단순히 생활의 편리함이나 게임을 하는 것이 아니라, 자신의 공부와 학교 학습에서의 향상을 위하여 적극적으로 새로운 인터넷 기술을 이용하고 있다. 이 장의 제목인 사이보그 학습 전사는 바로 아이들이 가진 육체적이고 지적인 한계를 다양한 스마트 기기와 디지털 기술로 극복하고 있다는 의미를 담고 있는 것이다. 우리 아이들은 학교 성적을 올리고 공부에 집중하기 위한 가장 최적의 방법으로 테크놀로지를 자유롭게 활용한다. 아이들은 이제 그 누구보다 디지털 공부에 전문가이고, 전문적인 지식을 자신의 공부에 활용하고 있다.

이러한 모습을 디지털 노마드라는 표현을 사용해서 설명할 수 있다. 구체적으로 살펴보면, 먼저 아이들은 학교 수업에서 과제를 해결하기 위해 교과서나 학교 선생님이 제시해주는 자료 이외의 자료들을 찾기 위해 테크놀로지를 사용하고 있다. 아이들은 선생님이 제시한 과제를 이용하기 위해 태블릿을 이용해서 다양한 자료를 검색하고 자신만의 방법으로 자료를 정리해 화려한 결과물을 만들어 내기도 하며, 혹은 SNS를 이용해서 자신들의 과제들을 실시간으로 공유하여 계속적인 수정과 보완을 하고, 다양한 그래픽 작업 혹은 3D 프린터를 통하여 세상에 어디에도 없는 자신만의 작품을 만들기도 한다. 이처럼 숙제를 완벽히 해결하기 위해 다양한 스마트 기기를 활용하는 장면을 살펴보면, 우리 아이들이 태어나면서부터 최신 테크놀로지와 함께하고 있으며, 학습 기법과 방법을 계속 발전시키고 있다는 점을 알 수 있다.

또한 아이들은 과제를 할 때 기존의 자료에서 벗어나 인터넷의 자료들을 사용하게 되는데 이것 역시 공부의 질을 높여준다. 교과서나 선생님이 줄 수 있는 자료는 한정적이지만 직접 인터넷을 이용해서 자료를 찾으면 그 양은 무한대로 늘어난다. 여러 가지 자료를 찾고 이를 정리하는 과정을 통해 아이들은 자신의 공부나 과제를 좀 더 화려하게 만들어낼 수 있다. 이러한 수업은 새로운 것이 아니라 우리나라 교실 대부분에서 이루어지는 일상적인 수업 방법이라는 점에서 더욱 놀랍다.

그리고 우리 아이들은 학교 성적을 올리기 위해서 테크놀로지를 매우 적극적으로 사용하고 있다. 인터넷에는 효율적으로 공부하는 방법, 성적을 올리는 방법, 좋은 문제와 핵심 개념 정리집 등이 엄청나게 많이 있다. 예를 들어 포털사이트에 고등학교 2학년 수학의 미적분 내용 중 하나인 '지수함수와 로그함수'라는 단원을 검색하면 학교 선생님이 제작한 동영상 강의부터 시작해서 다양한 문제집, 개념서, 공부 비법 수백, 수천 개를 검색할 수 있다. 이외에도 좋은 학습 방법들이 많이 저장되어 있는 '황인영 영어 카페', '기출비', '수만휘', '포만한 수학 연구소' 등의 공부 카페들도 온라인 공간에 있다. 아이들은 검색 하나로 필요한 공부 자료들을 찾을 수 있다는 점에서 이전과는 비교할 수 없이 좋은 환경에서 공부하고 있다. 아이들은 인터넷에서 찾은 자료 중에서 자신들의 공부에 필요한 내용만을 골라 다운로드하고 자신만의 책을 만들어내는 등 학교 시험 성적을 올리는 데 아주 효과적으로 공부할 수 있다.

고등학교 2학년인 수현(가명)이는 수학을 공부하면서 교과서나 선생님이 설명해주지 않는 개념이나 문제들을 공부하기 위해서 인터넷 카페나 혹은 인터넷 포털 사이트에 들어가 검색한다. 자신이 부족한 단원들만 정리해서 하나의 문제집을 만들면서 공부한다. 중학교 3학년인 민정(가명)이는 국어의 '화법과 작문'이라는 교과를 공부하기 위해서 인터넷 카페에 들어가서 검색한다. 민정이는 선배들, 학원 강사, 학교 선생님이 적어 놓은 여러 공부법을 컴퓨터 문서에 정리해서 어떻게 공부해야 하는지 정리한다. 그리고 카페에 올라온 여러 문제와 개념들을 컴퓨터 문서에 정리해서 인쇄하여 문제를 풀기 시작했다.

우리나라의 아이들은 자신이 부족한 부분이나 더 공부하고 싶은 부분을 위해서 적극적으로 인터넷 포털 사이트에 검색해서 다양한 자료를 찾거나 인터넷 공부 카페에 가입해서 양질의 정보를 검색하고 정리하여 자신만의 공부법을 만들고 있다. 이렇게 학교 성적을 올리기 위해서 다양한 자료들을 찾고 활용하는 것은 우리 아이들이 할 수 있는 수준 높은 학습 방식이다.

데이터베이스에 공부한 결과를 저장하고 공유하기

테크놀로지와 스마트 기기의 보급은 우리 아이들의 학교 공부와 학습 문화에 상당히 큰 영향을 끼치고 있다. 아이들은 단순히 생활의 편리함이나 게임을 하는 것이 아니라, 자신의 공부와 학교 학습에서의 향상을 위하여 적극적으로 새로운 인터넷 기술을 이용하고 있다. 이 장의 제목인 사이보그 학습 전사는 바로 아이들이 가진 육체적이고 지적인 한계를 다양한 스마트 기기와 디지털 기술로 극복하고 있다는 의미를 담고 있는 것이다.

이것은 자기 자신의 발전 모습을 확인하고 다른 아이와 비교하기 위해 테크놀로지를 사용하는 것에서부터 시작한다. 요즘 아이들은 더 이상 종이로 자기 생각을 표현하지 않는다. 이제 아이들의 생각은 이제 입이나 종이가 아니라 바로 디지털 신호로 바뀌어서 다른 친구들에게 즉시 전달된다. 스마트폰이나 노트북 한 대만 있으면 자신의 생각을 쉽고 자유롭게 나타낼 수 있는 것이다. 이러한 모습은 학교에서도 나타나고 있다. 학교 선생님은 테크놀로지를 이용해서 아이들이 자기 생각을 친구들과 공유할 수 있도록 하고 있다. 그러면서 자연스럽게 자기의 발전 과정이나 내용을 다른 친구들과 비교하는 활동이 가능하다. 자신의 글을 다른 사람들에게 즉각적으로 공유하고, 피드백을 받고 수정하는 과정에서 발전된 자신의 모습을 발견할 기회가 마련되는 것이다. 이렇게 다른 친구들과 비교하는 활동도 온라인상에서 이루어진다.

이처럼 수업 속에서 발전 과정을 확인하고 실시간으로 공유하는 장면을 예시로 확인해보자.

초등학교에 재직 중인 김 선생님은 지금 3년째 아침 독서 감상문 쓰기를 하고 있다. 하지만 선생님 반 아이들은 더 이상 종이에 연필을 이용해서 적지 않는다. 각자 들고 있는 스마트폰을 이용해서 감상문을 적을 수 있도록 한다. 김 선생님은 애플리케이션을 이용해서 학생들이 글쓰기를 공유할 수 있는 방을 사전에 만들었다. 학생들은 아침에 책을 읽고 각자 스마트폰이나 반에 준비된 태블릿을 이용해서 선생님이 만들어놓은 방에 입장한다. 그리고 자신이 읽은 책의 제목, 저자, 출판사를 입력하면 책의 표지와 정보가 바로 표시가 된다. 그 후 자신이 읽은 책에 대한 감상문을 적고 저장 버튼을 누른다. 그러면 반 친구들 모두가 자신의 감상문을 읽을 수 있고 그 밑에 감상문에 대한 친구들의 생각도 적을 수 있다. 만약 자신의 감상문을 다른 친구에게 보여주고 싶지 않을 때는 비공개로 하여 선생님만 볼 수 있도록 할 수도 있다. 방학이 되어서도 학생들은 몸은 떨어져 있지만 각자 독서 감상문을 일주일에 2편씩 올리면서 서로가 방학 동안 어떤 책을 재밌게 읽었는지 보면서 다른 친구들과 생각도 공유하고 이야기를 나누고 있다.

이렇게 우리 아이들은 자신의 공부를 다른 친구들과 공유하고 서로 평가하면서 함께 발전하고 있다. 테크놀로지를 통해서 언제 어디서든 서로의 생각을 확인하면서 다른 사람의 의견을 받아들이는 활동은 이전보다 훨씬 더 양질의 학습을 가능하게 하고 있다.

고등학교 3학년인 민재(가명)는 대학 입시를 위한 논술 고사를 공부 중이다. 항상 논술 고사 공부를 하면서 자신이 공부한 내용들과 적은 논술문을 매일 공부용 SNS에 저장한다. 그리고 저장한 SNS 게시물은 다른 친구들이 볼 수도 있고 민재도 다른 친구들의 공부 내용을 확인할 수 있다. 서로 공부한 내용에 대해 댓글로 달아주고 고쳐야 할 점을 댓글로 적어주면서 자신이 무엇이 빠졌는지 무엇이 부족한지를 한 번에 이해할 수 있다. 또한 민재는 다른 친구들이 어떻게 글을 적고 있고 어떤 방식으로 대답하고 있는지를 확인할 수도 있지만 그동안의 적은 논술문 내용을 다시 확인할 기회도 얻을 수 있었다. 그동안의 저장된 논술을 확인하면서 자신이 어떻게 글을 적었을 때 사람들에게 칭찬받았고 명료하게 적을 수 있었는지 다시 한번 생각해보게 되는 계기를 가지게 된다.

자신이 그동안 적은 논술문들을 확인하면서 민재는 자신이 얼마나 발전했는지 확인할 수 있었고 다음 글을 적을 때 어떻게 글을 적어야 하며 어떻게 공부해야 하는지를 생각할 수 있었다.

이처럼 우리 아이들은 수많은 스마트 인프라를 이용하여 자신의 공부를 비교하며 자신을 발전시킬 뿐만 아니라 그동안의 기록물들을 통해 자신의 발전된 모습을 확인할 수 있다. 이러한 발전되고 있는 자기 모습을 확인하면서 다음에는 어떻게 해야 할지에 대한 방향성도 얻을 수 있다.

또 다른 사례를 살펴보자. 이것은 서울의 한 초등학교에서 아이들이 다양한 디지털 기기들을 사용해서 학습 프로젝트를 해결하는 이야기이다. 아이들은 3D 프린터, 드론, 컴퓨터, 태블릿 등을 이용해서 자신들이 원하는 모양 혹은 자신들이 원하는 내용을 만들어 우수한 성적으로 입상하고 있다.

5월을 맞이해서 서울의 A 초등학교에서는 가정의 달을 기념한 축제를 준비하고 있다. 3학년에서 6학년을 대상으로 여러 방법을 통해 가정의 달을 기념할 수 있는 다양한 작품들을 제작하고 수상하는 대회를 열었다. 6학년인 신우(가명)는 친구 4명을 더 모아서 동영상을 제작하기로 했다. 신우와 친구들은 촬영자, 연기자, 감독, 동영상 편집자 등 다양한 역할들로 나눠 수행했다. 친구들이 스마트폰과 촬영용 드론을 이용해서 동영상을 촬영하면 신우는 컴퓨터 프로그램을 이용해서 자막, 효과, 연출 등을 편집하여 5분짜리 짧은 동영상을 제작했다. 학교 컴퓨터 시간에 동영상 제작 방법을 배운 신우와 친구들은 멋있게 동영상을 만들었고 SNS에 저장해 여러 친구와 공유했다.

다음으로 5학년인 민서(가명)는 가정의 달 홍보 포스터를 만들어보기로 했다. 종이에 밑그림을 그린 후 물감으로 색칠하는 대신, 민서는 이제 컴퓨터로 밑그림을 그리고 채색한다. 민서는 집에서 태블릿과 드로잉 프로그램을 이용해서 그림을 그리기 시작했고 포토샵을 통해 편집하여 멋있는 포스터를 만들었다.

마지막으로 세준(가명)이는 방과후교실 수업에서 배운 3D 프린터를 활용하기로 했다. 머릿속으로 구상한 내용을 설계 프로그램을 이용해 3D로 바꾸었고 이것을 학교에 비치된 3D 프린터기에 입력해 하나의 조각품을 완성했다.

이처럼 우리 아이들은 자기 생각을 표현하기 위해 다양한 테크놀로지를 이용하고 있다. 이제는 공부가 자기 자신을 표현하는 수단처럼 바뀌고 있다. 그리고 세련된 공부를 하는 데 스마트 기기를 비롯한 테크놀로지는 중요한 역할을 담당하고 있다.

테크놀로지를 활용하여 스펙 쌓기

아이들은 대학 입시에서 남들보다 더 좋은 위치를 점하거나 스펙을 쌓기 위해 테크놀로지를 사용한다. 이러한 내용들은 우리 사회를 살아가는 데 꼭 필요한 것이다. 그중에서도 가장 인기 있는 것에는 코딩, 디지털 기기 활용 능력, 그리고 여러 컴퓨터 자격증을 들 수 있다.

우선 코딩은 요즘 가장 인기 있는 주제이다. 아이들은 빠르면 10살부터 코딩 교육을 받기 시작한다. 초등학생 때부터 여러 소프트웨어의 기본적인 개념과 방법들을 알게 되며, 중학생과 고등학생이 되면 직접 프로그래밍하거나 알고리즘의 문제점을 직접 해결할 수 있는 경지에 이르게 된다. 코딩교육의 예시를 살펴본다.

> 서울의 한 초등학교에 근무 중인 심 선생님은 6학년을 대상으로 학교 수업 시간에 아이들에게 코딩교육을 하고 있다. 아이들에게 기본적인 컴퓨터 프로그래밍에 대해 알려주고 아이들은 이를 따라서 배운다. 아이들은 순차, 진행, 반복 등 기본적인 컴퓨터 프로그래밍에 대한 지식을 배우면서 코딩을 이용하여 여러 가지 프로그램들을 만들어본다. 심 선생님의 반 학생 중 한별(가명)이는 오늘 계산기 프로그램을 코딩을 이용해서 만들기로 계획했다. 선생님이 알려주신 방법들을 공책에 적었고 공책에 적은 내용들을 이용해서 컴퓨터에 입력해서 간단한 계산기 프로그램을 만들었다. 또 수빈(가명)이는 간단한 게임을 만들기로 계획했다. 한별이와 마찬가지로 공책에 어떻게 프로그래밍할지 계획서를 적은 후 컴퓨터를 이용해서 자동차를 피해 길을 건너는 간단한 게임을 만들었다. 심 선생님의 반 아이들 모두 같은 코딩을 배웠지만 그것을 활용해서 만들어내는 프로그램들은 똑같은 것이 없었다.

우리 아이들은 학교 정규 수업 시간에도 컴퓨터 코딩교육을 받고 있다. 학생들은 소프트웨어가 실행되는 기본적인 언어들을 학습하고 이를 이용하여 자신들만의 새로운 프로그램을 만들어낼 수 있는 수준까지 가능해진다. 이러한 지식과 능력들은 중학교나 고등학교에 진학하여 프로그래밍 대회에 참여하는 기회를 얻도록 도와주고 있다.

다양한 디지털 기기를 공부하는 것도 빠질 수 없다. 우리나라에서 가장 인기 있는 교육 내용 중 하나가 3D 프린터, 드론, 로봇 공학 등 다양한 하드웨어를 사용하는 방법에 관한 것이다. 우리나라의 아이들은 초등학생부터 이러한 다양한 기술을 직접 배워서 사용하고 있다. 아이들은 다양한 공학적인 지식을 다방면으로 이해하고 있고 스마트폰이나 드론을 자유자재로 조작할 수 있다.

부산에서 살고 있는 다영(가명)이는 학교 방과후 교실에서 3D 프린터에 대해서 배우고 있다. 가장 처음으로 배운 내용은 3D 프린터를 조립하는 법을 배웠다. 드라이버, 나사, 와이어를 이용하여 분해되어 있는 3D 프린터를 완전체로 조립하면서 3D 프린터에는 어떤 부품이 들어있고 각 부품이 하는 역할이 무엇인지를 배웠다. 그다음 원하는 모양을 제작하는 데 필요한 설계도를 만드는 법을 배우기 시작했다. 다영이는 스마트폰 거치대를 만들기로 계획했다. 설계도 제작 프로그램을 이용해서 다영이가 원하는 모양의 입체 설계도를 직접 만들었다. 그리고 이 설계도를 프린터기에 입력해서 스마트폰 거치대를 프린팅했다. 다영이뿐만 아니라 다른 친구들도 3D 프린터를 이용하여 자신이 원하는 여러 물건을 만들고 다듬어서 자신만의 작품을 만들었다.

우리 아이들은 옛날과는 비교하지 못할 정도로 다양한 디지털 기기들을 활용할 수 있는 재능을 갖추고 있다. 단순히 기계를 이용하는 것뿐만 아니라 기계를 조립하는 방법, 기계의 부품이 하는 역할이 무엇인지에 대한 여러 지식과 능력들을 학습한다. 이러한 능력들은 자신이 원한다면 언제 어디서나 배울 수 있다. 한편, 이러한 능력들은 나중에 대학에 입학하거나 사회에 나가서 좋은 직장을 얻고 성공하는 데도 중요한 역할을 하기 때문에 아이들은 더욱 열심히 이러한 기술들을 배우고 익히려고 한다.

또한 우리 아이들은 자신의 스펙을 높이기 위해 다양한 자격증을 취득하려고 한다. 초등학교 방과후 프로그램을 살펴보면 놀랍게도 컴퓨터활용능력, 워드프로세서 등의 자격증에 관한 강의가 많이 있는 것을 알 수 있다. 그만큼 아이들은 문서작업과 관련된 여러 자격증을 취득하고 있으며 이것을 스펙으로 삼아 대학 입시나 취업을 준비하고 있다. 최근 아이들에게 인기 있는 컴퓨터 자격증은 ITQ 자격증과 SW 코딩 자격증이다. ITQ 자격증은 한글, 엑셀, 파워포인트, 인터넷 등 일상생활에 사용하고 있는 다양한 문서작업 지식과 인터넷 활용 능력들을 평가하는 시험이다. 이 시험은 종이로 시험을 보는 것이 아니라 여러 과제를 학생들에게 주면 엑셀, 파워포인트, 인터넷 등을 사용하여 과제를 해결하는 방법으로 자격증을 취득한다. SW 코딩 자격증은 코딩 프로그램을 이용해서 기본적인 소프트웨어 알고리즘을 이해하고 이를 이용하여 다양한 프로그램을 프로그래밍하는 시험을 본다. 한편, 중학생, 고등학생들에게 인기 있는 자격증은 그래픽 관련 자격증이다. 요즘 유튜브나 디자인 기업에서 이러한 자격증을 요구하고 있는데, 아이들은 대학을 진학할 때 하나의 스펙으로 사용하기 위해 이러한 자격증을 취득한다. 한편, 정보처리기사 자격증과 COS 자격증도 인기 있다. 먼저 COS 자격증은 코딩을 이용한 프로그래밍 활용 능력에 관한 자격 시험이다. 초등학생들이 취득하고 있는 SW 코딩 자격증과 비슷하지만 좀 더 심도 있고 심화된 프로그래밍을 배운다. 또한 정보처리기사 자격증은 프로그램 개발, 즉 소프트웨어 개발을 하는 능력을 평가하는 자격이다. 이러한 자격증을 가지고 있으면 나중에 대학 진학 시 소프트웨어 특기자 전형으로 진학이 가능하며, 취업 시에도 큰 스펙으로 작용하고 있어 많은 인기가 있다.

이처럼 우리 아이들은 자신의 진로와 미래를 위해서 여러 가지 다양한 디지털 지식을 배우고 있다. 그리고 아이들은 학교와 학교 바깥의 사교육을 이용해서 이러한 지식과 능력을 배우려고 노력하고 있다. 우리 아이들의 디지털 지식에 대한 열정은 다른 어느 나라보다 높으며, 그 수준 또한 그 누구도 비교하지 못할 만큼 높다고 말할 수 있다.

사교육에서 테크놀로지 활용하기

디지털 기술의 활용은 학교 바깥의 사교육에서 더욱 적극적이다. 사교육 기업이나 학원에서는 다양한 학습 소프트웨어를 개발하고 다양한 학습 스마트 기기들을 개발하고 판매하여 학생들이 좀 더 효율적이고 새로운 공부법을 찾을 수 있도록 돕고 있다. 이러한 스마트 사교육은 실제로 공부하는 비용과 시간을 상당히 절약해준다. 예를 들어 고등학생들이 다니는 일반적인 단과학원의 경우 한 과목에 약 40만 원을 내야 일주일에 3번 정도 수업을 들을 수 있다. 그런데 인터넷 학원은 똑같은 수업 내용을 제공하면서도 한 달에 10만 원에서 15만 원밖에 하지 않는다. 심지어는 프리패스라는 제도가 있어 1년 수강료를 한꺼번에 내면 국어, 영어, 수학, 사회, 과학 등 전 과목을 제한 없이 들을 수도 있다. 이러한 효율성은 테크놀로지를 활용한 사교육이 가지는 큰 장점이다.

사교육에서 테크놀로지를 활용하는 대표적인 예시를 살펴보면 다음과 같다.

우선 초등학생들에게 유명한 사교육 중 하나인 아이스크림 홈런은 강의 프로그램을 모두 온라인에 탑재하고 모든 수강생에게 학습 태블릿을 무료로 제공하는 등 적극적으로 테크놀로지를 활용하는 모습을 보여준다. 아이스크림 홈런의 전용 태블릿은 버튼만 누르면 자신들의 인터넷 강의에 즉시 들어갈 수 있도록 만들었다. 또한 그 스마트 기기 안에는 AI 프로그램이 설치되어 있어 학생들이 공부를 하고 시험을 치면 AI 프로그램이 분석하여 무엇을 더 공부하면 좋을지, 혹은 어느 과목이 부족하고 어느 과목이 약점인지를 분석하여 아이들에게 제공해준다.

초등학교 3학년인 민재(가명)의 경우 아이스크림 홈런을 사용하면서 공부가 쉬워지고 있다고 말했다. 자기가 태블릿을 통해서 강의를 듣고 시험 문제를 풀면

사교육에서 테크놀로지를 활용하는 대표적인 예시

인터넷 학원	제공 프로그램	
아이스크림 홈런	AI 프로그램	학습 습관 분석, 시험 성적 분석을 통해 학습 습관과 아이들에게 필요한 강의를 추천해준다.
	학습 전용 태블릿	디지털 기기에 미흡한 유치원생, 초등학생을 위해 간단한 조작으로 강의와 프로그램을 실행할 수 있도록 해준다.
스마트구몬	스마트펜	아이들은 스마트펜을 이용해서 태블릿에 바로 답을 적는다. 공부한 내용이 실시간으로 선생님에게 전달된다.
	학습 어플리케이션	AI 진단을 통해 아이들의 이해 정도를 파악한다. 실시간 질의응답이 가능하다.
메가스터디	E-BOOK 교재	무거운 책을 들고 다니지 않고 태블릿 한 대로 책과 인강을 모두 볼 수 있으며, 자신이 필기한 내용을 한 눈에 볼 수 있다.
	문제은행	수만 개의 문제를 학년별, 교과별, 단원별로 정리해서 꼭 필요한 문제들만 바로 찾을 수 있다.
	실시간 질의응답 프로그램	질문을 강사가 실시간으로 답변해주는 프로그램을 운영하고 있다.
시원스쿨	스마트펜	스마트펜을 이용해서 문장을 클릭하면 영어 문장을 말하고 들으면서 영어 회화를 공부할 수 있다.
	AI 튜터	AI가 강의를 하면서 학생들에게 필요한 지식들을 정리해준다.

AI가 알아서 다음 들어야 하는 강의를 제시해주고 자신이 무엇이 부족한지를 말해주니 친구들보다 공부하는 시간은 적지만 친구들보다 시험 문제를 푸는 시간이 훨씬 작다고 말했다. 똑같은 프로그램을 사용 중인 초등학교 5학년인 규민(가명)이는 자기가 무엇을 공부해야 하는지 알려주니까 학원에 다니지 않아도 혼자 무엇을 공부해야 하는지 이제는 알 것 같다고 설명했다.

다음으로 스마트구몬은 수학에 특화된 스마트 펜을 제공한다. 전통적인 모습의 학생들은 수학을 배울 때 문제집에 연필로 문제를 풀고 빨간펜으로 채점하고 틀린 문제를 고친다. 하지만 구몬은 이런 번거로움을 해결하고 학생들이 문제 풀이에 집중할 수 있도록 스마트 펜, 태블릿, 그리고 학습 애플리케이션을 제공한다. 학생들이 스마트 펜을 이용해서 문제를 풀면 자신이 썼던 내용들이 모두 태블릿에 저장된다. 태블릿에 저장된 풀이 내용들은 애플리케이션을 통해 자동으로 분석되어 아이들에게 제공되는데, 그 내용은 어떤 풀이가 틀렸는지, 그리고 필요한 개념은 무엇인지에 관한 내용이다. 더 나아가 틀린 문제를 분석하여 오답만 모아 바로 시험지로 인쇄할 수 있는 기능도 제공한다. 이러한 스마트 기기와 애플리케이션을 사용하면서 아이들은 수학에서 오로지 나에게 딱 맞춘 공부가 가능해진다.

스마트구몬을 듣고 있는 예비 중학생인 인준(가명)이는 수학 문제를 풀어서 웹사이트에 입력하면 바로 채점해주고 선생님들이 실시간으로 왜 틀렸는지 설명해주니까 바로 이해가 가능하다고 이야기한다. 또한 같은 학년의 하늘(가명)이는 AI 진단 프로그램이 자신이 무엇이 부족한지를 바로 말해주니까 무엇을 공부해야 하는지 생각할 필요 없이 공부를 할 수 있어서 좋다고 설명했다.

마지막으로 소개할 메가스터디는 테크놀로지를 활용한 인터넷 학원의 대표적 예시라고 할 수 있다. 메가스터디는 인터넷의 본격적인 보급과 함께 서비스를 시작했으며 PC, PMP, MP3 강의부터 시작하여 현재 스마트폰, 태블릿, 실시간 강의 등의 최신 서비스를 가장 먼저 제공하는 선두 주자이다. 메가스터디는 인터넷 강의와 AI 맞춤형 학습지, 실시간 질의응답, 다양한 문제들이 등록된 문제 은행 프로그램, 심지어는 책을 구입할 필요 없이 태블릿에 필기와 풀이를 할 수 있는 E-BOOK 서비스까지 제공해주고 있어 온라인으로 공부하려는 아이들에게 가장 알맞은 인터넷 학원으로 자리 잡고 있다.

메가스터디를 이용하고 있는 고등학교 1학년인 민서(가명)는 메가스터디 프리패스를 결제해서 강의를 듣고 있다. 민서는 강의를 듣고 문제를 풀면서 자신이 모르는 문제를 실시간으로 인터넷을 통해 질문한다. 그러면 강사들이 직접 답변을 해준다. 고등학교 3학년인 성진(가명)이는 메가스터디의 문제은행을 자주 이용하고 있다. 자신이 성적이 잘 나오지 않는 단원이나 교과목의 문제들을 찾아 하나의 시험지로 만들고 계속 반복적으로 풀면서 해당 문제에 대한 누구보다 능숙해질 수 있다. 그리고 학교 시험을 준비하기 위해서 시험 범위의 문제들을 찾아서 계속해서 새로운 문제들을 풀고 있다.

지금까지 우리나라의 아이들이 어떻게 '디지털 노마드'로서 공부를 하고 있는지에 관해 살펴보았다. 우리 아이들이 공부에 대해 가지고 있는 열정은 어느 나라보다 대단하다. 우리 아이들은 다양한 테크놀로지를 이용해서 자신의 성적을 올리기 위해 노력하고 있다. 그 열정의 증거들은 학교 안에서, 그리고 학교 바깥에서도 쉽게 느낄 수 있다. 우리 아이들의 교육열과 수준 높은 디지털 활용 기술의 만남은 사이버 학습 인간Cyber Learning Human이라는 새로운 시대를 열리도록 했다. 이제 디지털 지식이나 기술들은 우리에게 숨 쉬는 것만큼 일상적인 것이 되어버렸다. 수준 높은 디지털 지식과 활용 능력을 바탕으로 한 온라인, 디지털 학습 역시 이제 전 세계의 어느 나라보다 강하다고 자부할 수 있으며, 어느 나라도 따라올 수 없을 것이라고 감히 예상한다.

8

한국식 공부법

전 세계가 따라 배운다

우리나라 아이들이 가진 공부에 대한 열정은 세계 어느 나라와 비교해도 지지 않을 만큼 높다고 말할 수 있다. 아이들의 공부 열정에 관해 기존 대부분의 연구들은 학교 교육, 교사, 학부모의 영향을 주제로 연구해왔다. 그런데 다른 한편으로는 학생들 역시 주체적으로 공부를 잘할 수 있는 공부법을 개척하여 자신의 삶 속에서 실현하고 있다는 점에 주목할 필요가 있다. 우리 아이들의 주체적인 공부법이 새로운 교육 한류로써 전 세계 다른 아이들이 따라 배우고 있다. 이에 이번 장에서는 우리나라 아이들의 공부법이 어떻게 세계 최고의 성적을 만들어내는지에 관해 자세히 살펴보고자 한다. 구체적으로는 4가지 공부법을 중심으로 소개할 것이다.

첫 번째 비밀: 학습계획서

우리 아이들에게 학습계획서는 항상 들고 다니는 스마트폰처럼 가지고 다니는 물건 중 하나이다. 학습계획서란 공부를 시작하기 전 자신의 학습계획을 정리할 수 있도록 도와주는 물건이라고 할 수 있다. 우리나라 아이들은 공부를 위해서, 그리고 시험 성적을 올리기 위해서 자신의 행동을 변화시키고 공부를 쉽게 만들어주는 학습계획서를 만들고 있다. 학습계획서를 작성하는 방법은 시간을 나누는 방법, 공부량을 정하는 방법 등 아이들마다 다르며, 학습계획서의 형태도 시간, 내용, 목표, 반성할 점이 들어간다. 행동하는 시간과 무엇을 할지에 대한 내용, 하루를 마무리하고 하루 동안 자신의 모습에 반성할 점 혹은 개선하면 좋은 점을 적는다.

학습계획서를 작성하는 가장 큰 이유는 자신의 하루 시간 관리를 통해서 좋은 하루 습관을 만들 수 있기 때문이다. 아이들이 학습계획서를 미리 써 놓으면 자신이 다음에 해야 할 내용을 미리 생각할 수 있고, 허투루 쓰는 시간도 줄일 수 있다. 결국 공부를 할 수 있는 시간을 확보하고 더 많이 공부를 할 수 있게 되는 것이다. 대부분의 아이들은 아침 일찍 학교에 가서 저녁까지 학원에 다닌다. 이러한 빽빽한 시간 속에서 혼자 공부할 시간을 찾는 것이 어렵다. 한편, 방학에는 갑자기 시간이 바뀌어서 혼자 공부할 시간이 급격히 늘어나 무엇을 할지 혼란을 겪기도 한다. 이때 아이들은 당황하지 않고 방학 때도 효과적으로 공부할 수 있도록 학습계획표를 작성하여 자신의 공부 시간을 확보하기 위해 노력한다.

학습계획서의 양식이나 내용은 학습계획서를 쓰는 학생이 누구인지, 초등학생인지, 중학생인지 또는 고등학생인지에 따라서 달라진다. 다음 두 개의 예시를 살펴보도록 하자.

예시 1: 초등학생 아란이의 학습계획서

날짜	2021년 3월 7일	
나의 다짐	스마트폰 한 시간만 하기	
시간	해야 할 내용	확인
3시~5시	수학 문제집 풀기	O
7시~9시	과학 EBS 영상 보기	
부족한 점	EBS 영상을 보면서 딴 생각을 너무 많이 했다.	

아란이는 하루 종일 낭비하는 시간이 많았고, 친구들에 비해 공부량도 적었으며, 언제, 어떻게 공부를 시작해야 하는지 모르는 문제를 해결하기 위해 학습계획서를 쓰기 시작했다.

학습계획서를 쓰기 전에, 아란이는 학교가 끝나고 집에 가면 하루 종일 스마트폰만 보면서 침대에 누워 있거나 그냥 보내는 시간이 많았다. 그런데 내년이면 중학교에 들어가야 하는데 나만 놀고 있는 것은 아닌지 불안한 마음이 가슴 한편에 계속 떠올랐다. 그러던 중 학습계획서를 쓰기 시작했는데, 시간별로 내가 해야 하는 것을 적었고, 아침, 점심, 저녁 밥 먹는 시간과 학교에 있는 시간을 적었다. 그리고 남는 시간 중 아란이가 공부하고 싶은 시간을 정해서 적었다. 오후 3시부터 5시까지는 수학 문제집을 풀고 오후 7시부터 9시까지는 과학 공부 시간으로 적었다.

처음에는 계획에 맞게 생활하는 것이 너무 어려웠다. 하지만 한 달이 지나고 나니 그 시간에 자연스럽게 책상에 앉아 있는 자신의 모습을 볼 수 있었다. 아란이는 하루 계획표에 맞게 생활하는 모습을 보니 뿌듯하고 성적도 올라서 너무 기분이 좋았다.

예시 2: 고등학생 영섭이의 학습계획서

과목	교재	분량	성취도				
국어	문제집	61-69쪽	O	O	O		
수학	교과서	단원 평가	O	O	O	O	
영어	단어장	15개	O	O			
동아시아사	학습지	4회 모의고사	O	O			
사회문화	학습지	3일차	O	O	O	O	
생활과 윤리	문제집	8-9쪽	O	O	O		

고등학교에 들어간 영섭이는 너무 많은 과목 때문에 공부에 어려움을 느끼고 있었다. 특히 고등학교에 입학하고 나서 갑자기 너무 많아진 교과 때문에 막막함을 느꼈다. 무엇을 먼저 공부해야 하는지, 이 많은 것을 언제 공부해야 할지 전혀 감이 오지 않았다.

그러던 중 학교 선생님들께서 직접 제작하신 학습계획서를 받게 되었다. 학습계획서에는 내가 무엇을 먼저 공부해야 하고 얼마나 공부해야 하는지 적는 칸들이 있었다. 공부하기가 막막했던 영섭이에게 실낱같은 희망처럼 보였다. 성적이 좋지 않은 과목인 국어를 1순위로 두고 제일 잘하는 과목인 생활과 윤리를 제일 마지막에 두었다. 그리고 과목별로 분량과 교재를 적은 후 하루가 끝나고 나면 얼마나 달성했는지 완전히 달성했으면 5칸, 책만 펼치고 조금만 봤으면 1칸으로 색칠했다. 달성이 못한 과목은 주말을 이용해서 더 공부해 5칸이 전부 색칠될 때까지 공부했다. 이렇게 하니 부족한 과목이 무엇인지, 과목별로 공부량은 얼마나 해야 하는지 쉽게 알 수 있어서 공부하기가 훨씬 수월했다.

위의 두 아이의 학습계획서의 양식이나 내용을 살펴보면 몇 가지 다른 점을 살펴볼 수 있다. 초등학생의 경우는 식사 시간, 잠자는 시간, 공부하는 시간 등 시간을 기준으로 자신의 일과를 계획한다. 그리고 자신의 계획이 달성 했는지에 대한 여부를 확인하는 것을 중요하게 생각한다는 점을 알 수 있다. 고등학생 학습계획서의 경우 좀 더 복잡한 형식으로 이루어져 있다. 구체적으로 어느 정도 공부하는지를 확인할 수 있게 되어 있고, 자신이 공부해야 할 내용에 대하여 스스로 공부 단계를 정하고 분량을 정할 수도 있다. 더 나아가 학습계획을 단순히 달성하였는지 확인하는 것에서 끝나는 것이 아니라 달성하지 못한 내용을 어떻게 완수할 수 있는가를 적기도 한다.

즉, 초등학생의 경우 학습계획서를 기초적인 학습 습관을 만드는 것 정도로 사용하지만, 학년이 올라갈수록 공부 과정을 직접 생각하고 반성하는 내용이 들어가면서 학습계획서의 양식과 내용이 크게 달라지고 있다는 점을 확인할 수 있다.

우리나라 아이들이 학습계획서를 쓰는 두 번째 이유는 다른 유혹에서 자신을 보호하기 위해서이다. 아이들은 자신의 삶에서 너무나 많은 유혹을 받는다. 이러한 유혹들은 공부하는 데 큰 방해를 한다. 스마트폰, 컴퓨터, SNS, 게임 등 학생들에게 만연히 퍼져 있는 유혹들을 혼자 자제하기가 좀처럼 쉽지 않다. 이러한 상황에 효과적으로 대처하는데 효과적인 방법이 바로 학습계획서이다. 학습계획서를 통해 유혹을 물리치는 사례를 보성이의 이야기를 통해 확인해보자.

예시 3: 중학생 보성이의 학습계획서

중학교 2학년인 보성이는 자신의 방에 들어가면 침대, 컴퓨터, 스마트폰 등 주위에 자신을 유혹하는 물건들이 너무나 많다. 그러한 유혹으로부터 자신을 보호하기 위해서 학습계획서를 사용한다. 중간고사 기간이 다가온 보성이는 책상에 앉아 수학 문제집을 펴본다. 하지만 보성이 눈에는 계속 스마트폰이 아른거린다. 더 이상 후회하지 않기 위해 보성이는 직접 구입한 학습계획서를 꺼내서 작성하기 시작한다. 가장 위쪽에 한 문장을 적는다. '나는 절대로 정해진 시간 외에 스마트폰을 하지 않는다.' 하지만 오랜 시간 동안 스마트폰을 놓고 있기가 힘든 것도 보성이는 잘 알고 있다. 그래서 보성이는 자신과 30분 공부, 10분 스마트폰을 패턴으로 정해서 약속한다. 그리고 하루에 총 공부 시간이 3시간이 채워지면 주말이든 평일이든 나머지 시간은 편안한 마음으로 쉰다.

학습계획서를 쓰지 않았을 때 무작정 스마트폰에 손이 갔던 보성이는 이제 30분만 공부하면 스마트폰을 할 수 있다는 생각에 공부하는 시간을 크게 힘들어하지 않는다. 이렇게 자신을 통제하고 유혹을 막아내면서 자신감을 높이고 성적도 자연스럽게 성적도 올릴 수 있었다.

마지막으로 아이들은 자신의 공부 습관을 만들기 위해서 학습계획서를 작성한다. 고등학생들은 오전 9시부터 학교 수업을 시작하고 야간 자율학습을 거쳐 밤 10시가 되어서야 집으로 돌아온다. 자연스럽게 학교에서 1분 더 공부를 할 수 있는지 없는지는 학교 성적에 큰 영향을 미친다. 그래서 공부 습관은 다른 아이들과 비교하여 자신이 1분이라도 더 공부할 시간을 만들어 내기 때문에 중요하다고 할 수 있다. 그리고 공부 습관은 가장 효과적인 공부를 위해 꼭 필요한 내용이다. 자신의 공부 시간에 대해 습관이 형성되면 공부에 큰 집중력을 발휘할 수 있으며 같은 시간 내에서도 큰 효율성을 발휘할 수 있다.

예시 4: 고등학생 은재의 학습계획서

은재는 방에 책상은 있지만 책상에서 공부를 해본 기억이 거의 없다. 시험 기간이 다가와 공부를 하려고 했지만 계속 딴짓하거나 잠이 들어서 실패했다. 결국 시험 성적도 반에서 거의 꼴등이었다. 자신을 한탄하던 그때 책장을 보니 고등학교 입학 선물로 받았던 학습계획서가 눈에 띄었다. 은재는 처음 적어보는 학습계획서가 너무 막막했다. 그래서 인터넷으로 '학습계획서 작성 방법'을 검색해서 찾아보았다. 인터넷에서는 이렇게 설명하고 있었다. 첫째, 자신이 공부를 잘할 수 있는 시간을 정해라. 둘째, 자신이 집중할 수 있는 시간을 정해라. 10분이어도 상관없다. 셋째, 공부를 한 후 쉬는 시간 10분을 가져라.

은재는 이러한 수칙을 지키면서 공부하고 싶은 시간을 정하고 몇 분 동안 집중할 수 있는지 정해보았다. 처음에는 30분 동안 공부해보고 그다음에 25분 계속 반복하면서 어느 정도까지 집중력이 유지되는지를 파악했다. 학습계획서를 쓰면서 가장 집중을 잘할 수 있는 시간이 오후 6시부터라는 점을 알게 되었다. 그때부터 오후 6시가 되면 10분 공부 10분 휴식하면서 저녁 11시까지 공부하기 시작했다. 이 공부 시간이 점점 익숙해지면 그 다음 주는 공부 시간을 20분, 30분 이렇게 10분씩 늘려나갔다. 지금 은재는 오후 6시부터 새벽 1시까지 50분 공부 10분 휴식을 가지는 공부 습관을 유지하고 있다.

두 번째 비밀: 공부 모임

우리 아이들은 혼자 공부하지 않고 여러 명이 모여서 공부한다. 국제적으로 우리나라 아이들이 매우 경쟁적이어서 혼자 공부하고, 혼자 성적을 올리고 있다고 알려져 있지만 이것은 사실과 다르다. 실제로는 함께 공부한다. 일반적으로 시험 성적을 올리기 위해서 몇 명씩 모여서 다 같이 공부한다. 우리 주변을 둘러보면 커피숍, 스터디 카페, 도서관 학교 등 다양한 장소에서 공부 모임이 이뤄지고 있다. 또한 모임의 목적에 따라 많은 양의 공부를 나눠서 하는 '공부 품앗이 모임', 잘하는 과목에 따라서 서로를 가르쳐주는 '또래 선생님 모임', 친구들과 사교적인 관계를 맺기 위한 '공부를 통한 친목 모임' 등 다양한 형태가 있다. 우리 아이들이 이러한 공부 모임들을 왜 만들고 활용하고 있는지 이유를 살펴본다.

공부 모임을 하는 첫 번째 이유는 엄청나게 많은 공부를 나눠서 할 수 있기 때문이다. 공부 품앗이는 많은 양의 공부를 분산시켜 효과적으로 교과서 내용을 습득할 수 있다. 우리나라의 교육에서는 학년이 올라갈수록 공부의 양이 기하급수적으로 늘어난다. 시험을 위해 혼자서 공부하는 것이 쉽지 않으며, 너무 많은 양 때문에 몇 과목 공부를 포기하는 경우도 있다. 그렇기에 과목별 혹은 내용별로 분량을 나누어 공부하고 정리해서 정리된 내용을 서로 나누면 더 쉽고 효율적으로 공부할 수 있게 되는 것이다. 이러한 공부 모임의 예시를 세 명의 아이들의 이야기를 통해 살펴보도록 한다.

예시: 윤혁, 동규, 세용이의 공부 모임

중학교 때까지 혼자 공부하는 것이 익숙하던 윤혁, 동규, 세용이는 고등학교에 입학하고 많아진 과목 때문에 많이 걱정했다. 혼자서는 해내기 어려운 공부량과 난이도로 인해서 좌절감까지 생겼다. 이에 이들은 선배들에게 공부 모임이라는 것을 알게 되었고, 세 명의 친구들이 모여 공부 모임을 만들었다. 세 명은 각자 한 과목을 맡아 그 과목을 공부하고 내용을 정리해서 공유하기로 계획했다. 매주 화요일에는 학교 모임실에서, 토요일에는 스터디 카페에서 모여 서로 정리한 내용을 나눠주고, 공부한 내용을 알려주기로 했다. 그들은 각자 맡은 과목을 공부하고 정리 노트를 만들었다. 정리한 노트는 복사해서 서로에게 나눠주었다. 서로 만나게 되면 자신이 공부한 내용을 설명해주고 정리 노트를 보면서 공부했다. 혼자서 공부하면 오래 걸렸겠지만 여러 명이 분업하니 시간이 많이 단축되었으며, 개인 공부를 할 수 있는 시간도 훨씬 늘어났다. 매주 돌아가면서 맡은 과목을 바꾸며 공부 습관을 만든 결과, 자연스럽게 성적도 올렸다.

공부 모임을 하는 두 번째 이유는 서로가 못하는 과목을 서로가 가르쳐줄 수 있기 때문이다. 아이들은 각자 잘하는 과목, 못하는 과목이 서로 다르다. 그렇기 때문에 서로가 잘하는 과목에서 선생님이 되어 다른 친구들에게 가르쳐주는 활동을 진행할 수 있다. 서로가 서로를 가르쳐주며 모르는 과목에 대해서 전문가가 되고 잘하는 과목에서도 한 번도 복습을 할 수 있다는 점이 공부 모임의 또 다른 장점이라고 할 수 있다.

예시: 호형, 경진, 소운이의 공부 모임

고등학교에 다니고 있는 호형, 경진, 소운이는 공부 모임에서 각자 다른 역할을 맡고 있다. 우선 호형이는 친구들이 모르는 문제를 직접 풀어와서 가르쳐주는 역할, 소운와 경진이는 국어와 수학 교과서에 나오는 개념을 가르쳐주는 역할을 맡는 것이다. 소운이는 매주 월요일마다 국어, 경진이는 매주 수요일마다 수학, 호형이는 매주 금요일마다 문제풀이를 공부해서 다른 친구들에게 수업하는 방식으로 모임을 운영한다. 소운이는 학교나 혹은 스터디 카페를 빌려서 학교 선생님처럼

1시간 동안 수업을 해준다. 또 자신이 국어를 공부할 때 문단을 나누어 공부하는 법이 편하다는 것과 같은 공부법을 친구들에게 전달해주기도 했다. 호형이는 학교 교실을 빌려서 공부한 소운이와 경진이가 가르쳐준 국어, 수학 문제 풀이를 매주 금요일마다 하고 있다.

공부 모임을 하는 마지막 이유는 공부를 통해 친구들과 공부를 통해서 더 친해지고 공부에 더 흥미를 느낄 수 있다는 데 있다. 이왕 하는 공부를 서로 친한 친구들끼리 이야기하면서 즐겁게 하는 것이 공부 모임의 중요한 이유 중 하나이다. 아이들은 같이 공부하면 공부가 힘들다고 생각하지 않는다. 우리나라 아이들은 공부도 서로가 우정을 쌓고 즐겁게 생활하려는 방법으로 지혜롭게 사용하고 있다.

예시: 공부 모임을 통한 민주의 변화

공부 모임 전

- 좋아하는 과목 없음
- 집중시간 0-10분
- 성적 최하위권

공부 모임 후

- 수학, 과학에 흥미
- 집중시간 60분 이상
- 성적 중위권

고등학교 2학년인 민주는 학교 수업 시간이 너무 따분하고 재미가 없다. 성적은 최하위권이었다. 곧 대학 입시를 준비해야 하기 때문에 민주는 마음을 잡고 집에서 공부하려고 했지만 부모님은 맞벌이를 하셔서 집에서 감시하는 사람도 없으니 공부 습관을 만드는 것이 아주 어려웠다. 그래서 민주는 친한 친구들과 공부 모임을 만들어 같이 공부하기로 계획한다. 민주는 매일 학교가 끝나고 친구들과 만나서 도서관, 카페, 친구 집 등 어디에서나 공부했다. 집중이 안 되면 친구들과 수다도 떨고, 공부도 하니 혼자 공부하는 것보다 훨씬 즐거웠다. 자연스럽게 민주는 수학과 과학에 흥미가 생기기 시작했다. 이제 민주는 학습 모임 시간이 아니더라도 자신이 좋아하는 과목을 혼자 공부하는 시간이 늘어났고 이제 더 이상 부모님과 싸우는 일도 줄어들게 되었다.

지금까지 우리나라 아이들이 가지고 있는 공부에 대한 고민들을 공부 모임을 통해서 해결하고 있는 장면을 함께 살펴보았다. 우리나라의 전통 중 하나인 농사 품앗이와 비슷한 모습을 가진 학습 모임은 학생 시절부터 시작해서 평생 동안 이어진다. 이처럼 공부를 위해 뭉치고 함께 나누는 것은 다른 나라에서는 찾아볼 수 없는 우리 아이들만의 독특한 공부 문화이다.

세 번째 비밀: 나의 공부를 실시간 공유

아이들의 세 번째 공부 비법은 스마트폰을 이용해서 자신이 얼마나 공부했는지 전국의 친구들과 실시간으로 비교하는 실시간 공유 공부법이다. 자신이 공부하는 모습을 전국의 다른 친구들에게 생중계하여 자신의 모습을 다시 한번 확인한다는 점에서 기존의 공부법과는 전혀 다른 특징을 가지고 있다. 스트리밍 공부법으로도 불리는 이 공부 방법은 유튜브를 통해서 자신이 공부하는 영상을 실시간으로 보여주거나, 공부를 기록해주는 스마트폰 애플리케이션을 이용해서 공부 과정을 계속 저장하여 자신의 발전된 모습을 발견할 수 있다는 장점이 있다. 또한 애플리케이션을 이용하면 개인이 저장한 기록을 AI가 분석하여 개인에게 적합한 공부 시간과 공부량을 제공해주기도 한다. 우리 아이들 대부분이 스마트폰을 가지고 있고, 아주 빠른 인터넷 속도를 누릴 수 있어서 이러한 공부 방법을 사용할 수 있다.

내 공부를 실시간으로 공유하면 다음과 같은 장점이 있다. 첫째, 아이들은 다른 친구들과 실시간으로 비교하면서 자기 자신을 확인하는 것이 학교 공부를 하는 데 유익하다고 한다. 인터넷으로 내 공부 내용을 친구들과 비교하면서 자신이 얼마나 잘하고 있는지 생각해볼 수 있다. 또한 자신의 동영상에 실시간으로 댓글들이 올라오면 자신이 얼마나 하고 있는지 직접 확인할 수도 있다. 요즘 고등학생들에게 유행 중인 이 공부법을 사용하고 있는 우정이의 사례를 함께 살펴본다.

예시: 고등학생 우정이의 사례

고등학교 3학년인 우정이 반에는 요즘 유행인 것이 하나 있다. 바로 자신이 공부하는 모습을 동영상으로 촬영해서 유튜브에 올리는 것이다. 동영상에는 그날 무엇을 공부했는지, 얼마나 공부했는지 등 하루 동안 공부한 내용을 같이 탑재한다. 그러면 여러 친구가 댓글로 자신은 문제집을 얼만큼 풀었는지, 공부 시간은 얼마나 오랫동안 했는지를 적는다. 댓글을 확인한 우정이는 자기가 다른 친구들에 비해서 공부를 많이 한 날이면 뿌듯하고 다른 친구들과 비교해서 부족한 날이면 무엇 때문인지를 생각해보며 책을 펼쳐 공부하기 시작한다. 이러한 실시간 공유 공부법은 잘 활용해 수익을 얻는 아이들이 있을 정도로 인기를 끌고 있다.

둘째, 실시간 공유 공부법은 자신의 공부 기록을 체계적으로 저장하고 친구들과 비교하여 자기 자신을 확인할 수 있다는 장점이 있다. 아이들은 친구들과 비교하면서 자신이 얼만큼 공부했는지, 그래서 성적은 어떻게 됐는지에 관한 기록을 한눈에 확인할 수 있다는 점에 상당히 만족한다. 공부 기록만 잘 살펴봐도 자신의 공부 내용 중에서 무엇이 부족한지, 무엇을 더 공부해야 하는지를 쉽게 알 수 있다. 더 나아가 저장된 자료를 분석에 맡기면 AI가 각자에게 맞는 공부 방법 등을 제안해주기도 한다.

예시: 중학생 연정이의 사례

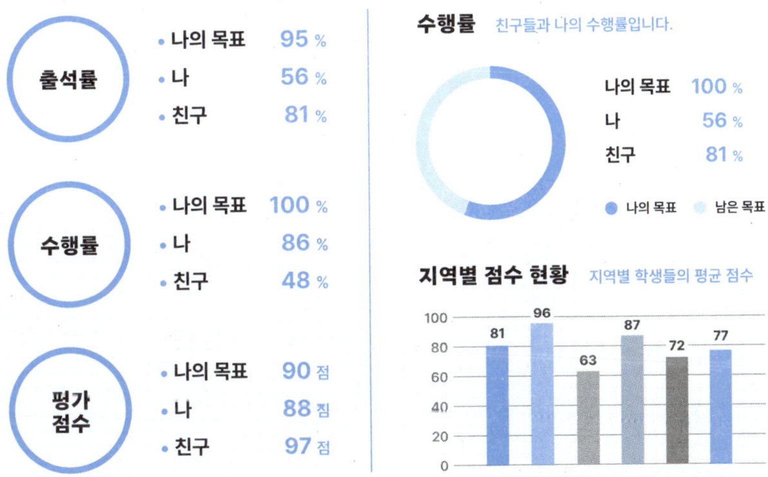

중학교 3학년 연정이는 공부를 시작하면 옆에 스마트폰을 항상 켜둔다. 그 이유는 자신이 공부한 시간과 공부한 양을 스마트폰에 바로 입력해야 하기 때문이다. 연정이가 자신이 공부한 시간과 공부한 양을 입력해서 저장하면 모든 기록이 저장되어 데이터로 남는다. 여기서 끝나는 것이 아니라 AI가 연정이의 성적 변화를 관찰해서 연정이가 공부에 집중하기 좋은 시간과 한 번에 집중할 수 있는 시간을 알려주기도 한다. 이를 통해서 스스로 무엇이 부족한지, 무엇을 잘하고 있는지를 한눈에 파악할 수 있다.

마지막으로 실시간 공유 공부법의 이점은 자신을 확인하고 반성해서 새로운 모습을 찾을 수 있다는 데 있다. 자신의 공부 기록을 확인하면서 자신의 잘못된 모습이나 혹은 고쳐야 할 점 등 자기반성을 할 수 있는 기회를 찾을 수 있다. 아이들은 자기가 얼마나 공부했는지 직접 확인하고, 반성하며, 다시 계획해서 공부하는 과정을 경험하면서 자신감을 얻게 된다.

예시: 중학생 성진이의 사례

중학교 3학년인 성진이는 앞서 소개한 연정이와 같은 애플리케이션을 사용하고 있다. 성진이는 그동안 자신이 어떻게 공부했는지 확인해본 적이 없었다. 내 공부 모습을 확인하지 못하니 무엇이 잘못되었는지, 무엇을 고쳐야 하는지 잘 알지 못했다. 성적 또한 큰 변화 없이 중학교 3년을 보냈다.

그러던 중 성진이는 친구들의 추천으로 스마트폰에 공부를 기록하기 시작했다. 그리고 기록해둔 공부 기록을 전부 확인해보는 습관을 가지기로 했다. 나 자신과 비교해서 그동안 얼마나 부족했는지, 부족한 점을 채우기 위한 방법은 무엇이 있는지 반성을 하기 시작한 것이다. 습관을 만드는 것이 지루하고 힘들었지만, 거의 반년 이상 연습하면서 고쳐야 할 점을 찾았다.

이러한 과정을 거친 성진이는 성적이 급격히 오르기 시작했다. 주로 성적이 잘 나오지 않았던 암기 과목과 수학 점수가 다른 친구들만큼 오른 것이 전체 성적을 향상시키는 데 중요한 역할을 했다. 자기가 부족한 부분이 어디인지를 정확히 알려주는 애플리케이션의 역할을 크게 느꼈다고 한다.

우리 아이들에게 스마트폰은 단순한 놀이 도구가 아니다. 통화를 하고, 인터넷을 하고, 동영상이나 게임을 하는 용도로만 쓰지 않고, 이를 넘어서 스마트폰을 이용해서 새롭게 공부하는 방법을 찾고 있다.

네 번째 비밀: 탈경계 공부

아이들은 학교에서 주어진 대로 공부하는 것이 아니라 자신에게 맞는 공부 자료와 장소들을 적극적으로 선택하고, 활용해서 공부하고 있다. 그리고 전통적으로 교사가 나눠주는 공부 자료들을 외우거나 반복하는 대신, 자기에게 맞는 훨씬 더 좋은 자료들을 구해서 사용하고 있다. 우리나라의 학교 앞 거리를 걷다 보면 커피숍, 스터디 카페, 독서실에서 태블릿, 문제집, 교과서 등 다양한 공부 자료들을 두고 공부하고 있는 학생들을 볼 수 있다. 이처럼 학교에서, 그리고 학교 바깥에서 공부하고 있는 아이들의 열정은 전국 어디서든 느낄 수 있다. 즉, 언제, 어디서나 공부하는 탈경계 공부는 우리 아이들이 전 세계의 아이들보다 훨씬 더 뛰어난 성공을 거둘 수 있도록 만들어주는 비장의 무기라고 할 수 있다.

그럼 아이들의 탈경계 공부법에는 무엇이 있는지 살펴본다. 첫 번째는 바로 자신에게 완벽히 맞는 공부 장소를 찾는 것에 있다. 우리 아이들은 학교나 자기 방에서만 공부하는 것이 아니라 커피숍, 공부 카페, 버스, 길거리, 공원 등 어디서든 공부하고 있다. 공부에 가장 집중이 잘되는 공간을 찾아서 공부를 시작한다. 아래 다양한 공부 장소들의 예시를 소개한다.

우선 아이들이 학교를 마치고 가는 공부 장소 중 가장 인기 있는 곳이 공부 카페이다. 공부 카페는 일반적인 카페처럼 음료나 음식을 주문할 수 있지만, 좀 더 공부에 집중하고자 하는 사람들 위한 여러 가지 시설들이 있다. 특히 공부를 위한 개인용 책상과 공부 모임을 할 수 있는 모임실이 구비되어 있다는 점이 특징이다. 또한 태블릿, 노트북 등을 볼 수 있도록 책상에 콘센트가 있고, 와이파이가 무료로 제공되며, 심지어는 독서대나 노트북 거치대가 있기도 하다. 공부 카페의 분위기에 만족하는 사람들이 아주 많으며, 아이들은 학교에서 수업을 듣고 집에 가기 전에 공부 카페에 들러 간단히 저녁을 먹으면서 복습하거나, 아니면 아예 주말에 공부 카페에서 집중적으로 공부하기도 한다.

같이 공부 모임을 하고 있던 호형, 경진, 소운이는 학교에서 공부가 끝나면 다 같이 공부 카페로 향한다. 공부 카페에 들어가 호형이는 인터넷 강의를 듣기 위해 와이파이가 구비되어 있는 자리, 경진이는 노트 정리를 위해 여러 권의 책을 펼칠 수 있는 거치대가 있는 자리, 소운이는 음료를 마시면서 공부를 할 수 있는 자리로 향한다. 1시간 동안 각자 공부를 마치면 공부 카페에 마련된 모임실에서 모인다. 각자 공부한 내용을 알려주고 모임실에 구비된 칠판에 직접 글을 쓰면서 그날의 일일 선생님이 된다. 일일 선생님의 수업이 끝나고 나면 그날 공부한 내용을 시험을 통해 서로를 확인하는 것으로 공부를 마무리한다.

다음으로 소개할 탈경계 학습 공간은 바로 독서실이다. 독서실에 가면 개인 책상이 주어진다. 학생들은 커튼으로 가려진 개인용 책상에 혼자 앉아 공부를 시작한다. 다른 공간에서는 스마트폰, TV, 침대 등 학생들의 공부를 방해하는 요소들이 존재한다. 하지만 독서실에서는 학생들을 유혹하는 이러한 요소들이 강제적으로 제거되어 학생들이 좀 더 공부에 집중할 수 있도록 도와준다. 그리고 요즘 독서실은 일종의 학습센터로 진화되어 독서실마다 공부를 도와주는 코치들이 있는 경우가 많다. 코치가 있는 독서실에서는 매일 공부하는 시간을 확인하고 얼마나 더 공부 시간이 필요한지를 알 수 있다. 그리고 시끄럽게 떠들고 공부 분위기를 방해하는 아이들을 제지해주기도 하면서 독서실이 전체적으로 조용하게 유지될 수 있도록 해준다.

마지막으로 아이들이 많이 공부하는 장소는 커피숍이다. 커피숍이라는 공간은 학습 카페와는 다르게 공부에 적합하지 않은 경우도 많다. 그런데도 아이들은 시끌벅적한 카페에서 이어폰을 끼고 공부하는 것을 좋아한다. 요즘 대부분의 커피숍에서는 기본적으로 인터넷과 콘센트를 사용할 수 있기 때문에 아이들은 커피숍에서 인터넷 강의를 듣거나 학교 숙제를 한다.

중학교에 다니는 승호와 인찬이는 매일 학교를 마치고 스타벅스로 향한다. 승호는 창가 자리에서, 인찬이는 구석 자리에서 공부를 시작한다. 인찬이와 승호는 스터디 카페, 독서실, 학원 등 다양한 장소를 다니며 자신이 원하는 공부 장소를 찾았다. 그중 최고의 장소가 바로 스타벅스였다.

그 이유가 독특하지만 인상적이다. 승호는 다른 사람들이 쳐다볼 수 있는 공간에서 공부하는 것이 더 집중이 잘된다고 얘기한다. 그리고 인찬이는 커피 냄새를 맡으며 공부하는 것이 좋다고 한다.

승호는 스타벅스에서 내일 학교에서 배울 내용을 미리 예습하고 학교에서는 복습을 한다. 인찬이는 학교에서 배운 내용을 스타벅스에 와서 문제집을 풀고 있다. 이처럼 아이들에게 스타벅스는 단순히 커피를 마시는 장소가 아니라, 진짜 공부를 하는 장소이다.

이처럼 우리나라의 아이들은 학교 바깥에서도 공부에 최적화된 장소를 탐색하고 이를 활용하고 있다. 아이들은 굳이 공부하고 싶지 않은 곳에서 억지로 공부하는 대신 심리적으로 안정된 장소에서 공부를 하면서 집중력과 공부 효과를 함께 높이고 있다.

두 번째 탈경계 공부법은 공부 자료에서 찾을 수 있다. 공부 자료의 탈경계는 가능한 한 많은 자료들을 넘나들면서 참고서, 학원 자료집, 과외 선생님의 자료집, 학습지 중 자기 자신에게 가장 좋은 자료를 찾아서 공부하는 것이다. 아이들은 기존의 공부에 덧붙여 자기 수준 혹은 취향에 맞추어 공부 자료들을 직접 선택하고 이를 공부에 적극적으로 활용하고 있다.

탈경계 공부에 사용되는 다양한 자료들을 살펴보자. 우선 학원 자료집을 들 수 있다. 학원 자료집에는 오프라인 학원 자료집(이하 학원 자료집)과 온라인 학원 자료집(이하 인터넷 강의 자료집)이 있다. 학원 자료집은 학생들이 학교 시험을 위해서 많이 사용하며 인터넷 강의 자료집은 전국적으로 배우는 기본적인 개념과 대학 입시의 수능을 위해 사용한다. 학원 자료집을 사용하는 이유는 학교 교과서에는 많은 개념이 들어가 있지만 학교 시험에 나오는 내용은 거의 정해져 있기 때문이다. 이러한 내용들을 아이들이 직접 찾아내는 것이 쉽지가 않은데, 자료집은 학교에서 자주 출제되는 문제와 개념들을 추출하여 만들어냈기 때문에 아이들이 시험을 준비하는 데 큰 도움이 된다. 자료집 안에는 학교별로 자주 나오는 문제들로 구성되어 있다. 그리고 보충 문제부터 심화 문제까지 학생들이 반복적으로 공부할 수도 있다. 그래서 아이들은 학원 자료집을 이용해서 좀 더 효율적이고 빠르게 학교 성적을 올리고 있다. 한편, 인터넷 강의 자료집은 학교에서 알려주지 않은 수능 문제들과 개념들을 공부하기 위해서 사용한다. 수능 시험은 학교 시험과 많이 다르기 때문에 아이들은 학교 공부만으로는 수능을 준비하는 것이 어렵다. 그렇기에 인터넷 강의 자료집을 사용하여 학교 교과서로는 배울 수 없는 수능 유형의 문제들과 개념들을 공부하여 시험 성적을 올리고 있다.

고등학교에 다니고 있는 진희는 공부를 하기 위해 학교 교과서와 학원 자료집을 사용한다. 학교에서 선생님이 교과서에 있는 모든 내용을 자세히 설명을 해주지만 시험에 나오는 내용은 몇 부분밖에 되지 않는다. 교과서의 많은 내용 중에 학교 시험에서 무엇이 나올지를 구분하는 것이 여간 쉽지 않다. 그래서 진희는 친구들이 많이 다니고 있는 A 국어 학원에 등록해서 자료집을 받았다. A 국어 학원은 진희가 다니는 고등학교 몇 년 동안의 시험지를 모두 분석해서 자주 나오는 문제, 개념들만 모아 특별한 자료집을 만들어 아이들에게 나누어 준다. 진희도 이 자료집을 이용해서 교과서에서 시험 출제 가능성이 큰 개념들을 찾아 형광펜으로 표시하면서 공부했다.

다음으로 많이 사용되는 자료는 참고서이다. 참고서란 교과서를 기반으로 하여 개념들을 좀 더 상세하게 설명하고, 좋은 문제들을 함께 실어놓은 자료집이다. 학교 선생님들은 교과서를 가지고 수업을 하며 시험 문제도 교과서를 기반으로 시험 문제를 낸다. 이때 교과서를 더 이해하기 쉽게 풀어놓은 책이 바로 참고서이다. 학생들은 참고서를 이용하여 선생님이 설명한 내용을 좀 더 상세히 공부하며 학교 시험에서 어떤 문제가 나올지를 파악한다. 참고서는 아이들에게 아주 익숙한 학습 교재이다. 교과서를 받으면 집에 가는 길에 참고서를 살 정도이다. 원래 학교 수업을 잘 들으려면 선생님의 말을 모두 받아 적거나 매일 복습해야 하지만, 현실적으로 그렇게 하기가 어려운데 참고서는 아이들의 힘든 부분을 잘 해결해준다. 선생님들이 무엇을 중요하게 설명하는지, 그리고 시험에 나오는 내용은 무엇인지 쉽게 알 수 있도록 도와주고 있다.

마지막 공부 자료는 문제집이다. 문제집은 그 종류가 엄청나게 많다. 개념 중심의 문제집, 문제 풀이 중심의 문제집, 보충 문제집, 초고난도 문제집 등 나열할 수 없을 정도로 많은 문제집이 있다. 아이들은 다양한 종류의 문제집 중 자신에게 맞는 것을 선정하여 공부한다. 아이들은 문제집을 단순히 풀기만 하지 않고, 문제집을 자신의 방법에 따라 푸는 방법을 개발하고 있다. 문제집을 오려 학습 노트에 정리하면서 자신만의 자료집을 만드는 방법, 문제집의 개념들을 모두 한 권의 공책에 정리하여 만드는 방법, 학교 교과서와 문제집을 함께 정리하는 방법 등, 문제집과 교과서를 이용하여 다양한 방식으로 공부하고 있다. 이처럼 아이들은 문제집을 통해 공부 능력을 향상시키고 있다.

혜림이는 고등학교 생명과학을 공부하고 있다. 하지만 교과서에는 각 개념의 설명은 많이 있지만 학생들을 위한 문제는 거의 없다. 문제가 있다 하더라도 기초적인 문제만 있어서 학생들이 자신의 지식을 확인하고 평가해보기가 어렵다. 그래서 혜림이는 EBS에서 만든 수능특강 문제집을 구매해서 풀고 있다. 혜림이가 EBS를 선택한 이유는 문제집 속에 기본적인 난이도의 문제부터 가장 어려운 난이도까지 문제들이 골고루 있으며, 수능 시험을 준비하는 데 있어 가장 기본적인 내용을 담고 있기 때문이다.

혜림이는 자신만의 방법으로 문제집을 활용하고 있다. 학교 선생님이 교과서로 수업한 내용 중 비슷한 문제가 있으면 문제를 오려서 교과서에 붙여서 개념을 정리한다. 그리고 틀린 문제들은 따로 노트에 정리해서 학교 시험 준비와 수능 준비를 동시에 하고 있다.

아이들은 다양한 자료들을 적극적으로 선택, 배치, 활용하여 성적을 올리기 위해 공부하고 있다. 학교 교과서에 다양한 공부 자료들을 더해서 자신들만의 독자적인 공부 방식을 만들고 있다.

탈경계 공부법의 마지막은 선생님으로부터 찾을 수 있다. 예전에는 선생님을 고른다는 것은 아예 불가능하거나 매우 어려운 일이었다. 그런데 지금 아이들은 나에게 필요한 내용을 가르쳐줄 수 있는 선생님을 쉽게 만날 수 있다. 선생님을 선택할 수 있다는 사실은 아주 중요하다. 보통 학교에서는 선생님이 25명 정도를 한꺼번에 가르친다. 그래서 모르는 것이 있어도 선생님께 질문을 하거나 이야기를 직접 해보는 것이 어렵다. 그런데 선생님을 선택할 수 있다는 것은 그만큼 선생님이 나에게 신경을 더 많이 써줄 수 있고, 내가 원하는 만큼 공부를 할 수 있다는 것을 의미한다. 우리가 선택할 수 있는 선생님의 종류는 다음과 같다.

우선 학원 선생님이 있다. 학교 선생님은 맞춰진 진도를 나가야 해서 반 아이들이 완전히 이해했는지를 아는 것이 사실상 어렵다. 그래서 아이들은 자신이 이해하지 못한 부분을 공부하기 위해서, 혹은 자신이 궁금한 것을 질문하기 위해서 학원 선생님의 수업을 듣는다.

학원 선생님은 한 번에 10명 이하의 아이들을 가르치며 수업 시간도 아주 자유롭다. 그래서 아이들이 완전히 이해할 때까지 가르쳐줄 수 있다. 그리고 학원 선생님은 학교 시험에 나오는 내용을 정리해서 아이들에게 집중적으로 훈련시키는 데 탁월한 능력이 있다. 그래서 많은 아이들은 학원에 가서 시험 성적을 쉽게 올릴 수 있다.

민성이는 학교에서 영어 문법 수업을 듣고 있다. 하지만 영어가 약한 민성이는 선생님의 말을 잘 이해하기가 어렵다. 선생님이 상세히 설명해주시지만 중간에 모르는 게 있으면 질문을 하고 싶다. 하지만 선생님은 중간고사 범위까지 진도를 나가야 하기에 민성이의 질문을 받아줄 시간이 거의 없다. 또한 학교 선생님은 아이들에게 평균적인 수준에서 수업을 하지만 잘하는 학생에게는 지루하지 못하는 학생에게는 괴로운 시간이 될 수밖에 없다. 그래서 민성이는 자신이 부족한 영어 문법을 보충하고자 학원에 등록했다. 한 반에 민성이를 포함해서 4명의 학생이 있었고 일주일에 3번 90분씩 수업했다. 학교 시간보다 훨씬 더 시간이 많으니 학생들이 질문을 할 시간도 충분했으며 학생들이 이해될 때까지 반복적으로 설명해줄 수 있었다. 또한 민성이가 잘하는 문법 부분은 학원 선생님이 어려운 문장을 주고 문장을 분석하도록 하였고 어려워하는 부분에 대해서는 보충 설명을 해주면서 민성이가 쉽게 이해할 수 있도록 해주었다. 학원에 다니면서 자신의 부족한 개념을 확실히 보충할 수 있었으며 강점으로 나타나는 부분에 대해서는 더 특출한 모습을 보이게 되었다.

다음으로는 과외 선생님을 제시할 수 있다. 과외 선생님은 오로지 한 명을 위해 수업을 준비한다는 점에서 다른 선생님들과 완전히 다르다. 과외 선생님은 학교 선생님과 달리 학생 한 명을 집중적으로 수업하고 관리할 수 있어서 아이가 어느 정도 공부했는지 이해할 수 있고, 공부 속도도 자유롭게 바꿀 수 있다.

부산에서 학교를 다니고 있는 수민이는 영어, 수학 과외를 받고 있다. 일주일에 3번 120분씩 과외 선생님과 1대1로 같이 공부하고 있다. 수민이의 과외 선생님은 항상 수민이를 유심히 관찰한다. 수민이가 어려워하는 부분은 무엇인지 혹은 수민이의 강점은 무엇인지를 찾아내려고 노력한다. 과외 선생님은 수민이가 수학에서는 문제 풀이가 강하지만 개념은 약하며, 영어에서는 해석은 잘하지만 문장에서 문법 구조를 찾지 못하는 것을 발견한다. 그래서 수학에서는 문제를 풀면서 여러 공식과 개념들을 암기할 수 있도록 지도하였고, 영어에서는 영어 문장을 한글로 적게 한 후 한글 단어와 영어 단어를 비교하면서 문장을 분석할 수 있도록 수업하였다. 수민이의 강점을 살려 부족한 부분을 보충했으며, 수민이만의 자료집을 만들어 쉽게 공부할 수 있도록 도와주었다.

마지막으로 인터넷 강사는 우리 아이들의 탈경계 공부를 가장 잘 보여주는 내용이다. 인터넷 강사의 숫자는 3,000명이 넘어갈 정도로 그 숫자가 어마어마하다. 인터넷 학원을 잘 사용하면 백화점에 가서 자신에게 맞는 옷을 고르듯이 선생님을 고를 수 있다.

학교 선생님은 주로 학교 교과서를 가지고 수업을 한다. 그리고 학생들은 공부하고 싶다면 정해진 수업 시간에 앉아 있어야 한다. 하지만 인터넷 강사는 학생이 원하는 강사, 원하는 시간, 배우고 싶은 내용만 골라서 수업을 들을 수 있다는 큰 장점이 있다. 학생마다 공부하고 싶은 시간이 다를 것이며 집중력이 높은 시간도 다르다. 또한 자신이 아는 내용을 다시 듣는 것은 시간으로 큰 손해로 다가온다. 그렇기에 인터넷 선생님은 마우스 클릭 한 번으로 원하는 수업을 고

국어	수학	영어
megastudy 강민철, 박담, 김동욱 등	megastudy 김성은, 박승동, 양승진 등	megastudy 김기훈, 조정식 등
ETOOS 권규호, 김민정 등	ETOOS 신승범, 김예림, 이미지 등	EBSi 이아영, 정승익 등
대성마이맥 김상훈, 김승리 등	스카이에듀 삽자루, 나티배 등	ETOOS 강원우, 그레이스 등

르고 원하는 선생님을 고를 수 있어서 아이들이 아주 좋아한다.

고등학교에 다니고 있는 하림이는 학교에서는 선생님의 수업을 듣고 학교 바깥에서는 인터넷 강사를 선택해서 수업을 듣고 있다. 하림이는 자신이 부족한 부분이 무엇인지 파악하여 인터넷 강사들 중 일타강사라고 불리는 수업을 찾아서 듣고 있다. 예를 들어 국어는 개념을 위주로 수업해주는 강사, 수학은 문제 풀이를 중심으로 수업해주는 강사, 영어는 문법과 듣기 위주로 수업해수는 등 자신에 필요한 강사를 선택해서 듣고 있다. 만약에 중간에 강사가 자신과 적합하지 않다고 생각이 들면 같은 인터넷 강의 사이트에서 쉽게 다른 강사로 바꿔가며 자신에게 맞는 강사를 찾으며 공부하고 있다.

우리나라에서 '공부는 학교에서만 해야 할까?', '학교 선생님이 주는 학습지만 풀어야 할까?'. '우리가 선생님을 고를 수는 없을까?' 라는 질문을 할 필요가 없다. 이미 아이들은 다양한 탈경계 공부법을 통해 자유롭게 공부하고 있기 때문이다. 공부는 학교라는 경계를 넘어 원하는 장소, 맞춤형 자료, 원하는 선생님의 선택까지 가능하게 하고 있고, 교육의 경계는 점점 없어지고 있다.

지금까지 전 세계에서 가장 뛰어난 아이들의 성공의 비결 중 하나인 공부 방법에 관한 내용을 살펴보았다. 이러한 내용들은 우리나라의 아이들이 경험을 통해 직접 발견하여 사용하고 있는 아주 소중한 내용들이다. 아이들이 사용하고 있는 공부 방법은 서구의 뛰어난 교육 강국에서 제안하고 있는 훌륭한 학습 방법과 비교해서도 전혀 부족하지 않으며, 오히려 많은 교과 내용들을 효과적으로 공부하고 부족한 시간을 절약해줄 수 있는 독창적인 방법이라고 할 수 있다. 이에 우리는 아이들의 주체적인 공부 방법을 좀 더 연구하고 새롭게 밝혀내어 새로운 교육 이론으로 소개할 필요가 있을 것이다.

9

세계 최고의 엄마들

한국 엄마들의 교육적 전략과 지혜

우리 아이들의 국제적 학업 성공의 뒤편에는 매일 자녀의 교육을 위해 노력하는 학부모들이 있다. 자연스럽게 오늘날 급변하는 한국 사회와 입시 제도 안에서 부모의 영향력은 여러 방면에서 강해지고 있다. 더 중요한 사실은 부모의 교육적 관여가 학생들의 성공에 점점 더 큰 요인이 되고 있다는 사실이다. 교육학자들은 이와 관련하여 부모의 역할을 다양한 용어로 설명하고 있다. 지금까지는 중국의 '호랑이 엄마'가 세계적으로 많이 알려졌지만, 우리나라의 부모들도 그에 못지않게 자녀의 교육에 매우 열정적으로 임하고 있다. 단순히 철저한 교육만을 엄격하게 추구하는 것이 아니다. 국제적으로 중국 엄마가 훈육에 치중한다면, 한국 엄마는 학업적 성공과 관련된 교육적 관여를 위해 힘을 쏟는다. 듬직하게 자녀 옆을 지켜주고, 입시라는 나무를 올라가는 법을 알려주고, 달달한 꿀 같은 사랑과 지지를 보내주기도 하며 때로는 웅녀처럼 인내하고 희생하는 그들은 한국의

'곰 엄마'이다. 이러한 인식을 바탕으로 한국 부모들이 자녀의 학업적 성공이라는 목표를 위해 어떻게 자신들의 삶을 계획하는지를 살펴볼 것이다.

공부 분위기 만들기

우리나라 부모들이 자녀를 최고로 만드는 첫 번째 전략은 가정 내 학습 문화를 조성하는 것이다. 한국 부모는 가정 내 학습 문화를 조성하는 데 중요한 역할을 담당한다. 아이들이 태어나면서부터 가장 시간을 많이 보내고 가장 큰 영향을 받는 장소는 집이다. 집 안에서 형성된 학습 문화는 자녀에게 깊숙이 자리 잡혀 있으며, 가정 내 학습 문화를 조성하는 데 있어서 가장 핵심 역할을 하는 사람은 부모다. 부모의 언행은 물론이고 교육적 수준, 방법 그리고 심지어 집 안 곳곳의 인테리어까지도 가정 내 학습 문화에 영향을 미친다. 한국의 곰 부모들은 노력과 희생으로 가정 내의 자연스러울 수도 있는 부분들까지도 자녀들의 공부를 위해 계획하고 설계한다. 이러한 부모의 영향을 받아 자녀들은 공부 습관을 형성시켜 나가고 학업 성적을 올리며 자신의 꿈을 정해 달려 나간다. 가정의 분위기를 공부 친화적으로 만들기 위해 부모들이 하고 있는 일에는 다음과 같은 내용이 있다.

첫째, 한국 부모들은 자녀의 공부를 1순위로 두고 가정에서 먼저 해야 할 일에 대한 우선순위를 결정한다. 자녀의 공부에 방해가 되지 않도록 가정에서의 일들이 돌아간다. 대표적으로 가족의 일과를 자녀의 공부와 시험에 맞추는 모습을 흔하게 볼 수 있다. 이러한 예시를 수미(가명)네 이야기를 통해 살펴본다.

"이번 추석에는 못 내려가요. 아이 시험 기간이니까요." 수미 부모님이 할아버지, 할머니에게 종종 하는 말이다. 명절에는 긴 시간 동안 학교에 가지 않기 때문에 오히려 이때 수미가 부족한 부분들을 집중적으로 채우고, 잘 마무리해서 시험 칠 수 있도록 학습과 생활을 조절할 수 있다. 수미는 고등학생이 되어서는 명절에 휴식을 취하거나 할머니 집에 가서 친척들을 만나는 대신 집중적으로 공부하는 것을 선택하고 있다. 수미는 부모님 덕분에 다른 아이들이 공부를 안 하는 시간에 오히려 더욱 집중적으로 시험 대비를 할 수 있었던 가장 중요한 시간을 보낼 수 있었다고 말한다. 수미의 부모님은 연휴에 여행을 가는 대신 수미의 공부를 돕기 위해 시험 기간에 맞추어 휴가를 쓰시기도 한다. 수미가 학교를 마치는 시간, 그리고 학원 시간에 맞추어서 장을 보고 직장 퇴근 후에도 독서실 앞에서 항상 기다린다. 즉, 수미의 시간 계획에 따라 부모님의 시간도 조절이 되는 것이다.

이러한 예시는 우리나라의 아이들이 학교와 입시에서 성공할 수 있도록 부모들이 어떠한 실제적인 노력을 제공하고 있는지를 잘 보여주는 장면이라고 할 수 있다.

둘째, 부모는 자녀가 해야 할 일들의 우선순위를 결정하는 것을 도와준다. 부모는 자녀의 중요한 부분을 놓치지 않도록 가장 집중해야 하는 것이 무엇인지, 가장 먼저 해결해야 하는 것이 무엇인지 조언해준다. 자녀가 해야 할 일, 그리고 하고 싶은 일에는 여러 가지가 있다. 하지만 무엇을 먼저 해야 하는지 갈피를 못 잡는 경우가 많다. 기존의 엄격하고 스파르타 방식을 지닌 부모와는 다르게, 우리나라의 신세대 학부모들은 무조건 모든 시간을 공부로 채우지는 않는다. 자녀가 하고 싶어 하는 취미 생활이 있거나 잘하는 것이 있다면 그것도 고려해서 계획을 세운다. 그러면서도 궁극적으로는 아이들이 공부에 더 많은 시간을 쏟게 만들도록 유도하는 것이 부모의 목표가 된다.

가령, 평일에는 학교 수업과 더불어 학원과 과외로 이루어진 학습 시간표를 운영한 다음에, 주말에는 자녀들이 충분한 경험을 할 수 있도록 스포츠 활동, 캠핑 활동, 봉사 활동 등을 함께 한다. 중요한 것은 부모가 이러한 활동을 즉흥적으로 하는 것이 아니라 자녀의 학습에 대한 노력의 보상 차원에서 계획적으로 실시하게 되는 것이다. 자녀들은 자연스럽게 부모님과 함께 일주일을 보내면서 공부도 열심히 하고, 다양한 체험도 할 수 있게 된다. 이러한 긍정적인 분위기는 아이들의 공부와 성공에 중요한 역할을 한다.

구체적인 학습의 상황에서는 다음의 행동을 통해 학습 분위기를 만들어 간다. 우선 집에서 자녀와 함께 효율적으로 우선순위 계획 및 시간표를 짠다. 부모들은 주지 교과인 국어, 수학, 영어가 중요하다는 말을 평소에 반복한다. 이 세 과목이 대학에 들어갈 때에 가장 중요하게 작용하기 때문이다. 또한 이 세 과목은 단시간의 노력으로 완성되기 어렵기 때문에 가장 학생 간 수준차가 큰 과목이기도 하다. 어렸을 때부터 꾸준한 공부를 통해 기본기를 탄탄하게 해야 하며 엄청난 양의 진도를 따라잡아야 한다는 점을 잘 알고 이 점을 꾸준히 이야기해준다. 이외에도 몇 요일에는 무슨 학원을 등록하자, 이 과제는 신경 써서 해야겠다, 보충학습으로는 이 부분을 해야 한다, 이 시간 사이에 밥을 먹고 쉬자, 내일 공부를 위해 이 시각에는 잠자리에 들어야지 등 자녀의 집사를 자처한다. 우선순위들을 따라 열심히 달리는 것은 선수인 자녀들 몫이지만 감독으로서 어떤 부모를 만났는지 여부도 공부의 방향과 전략에 있어 매우 중요하다. 아이들 역시 공부하기 싫어 투덜거리기도 하지만 부모가 많은 관심을 쏟아주는 친구를 부러워한다. 자신을 우선시하는 부모의 마음을 느낀다. 혼자 계획을 세우고 실천해 나갈 때보다 더 믿음을 가지고 앞장서서 나가며 시간을 현명하게 사용한다.

셋째, 자녀의 교육을 중심에 둔 집의 물리적 학습 환경을 조성한다. TV를 놓아야 하는 자리에 책장이 들어온다. 책장에는 이번 학년 때 배우는 사회책과 과학책이 마련되어 있다. 덕분에 아이들은 자연스럽게 독서 습관이 형성되고, 교과서를 통해 배울 내용에 대해 한 번 더 익숙해지며, 배울 내용들에 대해 흥미롭게 다가갈 기회가 커진다. 컴퓨터는 어떻게 사용되는지 부모가 볼 수 있도록 거실에 배치가 되기도 하며, 정해진 게임 시간과 현명하게 사용할 것 등을 약속하고 아이 방에 놓인다. 부모는 자녀가 효율적으로 공부할 수 있도록 컴퓨터, 태블릿, 노트북 등 자원을 아끼지 않으려 한다. 어떤 집에는 독서실에서 가져온 듯한 칸막이 책상이 놓여 있다. 집에서도 독서실이나 스터디 카페 같은 느낌을 주어 집중력을 높이게 하기 위해서이다. 오래 책을 보아도 눈이 아프지 않은 전등의 색 조절도 필수다. 이처럼 곰 부모들은 아이들이 공부를 할 수 있는 최적의 환경을 마련해주고자 한다.

그리고 이 물리적 환경 안에서 부모 역시 공부하는 환경에 익숙해지고자 한다. 드라마를 보는 대신 지식 프로그램을 보거나, TV를 켜는 대신 책과 펴며 모든 가족이 집안 학습 환경 만들기에 동참한다. 아버지가 법관이라 법전을 보는 것을 봐온 아이는 법에 관심을 가지기 쉽고 엄마가 요리사라 맛있는 메뉴를 개발하는 것을 봐온 아이는 음식 만들기에 흥미를 느낄 확률이 올라간다. 부모가 의사인 경우 재수 삼수를 해서라도 자녀도 의대를 진학하는 경우가 꽤 높은 것은 부정하기 어렵다. 어렸을 때부터 이러한 아버지와 어머니의 모습을 보고 자란 아이는 책을 읽거나 공부하는 것이 익숙해지고 어느새 당연한 집안의 모습 중 하나로 자리 잡게 된다. 지속적으로 부모님께 감화를 받고 학습에 대한 긍정적인 가치관이 녹아들게 된다. 가정에서 보고 자란 것들과 학습된 부분들이 상식과 교양으로 자연스레 드러나기도 한다. 자녀는 부모의 뒷모습도 보고 자란다는 말이 있다. 우리나라의 부모들은 이러한 점들을 누구보다도 잘 알고 노력하는 듯하다. 학습이라 해서 지식을 쌓는 것만 이야기하는 것이 아니다. 함께 신문을 읽고 이야기를 나누고, 자녀의 기자 동아리 활동을 지지한다. 주말에는 아이와 여러 미술관과 박물관에 가며 많은 것을 몸소 보여주고 경험을 시켜주고 싶어 한다.

효과적인 공부 방법 알려주기

두 번째 전략은 부모들이 몸소 터득한 자신들만의 귀중한 공부 노하우들을 전수해주는 것이다. 우리나라의 부모들은 단순히 공부를 보조하고 도움을 주는 수준을 넘어서 아이들에게 직접 공부하는 방법을 가르쳐주거나 교과 지식을 전수해주기도 한다. 이것이 가능한 이유는 오늘날 많은 한국 학부모들이 대학을 졸업하였으며 뛰어난 지적 능력을 갖췄기 때문이다. 부모들은 이미 학창 시절에 어떻게 공부해야 하나라도 더 외울 수 있는지, 그리고 언제 교과 공부를 집중적으로 해야 하는지를 이미 실전 경험을 통해 터득했다. 심지어 학교의 어려운 시험들과 대학 입시까지도 성공한 이력을 가지고 있다. 구체적으로 우리나라의 부모들은 다음의 방법을 사용하여 공부 방법을 전수한다.

첫째, 학교 공부에서 어떤 교과목이 왜 중요한지를 가르쳐준다. 선생님이나 학교 교육과정 전문가처럼 부모들은 교육과정을 잘 파악하고 있다. 평소에 하는 이야기와 행동을 통해 자녀가 학교에서 무엇을 잘해야 성공할 수 있는지를 스스로 깨달을 수 있도록 유도한다. 앞서 언급했듯이, 특히나 학년이 올라갈수록 예체능 과목을 잘했을 때보다는 국어와 수학을 잘했을 때 더 많이 칭찬하고 격려함으로써 자연스럽게 주지 교과가 더 중요하다는 점을 은연중에 알려준다. 그러면서 자연스럽게 주지 교과(국어, 수학, 영어, 사회, 과학)가 학교 공부와 생활에서 가장 중요한 부분이라는 점을 여러 번 짚어주게 된다. 만약에 자녀가 대학 입시를 앞두고 있다면, 그중에서도 더 중요한 국어, 수학, 영어에 관해 계속 이야기하면서 공부의 우선순위와 투자하는 시간을 조절할 수 있도록 돕는다. 만약 자녀가 수학 공부는 소홀히 한다면, 직접적으로 이야기하거나 간접적으로 수학이 필요한 이유를 제시하면서 수학에 더 흥미를 느끼고 신경 쓸 수 있도록 다양한 방법들을 강구한다.

부모들은 대개 학교 시간표를 예시로 들어 자녀들에게 교과별 중요성을 설명하곤 한다. 학교 시간표에는 교과가 중요한 순서대로 더 많이 가르치게 되어 있다. 평균적으로 고등학교에서는 일주일에 국어를 7시간, 수학을 5시간 이상, 영어를 4시간 이상 가르친다. 예체능 과목인 음악, 체육, 미술의 경우에는 각각 2시간 정도 수업한다. 이를 교육학 용어로 '수업 시수'라고 하는데 실제로 자신의 내신 점수에 있어 전 과목 점수를 평균을 낼 때, 자신의 점수에 시수를 곱하여 반영하기 때문에 수업 시수가 높은 과목의 점수를 잘 받을수록 유리하다. 또한 일반대학의 경우 국어, 수학, 영어 점수만을 제출하기를 요구하기도 한다. 정시, 즉 흔히들 이야기하는 대학 수학 능력 시험(수능)에도 살펴보면, 국어, 수학, 영어 과목은 문과든 이과든 필수로 시험을 쳐야 하며 사회 과목이나 과학 과목은 각자 선택하여 시험을 치게 되어 있다. 반면에 예체능 과목은 수능 시간표에 들어가 있지 않다. 대개 예체능과를 원하는 학생들은 수능을 치고 나서 지원하는 대학교 자체의 실기시험을 추가로 보게 되어 있지만, 예체능 전공하는 학생이든 아니든지 간에 국영수 시험은 모두에게 의무사항으로 국영수가 중요할 수밖에 없다. 이러한 교육과정과 입시 시스템을 꿰뚫고 있는 부모들은 학교 시간표에 들어간 수에 비례하여 중요성을 강조하며 가장 열심히 공부해야 할 과목을 알려준다. 자녀들도 어렸을 때부터 들어온 부모의 조언과 학교생활의 경험을 통해 '국영수'가 중요하다는 사실을 느끼고 있기 때문에 주지 교과에 집중하여 공부하고자 한다.

둘째, 부모들은 자녀에게 맞는 교과에 필요한 공부 방법을 직접 가르쳐준다. 공부 방법은 정해진 것이 없고 개인마다 다르며, 교과의 특성마다 다르기도 하다. 부모는 자녀를 누구보다도 잘 알고 있다. 내 자녀가 어떤 과목에 더 흥미와 소질이 있는지, 어떠한 사고가 강하고 또 부족한지 말이다. 부모들은 자녀가 어떤 교과를 어떻게 공부해야 하는지에 큰 관심을 갖고 살펴본다. 그러면서 자녀들이 혹시 잘못된 방법으로 공부하고 있다면 그것을 교정해주고, 더 효과적인 방법들을 알려준다. 그리고 부모 스스로 학창 시절에 실제 효과가 있었던 공부 방법들을 알려주기도 하면서 자녀들과 함께 공부 전략을 설정하기도 한다.

대표적으로 다음의 방법들이 있다. 우선, 국어에서는 아주 장기적인 전략을 통해 접근한다. 국어는 단시간에 시험 점수를 올리기 어렵고, 오랫동안 글을 많이 읽고 자기 생각을 정리하는 학습법이 필요하다. 따라서 자녀들이 유아 시기부터 책을 많이 접할 수 있도록 한글 조기교육을 실시한다. 그리고 초등학교 시절에는 받아쓰기 활동을 통해 소리와 글의 정확한 연결을 할 수 있도록 집에서 따로 교육한다. 한국어를 잘하는 학생들은 학교에서도 여러 과목의 수업에서도 문맥과 핵심을 잘 파악하여 이해도가 높은 경우가 대부분이다. 국어는 모든 과목과 연계되어 있을 뿐만 아니라 사람들과 소통하고 관계를 맺으며 생활을 하는 데에도 큰 영향을 미친다. 국어를 잘하면 친구들과 더 잘 어울릴 수 있고 선생님께 쉽게 인정받을 수 있다는 점을 잘 알고 있기 때문에, 받아쓰기와 책 읽기는 초등학교를 마칠 때까지 꾸준히 하는 국어 공부 방법이다.

중학교 이후에는 우리나라 문학과 더불어 신문 사설이나 논설문 등을 많이 읽고 내용이 무엇인지를 파악하는 연습을 하도록 지도한다. 학교 시험 문제나 수능 시험 문제의 대부분이 결국은 핵심 내용이 무엇인지를 파악하는 데 있기 때문에, 끊임없이 다양한 글을 읽고 배경지식을 넓히며 주제와 관련 내용을 찾아내는 연습을 집중적으로 하게 된다. 이외에도 시적 표현들, 삽입할 문단 및 문장의 올바른 배치, 자기 생각과 주장을 가지고 말과 글로 설득하는 연습 등을 하게 된다. 몇몇 대학 입학시험에는 면접을 보게 하여 학생들끼리 토론 및 토의를 시키거나, 논술시험을 추가로 보게 하여 학생들의 사고능력과 이를 글로 풀어내는 능력을 보고자 하기도 한다.

수학에서는 부모들이 수학자만큼 공부의 단계와 순서에 관해 정확히 이해하고 있다. 유치원 때부터 계단이나 과자 등의 친숙한 사물들을 손가락으로 세어보게 하며 수 퍼즐과 블록을 가지고 놀게 한다. 자녀들은 초등학교 1학년부터 덧셈과 뺄셈으로 시작해서 2학년에는 구구단을 9단까지 완전히 외워야 하고,

3학년에는 여러 자리 수의 곱셈과 기초적인 나눗셈까지 할 수 있어야만 수포자(수학을 포기한 사람)가 되지 않는다는 사실을 너무나 잘 알고 있다. 따라서 학년에 맞추어 문제집, 학습지, 학원 숙제, 부모들이 직접 구할 수 있는 온라인 교육자료 등을 활용하여 수학 공부를 관리한다. 함께 식을 보며 어느 부분에서 막힌 것인지, 실수한 것인지를 살핀다. 도형 부분을 어려워하는 것인지 수와 연산을 어려워하는 것인지 분석하며 자녀의 부족한 부분을 채워주고자 한다. 대개 이러한 활동은 교과 내용이 보다 전문적이고 심화되어 직접 지도하기 어려운 중학교, 고등학교 이전까지 계속된다.

이외에도 교과별로 좋은 학습 방법들을 알려준다. 이러한 내용은 부모들이 가지고 있는 경험적 지식과 관련이 있는 경우가 많다. 영어를 공부하는 데 효과적인 방법으로 하루 몇 개씩 단어장을 만드는 것, 잘 안 외워지는 단어는 냉장고와 화장실에 포스트잇을 붙여놓는 것, 영어 듣기 문제를 풀 때는 동사에 집중할 것과 같은 조언 내용은 직접 공부를 해보지 않았다면 해줄 수 없는 것이다. 또한 아이가 영어 듣기와 말하기에 어려움을 겪는다면 수시로 영어 노래, 영어 동화 음원을 틀어놓기도 하며, 영어에 대한 흥미를 향상시키기 위해 영어 보드게임을 사주고 다양한 영어 캠프 및 단기 유학을 보내기도 한다. 역사를 공부할 때는 시대를 먼저 공부하고 그다음 인물을 공부하는 것이 좋다든지, 유물들은 사진과 매치하는 것이 오래 기억에 남는다든지 그리고 윤리를 공부할 때 서로 반대되는 사상가들을 둘씩 짝시어 비교해가면서 공부하는 방법이 효과적이라는 내용 역시 각 부모만의 공부 비법이자, 자녀의 더욱 효과적인 학습에 도움이 되는 귀중한 이야기들이다.

셋째, 평소 생활에서 공부와 관련된 구체적인 지식습득 기법을 전수해준다. 부모들은 이미 학생 시절을 거치면서 공부로 성공한 경험을 가지고 있다. 따라서 평소 생활이나 학교 일과 속에서 어떻게 학업적 성공을 이끌어낼 수 있는지도 잘 알고 있다. 더 이상 부모들은 자녀에게 무조건 하루 종일 공부만 하라고 하지 않는다. 그것은 오히려 자녀를 공부에서 멀어지게 하는 것임을 경험을 통해 너무나도 잘 알고 있다. 따라서 자신이 하고 싶은 일을 하기 위해서 어떻게 빠르고 효과적으로 공부해야 할 것인지를 친절하게 알려준다.

부모들이 자녀에게 알려주는 학습 방법에는 다음과 같은 내용들이 있다. 우선 학교나 학원에서 내주는 숙제를 먼저 하도록 이야기해준다. 단순히 이야기만 하는 것이 아니라 숙제를 함께 보고 어떻게 해결하면 더 좋을지를 의논하기도 한다. 특히 요즘에는 학교 숙제가 수행평가 성적과 관련 있는 경우가 많으므로 자료 조사를 도와주거나 자녀가 쓴 글을 첨삭해주면서 더 좋은 글쓰기를 어떻게 할 수 있을지를 조언하며 숙제를 도와준다.

초등학교 저학년 학생들에게는 한글 받아쓰기나 구구단을 직접 지도한다. 한글 받아쓰기를 잘하는 비법은 많은 반복과 연습에 있다. 그러나 학교에서 받아쓰기를 계속하기는 어렵다. 학교 선생님들은 받아쓰기 이외에도 학교 교과서로 수업을 진행해야 하기 때문이다. 이때 부모들은 집에서 따로 받아쓰기 연습시켜 부족한 한글 공부를 보충해줄 수 있다. 구구단 역시 마찬가지인데, 구구단을 많이 연습하도록 돕기만 하는 것이 아니라 구구단 판을 집에 붙여 놓거나, 노래나 놀이로 연습하도록 하면서 자연스럽게 구구단을 빠르게 익히도록 도와준다.

공책을 과목에 따라 일목요연하게 정리하는 것, 틀린 문제들을 오답 정리를 하는 것, 그리고 학교에서 나누어 주는 학습지를 파일에 보기 좋게 모으는 것 등도 부모들이 자녀의 학습을 돕는 중요한 방법이다. 특히 이러한 정리 방법을 알려주는 것은 학교에서 선생님에게 모범생으로 인정받는 효과를 불러일으키기도 한다. 평소 교과서나 학습지가 잘 정돈된 모습을 하고 있으면 교사들은 '이 학생은 부모님이 참 많이 신경을 써주시는 아이'로 생각하며 공부에 더 많은 관심을 갖고 지도해주려고 한다.

넷째, 부모가 직접 중요한 시험을 어떻게 준비하는지 시범을 보이고 조언을 준다. 시험은 많은 과목에 관한 내용을 한꺼번에 물어보기 때문에 시험 계획을 제대로 세우지 않으면 무작정 공부를 열심히 했다고 하더라도 높은 점수를 받기 쉽지 않다. 따라서 방대한 시험 범위 안에서 시간을 효율적으로 배분하는 방법을 알려주는데 구체적으로는 국어, 영어, 수학을 먼저 공부하고 나머지 과목은 시험 직전에 집중적으로 공부하기, 앞부분들을 잃어버리지 않도록 전단원에 대한 문제를 풀며 주기적으로 복습하기, 수학은 문제 개념을 확실하게 잡고 오답 노트를 중심으로 복습하기, 국어는 시간을 재며 비슷한 유형의 문제(핵심 주제 찾기, 틀린 내용 찾기, 의견이나 생각 비교하기 등)를 반복해서 풀어보기, 영어는 그동안의 기출 문제를 보고 나올 가능성이 큰 유형을 더 많이 공부하기 등이 있다. 같은 시간을 들여 많은 노력을 통해 공부하더라도 이처럼 시험 준비가 체계적이었는지 여부에 따라 시험 점수는 크게 달라지게 된다. 부모들은 이러한 사실을 누구보다 잘 알고 있다. 따라서 소중한 자녀들이 시간을 헛되이 쓰거나 잘못된 시험 준비 방법으로 인해 후회하지 않도록 집중적으로 도와주려고 한다.

자녀의 사교육비에 대한 투자

세 번째 전략은 자식의 그림자교육에 돈을 투자하는 것이다. 우리나라의 부모들은 자녀의 교육에 엄청난 돈을 부사하고 있다. 우리나라의 사교육비 시장이 연간 9조 원에서 10조 원에 이를 정도다. 사교육비는 실제로 경제학자들과 정부에서도 연구되고 있는 중요한 주제이기도 하다. 통계청에서 제시하는 자료를 살펴보면, 2019년 기준 우리나라 부모들은 한 달에 평균 40만 원에서 50만 원 정도를 자녀의 교육비에 투자하고 있는데, 이는 한 가정의 일반적인 소득의 10% 이상을 차지하는 매우 높은 수치이다. OECD 국가 중에서 1인당 국민소득GDP 대비 학생 1명의 초·중·고등학교 교육에 지출하는 금액이 2017년 기준으로 한국이 가장 높은 것으로 나타났으며, 포르투갈, 오스트리아가 그 뒤를 이었다.

그러나 비용은 크게 중요하지 않다. 우리나라의 부모들은 지금 자녀의 학습 상태에 딱 맞고, 공부에 대한 목표를 달성하도록 해주는 그림자교육이 있다면 얼마가 필요하든 기꺼이 돈을 내려고 한다. 대학 학비보다 그림자교육에 더 많은 돈을 지불하기도 하고, 생활비 중 자녀의 교육비가 가장 큰 부분을 차지하는 가정이 많다는 사실도 우리나라 부모들이 그림자교육을 가장 중요하게 생각하는 증거가 된다. 하지만 그림자교육에 드는 돈을 무한정 높일 수는 없다. 가정마다 수입은 정해져 있기 때문이다. 학원비와 과외비로 고민하는 부모들의 모습은 우리나라 가정에서 심심치 않게 보여지는 일들이다. 물론 끈기 있는 부모들은 그냥 고민만 하고 있지는 않는다. 그들은 학원비를 마련하기 위해 아주 치밀하고 정밀한 계획을 세워 움직인다. 우선 학원비를 벌기 위해 기존의 직장 이외에 다른 아르바이트를 하기도 한다. 만약 아버지만 일을 하는 가정이라면, 남는 시간에 어머니가 새로운 직장을 찾거나 단기 계약을 하여 돈을 벌고, 그 돈으로 자녀의 학원비와 과외비를 충당한다. 교육비를 위해 빵집, 식당, 약국, 마트 등에서 일하는 어머니들을 종종 볼 수 있다. 이미 맞벌이하는 가정이라면 아버지나 어머니가 퇴근 후에도 대리 기사나 가사 도우미처럼 단시간 동안 일할 수 있는 방법을 찾아서 일하기도 한다. 한편으로는 가정의 수입에서 지출을 줄이고 필요 없는 낭비를 줄여 교육비를 마련하는 방법도 활용한다. 외식을 덜 하거나, 사치품을 사지 않는 등 돈을 아끼는 여러 방법을 사용하여 최대한 많은 비용을 자녀의 교육에 투자할 수 있도록 한다. 이처럼 부모들은 교육비를 위해 회사에 다녀와서도 추가적으로 아르바이트하기도 하고, 다른 생활비를 줄이거나 대출을 받기도 한다.

올해 고2가 되는 승우(가명)는 수능을 준비하기 위해 학원을 새롭게 다니기로 했다. 지금까지 다니던 수학 단과학원, 영어와 화학 인터넷 강의에 이어 물리 전문 학원까지 총 3개의 사교육을 받는 셈이다. 이렇게 되면 한 달에 승우에게 필요한 학원비는 거의 150만 원 정도 된다. 승우 부모님은 한 달 생활비를 제외하면 거의 모든 돈을 승우의 교육비로 투자한다고 할 수 있다. 부모님은 승우가 대학에 갈 때까지는 힘든 내색을 하지 않고 열심히 지원해주기로 마음먹었다. 그래서 집에서는 아무렇지 않은 척 생활하기로 하고, 그동안 저금해 두었던 적금 통장을 해지하여 학원비를 냈다.

놀라운 사실은 이러한 사례들이 아주 특별한 부모의 이야기가 아니라, 평범한 부모의 일상적인 모습이라는 점이다. 행복하고 풍요로운 노후를 포기하고 교육비에 투자하는 것은 이제 부모들에게는 이상한 일이 아니다. 두 사람이 향후 아무런 소득 없이 노후를 지내기 위해서는 많은 돈을 모아야 하지만, 거기에 투자하는 대신 자녀의 학원비와 과외비에 더 많은 돈을 낸다. 그래서 우리나라의 50대 이상의 부모들은 노후 연금이 없이 생활하는 경우가 많다. 이렇게 확보한 돈을 가지고 유명한 과외 선생님에게 줄을 선다. 자녀를 과외 받게 하려고 일년을 기다리고 예약 순번을 받는다. 이처럼 많은 부모들은 돈을 많이 쓸수록 시험에 더 도움이 되는 정보를 얻을 수 있고, 공부 비법을 익힐 수 있으며, 더욱 효과적인 교재와 학습자료들을 먼저 사용할 수 있다고 믿고 있다. 공부를 잘 안 하려고 하거나 못하는 자녀의 경우에도 '내가 일 때문에 바빠서 많이 챙겨줄 수도 없는데 집에서 가만히 있는 것보다는 낫겠지', '학원에 보내면 친구들 따라서 뭐라도 듣고 하나 배우겠지, 공부 열정이 조금은 생기겠지'라는 마음으로 학원에 보낸다. 부모는 자기 자녀만 학원에 다니지 않는 모습을 보면서 불안해한다. 때로는 자신의 자녀만 특정 과외를 못 받는 것에 대해 자신의 경제적인 능력 부족을

탓하기까지도 하며 자책하기도 한다. 그리고 자신의 경제적 희생을 통해 자녀의 시험 점수가 오를 때, 그리고 목표로 하는 명문대학교에 입학할 때 그동안의 고통을 모두 잊고 매우 큰 행복감을 느낀다.

같은 학교 학생들은 모두 똑같은 수업을 받지만 그림자교육은 받는 과목, 횟수, 장소, 선생님 모두 차별화를 둘 수 있기 있다고 생각하기 때문에 부모에게 그림자교육은 마치 자녀의 학업 성공을 판가름하는 대표적 요소로 느껴진다. 자녀의 학업적 성공이 대학을 결정하고 향후 직업과 미래의 행복까지도 이어질 수 있다는 생각 등에 과감히 그림자교육에 투자한다. 자녀의 교육을 위해 부모 자신을 희생해서라도 말이다. 그래서 가정의 경제적인 계획을 세울 때 가장 먼저 자녀의 교육비를 염두에 두게 된다. 이들에게 교육비는 크게 중요하지 않다. 오히려 딱 필요한 순간에 좋은 수업을 받는 것이 더 중요하다. 부모의 아낌없는 지원과 희생을 통해 자녀들은 공부를 위해 필요한 모든 것을 할 수 있다.

효과적인 공부에 대한 정보의 수집과 획득

네 번째 전략은 한국 학부모들이 자녀들의 성공적인 학업을 위한 정보를 찾는 데 집중하는 것이다. 내 아이를 더 우수한 상위학교를 보내기 위해 또는 그 안에서 우수해지게 하기 위해 또는 극단적으로 살아남게 하기 위해 말이다. 자녀 학습 정보에 관한 정보를 얻고 선별하여 실행으로 옮기기 위해 학부모들은 여러 장소에서 시시때때로 노력한다.

가장 전형적인 방법으로 첫째, 다른 학부모들과 직접적으로 만나는 모임을 통해 협력적 관계를 맺는다. 학부모끼리 활발한 교류는 아이의 학업에 대한 좋은 정보를 구하기에 큰 도움이 된다. 부모들은 아파트 단지, 직장, 학교 학부모 모임에서도 서로 자녀 학업 정보를 공유하며 학업 성적이 우수한 자녀들을 둔 부모들의 노하우를 배우고자 한다. 한국에는 '엄친아, 엄친딸'이라는 말이 있다. 모범생인 엄마 친구 아들과 엄마 친구 딸을 줄여서 부르는 말로, 이제는 누구나 아는 유행어가 되었다. "엄마 친구 아들은 이번에 수학 올림피아드에서 이러한 공부 방법으로 금상을 탔다는데, 엄마 친구 딸은 이번에 학원을 바꾸고 전교 10등 안에 들었다더라." 부모가 들은 정보는 자녀에게 전달되고, 자녀들은 엄친아, 엄친딸을 따라 공부 방법 및 스케줄을 따라 하기도 하고, 사교육을 받기도 한다.

또한 주로 명문대에 간 자녀를 둔 엄마, 학교에서 상위권에 든 자녀를 둔 엄마 등을 중심으로 학습 커뮤니티가 형성된다. 각 과목 성적, 경제적 상황, 희망하는 대학 등에 따라 엄마들은 모임을 만든다. 엄마들은 성적이 우수한 자녀를 둔 부모 모임에 끼기 위해 노력한다. 엄마들은 행여 어떤 정보를 놓치지는 않을까 나만 모르는 것이 아닌가, 우리 아이만 내가 못 챙겨주는 것은 아니냐는 걱정에 다른 학부모들에게 때로는 자신의 아이도 함께 공부할 수 있기를 부탁하고 눈치를 보며 억지로 관계 형성에 힘쓰기도 한다.

이러한 부모들의 모임을 통해 서로의 자녀들도 친구가 되기도 한다. 공부 잘하는 학생들끼리 뭉치거나 공부를 잘하는 친구로부터 도움을 받을 수 있게 된다. 그룹을 형성하여 부모들끼리 돌아가며 픽업을 하며 자녀들을 학원에 데려다주기도 하고, 모여서 공부할 수 있게 방을 마련해주고 간식을 챙겨주기도 하며, 같이 과외를 받게 하기도 한다. 이렇게 하면 친구가 자녀에게 조력자나 선의의 경쟁자가 되어 서로 더욱이 성장해나갈 수 있다. 또한 부모들은 혼자서는 얻기 어려운 학습 및 입시 정보들을 알 수 있으며, 이야기를 나누며 모임 안에서 정보들에 대한 확신을 갖게 된다. 이에 그치는 것이 아니라, 비밀리에 족집게 과외 선생님을 소개받거나 기출문제 자료들을 얻기도 한다. 부모는 더욱이 시간을 효율적으로 쓸 수 있게 되며, 자녀가 혼자 과외를 받는 것보다 소그룹으로 받게 될 경우 교육비도 감축할 수 있다.

다음으로 요즘 뜨고 있는 방법이 있다. 부모들은 온라인 맘카페 활동에 적극적으로 참여한다. 전국적으로 또는 각 지역마다도 맘카페 활동이 활성화되어 있으며 그 안에서 학교 및 입시 그리고 그림자교육에 관한 정보를 다양하게 수집할 수 있다. “이 학교는 어떤가요?”라고 게시글을 올리면 수많은 댓글이 달리면서 최근에 그 학교에 무슨 일이 있었는지, 각 교사의 수업 및 학급 운영은 어떠한지, 전체적인 성적과 평판은 어떠한지, 급식과 시설은 어떠한지까지 등 전체적인 것을 파악할 수 있다. 이에 체험활동이 많은 학교, 특정 과목에 특성화되어 있는 학교, 좋은 학군은 어느 동네인지 등을 파악하여 학교 지망을 쓰기도 하고 그 동네로 이사까지 가기도 한다. 이사를 오거나 자녀 교육에 익숙하지 않은 사람들도 각 학교에 대해 쉽게 질문하고 준비할 수 있다. 온라인 맘카페를 통해 자신의 동네가 아닌 먼 동네나 지역의 그림자교육에 대한 정보를 얻어 주말이나 방학 기간을 활용하여 그곳으로 교육을 받게 하기도 한다. 더 나아가 자기 자녀의 성적 및 정보를 작성하여 글을 올려 과외 선생님을 추천받거나 구인하기도 한다.

각 학교에서도 반마다 다양한 앱을 통한 카페 및 밴드를 만들어 학부모를 초대한다. 학부모들은 교사가 올린 알림장이나 공지사항들을 반 카페에 가입하여 알게 된다. 카페 글을 보고 자녀의 중요한 학교 일정들을 파악하고 준비물 등을 챙겨준다. 그 안에서 같은 반 학부모와의 소통의 창도 마련된다. 학부모들끼리 입시 정보를 공유하기도 하고 자녀의 교사 및 교우관계, 자녀의 학습 태도, 반에서 있었던 일들에 대한 정보를 얻는다. 자녀를 키우면서 생기는 고민이나 어려움도 나눈다. 조언을 주고받고 같은 또래의 자녀를 둔 학부모로서 서로의 이야기에 공감하며 소통해 나간다.

지금까지의 내용들을 살펴보면서 다음과 같은 여러 사실을 발견할 수 있었다. 한국 부모들이 다방면에서 어떻게 교육적 관여를 하고 있는지를 구체적으로 살펴볼 수 있었으며, 그들의 노하우 역시 엿볼 수 있었다. 이를 통해 부모의 교육적 관여가 자녀의 학업적 성공에 중요한 열쇠라는 결론을 낼 수 있었다. 그러나 그동안은 국제적으로 많은 언론에서 그리고 이 열쇠를 쥐고 있는 우리조차도 이 열쇠를 어떻게 하면 버리게 할까, 열쇠를 작게 만들게 하는 방법을 없을까 고민하고 있었다. 자녀의 학업에 알맞은 부모의 전략과 지혜의 열쇠가 존재하는 것임에도 말이다. 엄마의 학습자본으로 학업적 성공이 결정된다는 말은 그냥 나온 말이 아니다. 자녀의 학업적 성공을 위한 부모의 노력을 단순히 지나친 개입, 참견 등 부정적인 측면에서만 보지 말고 실제로 한국 부모의 학업적 관여가 자녀들의 학업에 얼마만큼 그리고 어떠한 영향을 미쳤는지를 객관적인 시각에서 분석해볼 필요가 있다.

10

에필로그

영국은 축구, 이탈리아는 디자인, 한국은 공부의 나라

무엇이 학생을 공부하게 하는가? 한국 학생들은 왜 공부를 잘하는가? 한국 학생들은 계속 세계 1등이 될 수 있을까? 한국의 교육학자라면 한 번쯤 생각하였을 것이고, 너무 잘하고 있어서 문제로 생각하지 않았을지도 모른다. 그러나 서구 학자들은 왜 한국 학생들이 공부를 잘하는지에 대하여 다양한 추측과 가설을 세우면서 이 문제를 꾸준히 연구하고 있다. 우리 아이들이 왜 그렇게 잘하는지 이유를 찾으려고 한다. 그러나 우리는 이러한 세계적 관심을 제대로 알지 못하고 한국의 교육에 문제가 많다고 하면서 교육과정 개혁이라는 명목으로 정권이 바뀔 때마다 서양식 교육 방법을 배우고 적용하려고 한다. 그 한가운데 핀란드 교육이 가장 이상적인 모델로 우뚝 서 있다.

그러나 이 책에서 저자들은 그러한 희망과는 달리 한국에서는 핀란드적 교육이 성공하기 어려울 것이라고 판단하였다. 나아가 핀란드식 학교 교육개혁과는 별개로 학업적 성공에 대한 새로운 이야기를 소개하면서 학교 바깥의 학부모 교육문화와 사교육의 영향력에 대한 고려가 없다면 학교교육 중심의 학업적 성공 담론은 효과를 발휘할 수 없을 것이라는 점을 이야기하였다. 특히 전 세계적인 인기 모델이었던 핀란드의 공교육이 최근 들어서 계속 국제 학업성취도 검사에서 추락하고 있다는 사실을 이미 소개하였는데, 이러한 사실은 과연 핀란드 모델이 우리에게 모범적인 모델이 될 수 있는지에 관하여 의문을 갖게 만든다고 지적하였다. 서양의 많은 선진국 역시 공교육의 추락 문제를 심각하게 고민하고 있다는 점은 공교육 자체에 대한 효과성에 문제를 제기하면서 학교 중심의 교육개혁과 학업적 성공의 해석의 한계를 알려주고 있다고 하였다.

이에 책에서 저자들은 '학생을 공부 잘하게 만드는 중요한 요소'로서 간주되는 학부모의 교육문화, 그리고 사교육의 학습문화의 중요성에 대한 이해에 근거하여 한국의 학생들이 왜 그렇게 공부를 잘할 수밖에 없는지를 살펴보았다. 특히 학교의 강점과 함께 문화적 측면에서 부모와 사교육의 두 가지 요소들이 얼마나 강하게, 그리고 긍정적으로 작동하는지를 이해하고 분석하려고 하였다. 분석을 통하여 한국의 학생들은 학교 안에서, 학부모의 교육적 희생을 통하여, 그리고 새롭게 다채로운 학습 방법과 지식을 제공해주는 사교육의 학습문화 속에서 공부를 잘할 수 있다고 결론짓고 관련된 구체적인 문화적 가치들, 실제들, 경험들과 방법들도 살펴보았다. 그리고 각 방법과 경험들이 어떻게 다른 나라의 학생들에 비하여 더 공부하고 더 공부를 잘할 수 있도록 도와주는지, 구체적으로 어떤 지식과 방법들을 제공해주는지를 분석하였다.

중요한 내용으로는 잘 가르치는 교사를 학교교육의 한국적 특징으로 다루었고 책의 목적과 관련하여 학교 바깥의 한국적 특징이 잘 나타나는 문화적 강점과 지식을 드러내려고 하였다. 추가로 한국 엄마들의 교육적 전략들, 공부에 대한 한국적 가치들, 세계 최고 수준의 유아 사교육, 학교교육과 사교육의 탈경계적 학습 방법, 세계적인 개별화 프로그램들 등도 소개하였다. 이를 통하여 왜 한국 학생들이 공부를 잘할 수밖에 없는지, 그리고 그들이 어떻게 하기 싫은 공부를 자신의 삶의 중요한 가치로 내면화하는지를 밝혀내려고 하였다. 그리하여 세계적 학습자로서 한국 학생의 탄생은 한국이라는 문화적 공간 속에서 가능하다는 점을 제시했다.

한국처럼 공부, 가르침, 교육이라는 가치가 학부모의 삶, 학생의 삶, 사회의 가치 체계 속에서 이렇게 강렬한 것으로 인정되고 강조되는 나라는 없다고 단언할 수 있다. 서양의 교육학과 교수법의 내용은 교실에서 어떻게 잘 가르칠 것인지, 학습 동기와 자신감을 어떻게 강조할 것인지에 관한 전략적 지식에 한정되어 있다. 그러나 인간의 지적 성장과 이를 강화시키는 인지적/심리적/육체적 지식과 학습은 단순히 학교에서만 일어나는 것은 아니다. 부모로부터, 가정에서, 학교 바깥에서 만나는 사교육 강사에 이르기까지 수많은 요소가 있다. 그러한 점에서 한국의 학부모들이 훌륭한 자식을 교육하는 전략은 매우 연구할 가치가 높은 것이라고 말할 수 있다. 자식의 교육을 위하여 자신의 미래를 희생해가면서 많은 욕망과 희망을 포기하며 산다. 아이의 영어 공부를 위해서 미국과 캐나다 호주까지 가는 부모들이 있을까? 그것은 우리 부모들이 어떤 즐거움보다 아이의 교육적 성장과 성공에 기쁨과 희열을 느끼기 때문이라고 말할 수 있다.

다음으로 한국의 사교육은 비난받고 있지만 교육학적으로 우수하다는 점을 부정하기 어렵다. 학교에서 배울 수 없는 시험에 나오는 중요한 내용과 기법을 가르쳐준다. 학교 수업으로 모든 아이가 완전히 배울 수 없는데, 그 빈 자리를 사교육이 대신하고 있다. 학생의 능력, 목표, 흥미와 특징에 맞추어 가장 이상적인 수업 방법이라고 할 수 있는 개별화를 실현시켜준다. 또한 아이가 이해할 수 있을 때까지 가르쳐준다. 사교육에는 아이의 수준에 맞는 프로그램들이 학년별로 교과별로 넘쳐난다. 선생님이 싫으면 바로 바꿀 수 있다. 심지어 이제는 학원에 가지 않고 인터넷으로 국내에서 가장 유명한 강사의 수업을 저렴하게 수강할 수도 있다. 베트남을 포함한 동남아시아, 영국, 미국, 캐나다, 호주에 이르기까지 한국의 사교육 프로그램들이 학부모들에게 인기다. 외국의 부모들 역시 학교의 문제를 잘 알고 있기 때문에 사교육 프로그램들이 자녀의 교육에 매우 효과적이라고 믿고 있다. 전 세계의 학생들은 머지않아 사교육 열풍에 깊게 빠질 것으로 추측한다.

이처럼 한국은 교육적으로 특별한 나라이며 공부에 대한 가치, 방법, 프로그램, 그리고 접근성과 관련하여 세계 최고의 나라가 아닌가 생각한다. 전 세계를 통틀어서 말이다. 오랫동안 이 주제에 대하여 연구해온 저자들로서는 그러한 결론을 내릴 수밖에 없다. 다만 안타까운 것은 그러한 훌륭한 역사적 · 지적 · 문화적 자산을 가지고 있지만 우리 한국인들이 그 엄청난 가치와 자산의 중요성을 모른 채 살아가고 있다는 점이다. 게다가 오리엔탈리즘적 측면에서 한국의 그러한 교육에 대한 강한 열정과 희생을 "교육열"이라는 용어로 타자화시킨 서양 학자의 잘못된 글쓰기로 인하여 우리가 잘못 생각하며 살아가고 있다. 우리 교육적 문화에 대한 자부심을 가지지 못하고 열등한 것으로 치부하며 비관적인 것으로 인식하고 있다.

그러나 서양의 교육학 책에서 없다고 하여 진실이 아닌 것은 아니다. 푸코가 말한 것처럼 지식 역시 권력이며 역사적으로 가진 자들의 지식만 가장 정상적인 것, 올바른 것으로 가르쳐지고 전수된다고 하였다. 우리의 교육적 자산과 문화 역시 그랬을 것이다. 우리가 경제적 · 문화적 · 군사적 측면에서 주인이었던 적은 한 번도 없었기에 우리의 교육적 지식과 문화를 가장 앞선 것으로, 가장 모범적인 이론으로 만들 기회가 없었다. 우리는 항상 지식의 수혜자이지 창조자는 아니었기 때문이다.

그러한 점에서 이 책에서 저자들은 우리의 조상들이, 우리의 부모들이, 우리의 교육적 문화가 창출해낸 일련의 교육적 실천, 지식, 방법을 이제는 비판적 관점이나 소극적 관점이 아니라 매우 적극적이고 공격적 관점에서 이론화하고 글을 쓰고 세계화할 필요가 있다고 주장한다. 그리고 그렇게 될 때 우리가 생성한 교육, 공부에 대한 비법이 국제적인 새로운 지식으로 알려질 것이며, 그래서 전 세계의 교육자들에게, 학부모들에게 그리고 학생들에게 전 세계적으로 한국의 이론으로 알려지고 실천될 것이다. 그러한 지식의 국제화는 한국이 인류에게 선사해줄 수 있는 특별한 한 가지 지적인 선물이 될 것으로 믿어 의심치 않는다.

그러한 고민 속에서 우리를 자랑스럽게 생각하게 만드는 청년들을 떠올려본다. BTS다. BTS는 전 세계에 한국을 알리고 있고 한국식 대중음악을 새롭게 개척하였다. 많은 사람들이 이 그룹이 어떻게 성공하게 되었을까를 분석한다. 우리는 대중음악 전문가가 아니기에 확실히 알 수는 없지만 아마 여러 가지 이유가 있을 것이다. CEO, 팬클럽, 뛰어난 음악성, 좌절하는 젊은 세대를 위로하는 스토리 등. 그러나 필자들은 BTS 성공의 원인을 조금 다른 곳에서 찾고 싶다. 이들 뒤에는 그들의 성공을 위하여 모든 것을 희생한 부모들이 있었을 것이다. 아울러 한국의 교육문화 속에서 열심히 해야만 성공할 수 있다는 자기 신념과 확신을 가지고 있었을 것이다. 그들은 공부에 관한 한국적 가치들을 잘 내면화하여 성공의 밑거름으로 만들었다. 다음으로 한국식 교육 방법이라고 할 수 있는 도제식 훈련과 엄격한 반복 학습의 과정도 거쳤을 것이다. 매일 똑같은 춤을 몇 년 동안 연습하여 마치 여러 명이 한 명의 마음으로 움직이는 것처럼, 완벽해질 때까지 끊임없는 암기와 연습을 하였을 것이다. 그리고 목표 달성을 위한 체계적인 관리와 훈련을 받았을 것이다. 그들도 우리 아이들과 마찬가지로 학원에 가서, 특별한 훈련 방법을 통하여 세계적인 가수가 되는 데 필요한 모든 지식, 기술, 그리고 기법을 공부하였을 것이다.

어린 시절 우리는 '한국인은 이스라엘 사람들처럼 세계에서 머리가 제일 좋다'라는 말을 많이 들었다. 우리 선조들 역시 한국인이 그러한 유전자를 가진 것으로 생각하였는지 모른다. 그러나 이 책을 마감하는 시점에 그 말을 다시 생각하면서 새롭게 해석할 필요가 있다고 생각해본다. 한국인으로 태어난 아이들은 태어난 그 순간부터 공부라는 가치를 인생의 가장 중요한 목표라고 생각하며 살아가는 듯하다. 가정에서, 학교에서, 그리고 일상생활에서 그 생각을 실천한다. 그리고 그러한 놀라운 한국의 역사적 · 문화적 환경 속에서 한국의 아이들은 그렇게 탄생되어 훈련되고 성장하는 것이 아니냐는 결론을 내리게 된다.

그러한 우리의 문화를 생각하면 한국인이 우리 인류에게 줄 수 있는 대표적인 선물은 바로 교육이 아닐까 생각해본다. 독일은 음악으로, 프랑스는 디자인과 예술로 세계인을 사로잡는다. 인도는 요가, 미국은 스포츠로 유명하다. 한국은 교육문화, 공부 문화로 브랜드를 만들어야 할 것이라고 감히 생각해본다. 우리의 공부 문화가 가까운 미래에 더욱 국제화되어 세계의 학부모, 교사들, 교육학자들이 배우려고 하는 세계 문화유산으로 기록되는 날을 기대한다.